Hea玩潮遊嘆世界 Easy Go!®

曼谷

華欣、芭堤雅、大城府

24~25年版

型買平食正按摩 泰多FUN

悠閒海景無盡享受 攞滿分

跨版生活 TRAVEL

- 曼谷新熱捧：**Ari區、Samyan Mitrtown**、育披曼花市、**Blue Whale Café、One Ratchada**及**Jodd Fairs** 夜市
- 橫掃超過**400個**吃喝玩樂購物Spa熱點
- 活化古蹟 逛玩老建築藝文區：**Lhong 1919、Warehouse 30**，買盡鬼玩物
- 嘆靚景餐廳、滋味正宗泰菜、甜品、特色Café 嘆好正按摩、享受無敵海景
- **28幅**專業地圖、鐵路圖、遊船路線圖； 附送曼谷市中心景點大地圖

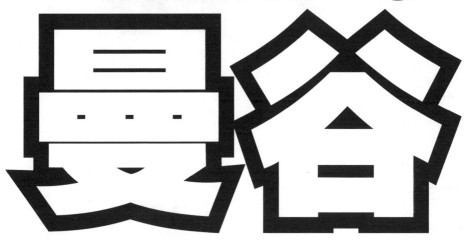

U0023124

景點Info Box圖例說明

🏠 地址　⏰ 營業/開放時間　📞 電話　🚌 前往交通

💰 消費/入場費　@ 電郵　💻 網址　📝 備註

地圖使用說明：

- 書內有介紹的景點
- 書內沒有介紹的景點

景點推介標誌

必買　必食　必到　推介

推薦序

熱愛泰國的真誠推介

見到胡慧沖的樣子千萬不要以為這是胡慧沖的作品，其實這本書並非出自我之手，而是我的一對好朋友——Tom 及 Mark 的作品。Tom 及 Mark 二人說得上是泰國旅遊達人，一年間都會來泰國玩十數幾次，若干程度上可能有些地方比我更加熟悉。

我認識這對朋友已經好幾年，有時候他們都會找我去玩去食飯，他們確實是一對活寶，可以說經常遊曼谷的經歷令他們像二合為一一樣，更有默契。

作為朋友，當我知道他們與跨版生活合作出這本書時實在感到開心，其實現時香港也有很多的泰國旅遊書，不敢說自己的最好，但坦白說質量參差不齊，而我相信 Tom、Mark 的這本書，質量不會太差，所以在他們邀請我作序時我爽快答應了。

　　有人會問，胡慧沖自己也出旅遊書，會不會資料有所衝突呢？泰國這麼大，不是我胡慧沖自己可以玩曬，只要能夠推廣泰國旅遊業，多些人寫書也好，反正喜歡胡慧沖和不喜歡胡慧沖的人不會因為這樣而增多或者減少，我絕對不會介意如此「多隻香爐多隻鬼」的推廣泰國旅遊業的局面。

　　在 Tom、Mark 寫這本書時我也有提出一點建議，不過主要的行文都由他們自由創作自由發展，並且交由跨版生活排版修改。在這裏我希望他們的書大賣，也希望讀者可以多多支持這對新的旅遊達人 "Tom Mark"。

胡慧沖

序

為曼谷伸冤！

　　作為旅遊城市，曼谷可算是其中一個得到較多負面評價的地區。得悉我將到曼谷出差，朋友都警告我當地計程車司機如何狡猾、紅燈區治安有多差、酒店房有很多「好朋友」……一大堆情報讓我這個自認大膽的獨遊人，也趕忙在出發前多讀幾本攻略慎防被騙。

　　不過，真正到達後，我對自己所見到的曼谷出奇地有好感：地鐵沒人衝閘門或高談闊論、計程車司機沒有兜路 / 拒載 / 濫收車資、酒店光鮮明亮、問路時盡管言語不通，當地人都親切地盡力解答。至於紅燈區嘛，始終一個女生未敢獨闖。

　　遇上的種種令我慢慢放下先入為主的偏見，回港後不斷向朋友為曼谷伸冤平反。唯一大家也沒異議的，就是曼谷價廉物美的美食令人一嚐難忘！那飽滿又多汁的芒果椰香糯米飯，是只許天上有的絕頂美味。

　　期望拿着此書的你，也能感受到曼谷最精彩美好的一面

嚴潔盈

簡介

　　香港樹仁大學傳理系畢業，曾在台灣蘋果日報實習，其後在香港報社及出版社工作，立志用文字糊口、與書本為伴，現正努力把兒時夢想變成觸手可及的理想。

目錄

◎ 景點　🍴 食肆　🛍 購物或商場　💅 美甲店　💆 按摩或Spa　➕ 醫院　🍺 其他

目錄

目錄

Part 12
大城府(Ayutthaya) P.322

Part 11
芭堤雅(Pattaya) P.306

PART 1

潮玩曼谷
攻略

人氣手信

香薰精油
(฿ 350 起、HKD 83 起)
P.186

椰子糖、榴槤膏、榴槤乾
(一包 ฿ 150 起、HKD 33 起)
P.254

真皮袋
(฿ 1,539 起、HKD 366 起)
P.188

泰國服飾
(฿ 1,290 起、HKD 307 起)
P.246

Jack Spade 銀包
(฿ 2,500、HKD581 起)
P.118

THANN 洗髮水
(฿ 550、HKD128 起)
P.72

皇家牛乳片
(在超級市場或便利店可買到)
(฿ 15 起、HKD 3 起)

可愛的布藝耳環
（每對 ฿120-190，HKD 28-44）
P.83

手工皂
（一個 ฿ 80 起、HKD 18 起，
三個 ฿ 200 起、HKD 44 起）
P.244

手工製瓷杯
（฿ 280 起、HKD 62 起）
P.251

榴槤朱古力脆餅
（฿ 150，HKD 35）
P.199

蠶絲潔面球
（一瓶 ฿ 150 起、HKD 33 起）
P.135

（攝影：嚴潔盈）

冬蔭功泡麵
（4 包 ฿ 30 起、HKD 7 起）
P.135

**Silk Cocoon
潔面產品**
（฿ 290 起、HKD 69 起）
P.245

蛇牌爽身粉
（在超級市場或便利店可買到）
（大：฿ 100 起、HKD 22 起，小：
฿ 30 起、HKD 7 起）

（攝影：嚴潔盈）

曼谷十大必遊景點

臥佛寺

長 46 米的臥佛像。寺內學校更提供泰式按摩服務。

P.255

P.68

Lhong 1919

定位為「河畔泰中藝術史碼頭」的歷史遺跡園區，分成「火船廊」和「臺利故居」，可遊覽三合院建築、天后媽祖寺廟、清朝高官贈予的牌匾，及原本埋藏在老磚樓石灰底下的美麗壁畫等。

P.38

暢遊昭拍耶河

乘搭觀光船，欣賞熱鬧的昭拍耶河 (湄南河)，還可上岸遊走岸上景點。

Jim Thompson House

P.208

Jim Thompson 的昔日大宅華麗不凡，屋內仍保留了當時的擺設。

P.70

The Jam Factory

位於昭披耶河西岸的 The Jam Factory 原址是一間有數十年歷史的老倉庫，近年由泰國知名建築師 Duangrit Bunnag 規劃改建，現在已成為一個文創空間。

P.247

P.191

The Camp Vintage Flea Market

The Camp Vintage Flea Market 是一個懷舊主題夜市，售賣民族風時裝、首飾、皮革、黑膠碟等，不只貨品有格調，就連店員都打扮得入型入格。

人妖歌舞表演

Calypso 的人妖歌舞表演很受歡迎，表演團已進駐了 Asiatique 夜市，地方更大，可容納 500 人。

大皇宮

P.256

Sea Life Bangkok Ocean World

P.100

Sea Life Bangkok Ocean World 是東南亞地區最大的室內水族館。

泰國皇室成員昔日住處，金碧輝煌，值得漫遊半天。圖為大皇宮的節基殿。

（攝影：嚴潔盈）

Bangkok Art & Culture Centre

P.202

這兒有展覽場地、藝術畫廊以及圖書中心，頂層的迴廊畫滿街頭風塗鴉，值得一看。

十大 泰好味

星級炒金邊粉 P.237

炒金邊粉 (Phadthai) 是經典的泰菜菜色，Baan Phadthai 提供多款配以不同肉類的炒金邊粉，烤豬肉炒金邊粉 (Phad Thai Moo Yang，฿190，HKD 43)。

蘇絲黃勁 like 的芒果糯米飯 P.167

芒果糯米飯新鮮即製 (฿150、HKD 35)。

正宗泰菜 P.106

NARA 提供的泰菜受當地的人歡迎。香茅炸豬排 (圖右) 很酥脆 ฿300 (HKD 70)，泰式小食拼盤 (圖左) ฿420 (HKD 98)。

龍蝦 & 漢堡 P.112

發跡於倫敦的 Burger & Lobster 必試漢堡和龍蝦菜色，重量級的龍蝦牛肉松露漢堡 (B&L Truffle Beast，฿2,900，HKD 662)。

水門雞飯 P.116

雞肉味道鮮嫩 (฿50、HKD 12)。

泰北豬肉咖喱麵 P.96

Fai Sor Kam 提供正宗的清邁菜。除了有泰北豬肉咖哩麵 (฿ 120、HKD 26) 外，還有泰北肉腸、雞髀咖哩湯炸麵等多種泰北菜，在曼谷嚐到實在難得。

提供八道泰菜的套餐 P.90

Sra Bua by Kiin Kiin 的新式料理泰菜，吃出新體驗！提供八道菜的套餐 The Journey 每位約 ฿ 2,900 (HKD 690)。

人氣創意料理 P.155

Greyhound Café 在港台旅客之間相當受歡迎，可以親民價位享受精緻創意料理和時尚高雅的用餐環境。蟹肉意粉配鮮蝦忌廉醬 (Spaghetti with Crab Meat in Prawn Cream Sauce，฿ 290，HKD 66)。

一人任食火鍋 P.175

Shabushi 的日式迴轉火鍋，每位 ฿ 300 (HKD 66)，限時 75 分鐘。

軟綿綿日式班戟 P.148

Iwane Goes Natures 的招牌菜是柔軟綿密的班戟，配合店內營造的大自然風格裝潢和家具，非常推介遊客在早上或下午來光顧！班戟配焦糖香蕉和忌廉 (Ricotta Dinner，฿ 200，HKD 45)。

人氣手信

十大必遊景點

十大泰好味

型人夜蒲特篇

掃平靚正貨品

呼～精選超爽按摩店

Hea 玩潮遊嘆世界 Easy Go！—曼谷

型人夜蒲 特篇

型格皮革餐廳 The Iron Fairies

P.168

▲昏暗環境營造迷幻的氣氛。

坐擁無敵夜景 RedSky

P.111

▲偌大的玻璃窗令美景一覽無遺。

鳥巢酒吧 Nest Rooftop

▲曬着月光喝酒很享受。

P.127

▲可隨意躺在床上飲cocktail。

P.113

天台上躺草皮 The Speakeasy

◀25樓高露天花園，鋪上人造草皮，放置了矮腳桌子，客人可赤腳席地而坐，恍如置身空中花園。

樹下秘魯菜 Above Eleven

P.126

▲露天酒吧景觀遼闊。

▲這間bar像空中花園。

方便天台潮吧 The Roof Champagne & Wine Bar

P.210

▲露天酒吧景色開揚！

▲更上一層樓，風光更好。

醉爆天邊潮吧 Sirocco

P.236

▲Sirocco是曼谷擁有最靚view的天台酒吧。

人氣手信

十大必遊景點

十大泰好味

型人夜浦特篇

掃平靚正貨品

呼～精選超爽按摩店

Hea 玩潮遊嘆世界 Easy Go！──曼谷

掃平靚正貨品

亞洲最大跳蚤市集
JJ Market

P.183

P.226

夜百貨
Patpong Night Market

潮百貨
Siam Center

P.87

文青熱捧
Ari區

P.73

家品購物熱點
Siam Discovery

P.91

河畔市集
Asiatique The Riverfront

P.242

衫褲批發站
Platinum Fashion Mall

P.116

P.105

殿堂商場再發育
Central World

P.175

小日本商場
Gateway Ekamai

驚喜滿載
Silom Complex

P.224

機場主題商場
Terminal 21

P.138

搜羅地道手信
Big C Supercenter

P.117

人氣手信

十大必遊景點

十大泰好味

型人夜蒲特篇

掃平靚正貨品

呼～精選超爽按摩店

Hea 玩潮遊嘆世界 Easy Go!——曼谷

呼～精選超爽 按摩店

園林環境 Coran Boutique Spa

P.128

尊貴按摩 The Peninsula Spa

P.240

西藏式敲鐘原程 RarinJinda Spa

P.214

P.175

傳統木屋與正宗按摩 Pimmalai Spa

P.127

古怪按摩揚 Hapa Spa

P.292

最cool spa Hilton Spa

P.159

營業至00:00 Asia Herb Association

五行 Spa Chi, Spa

P.236

鬧市嘆世界 Let's Relax

P.85

人氣手信

十大必遊景點

十大泰好味

型人夜蒲特篇

掃平靚正貨品

呼～精選超爽按摩店

Hea 玩潮遊嘆世界 Easy Go!──曼谷

PART

2

曼谷基本資料

(本章圖文：次女)

TMB MONEY EXCHANGE

EXCHANGE

Exchange H

Здесь б учить больше

泰國全境地圖

緬甸

寮國

越南

N

清邁

泰國

大城府 (P.322)

曼谷 (P.65)

柬埔寨

芭堤雅 (P.306)

華欣 (P.275)

泰國灣

布吉

馬來西亞

走進曼谷

泰國在 1939 年前名叫「暹羅」，是在東南亞國家之中，唯一沒有成為歐洲殖民地的國家。泰國人大部分都是傣族，其他民族包括中國、印度等。92% 人會説泰語，而泰語是泰國的官方語言。泰國對國民的宗教信仰較為開放，無論信奉回教、基督教，還是印度教都沒問題，約 94% 泰國人信奉小乘佛教 (Theravada Buddhism)，這是泰國的國教。曼谷是泰國的首都，人口約 830 萬，是全國人口的十分之一左右，雖然泰國的官方語言是泰語，但是由於曼谷是旅遊和商業中心，能説英語的當地人相對較多。

新手遊曼谷實用資訊

申請簽證

A. 香港

持有香港特區護照或英國海外居民護照 (BNO) 人士，如在泰國逗留不超過 30 天，可免簽證，而護照有效期不可少於 6 個月。

B. 內地

中國與泰國簽署互免簽證協定，2024 年 3 月 1 日起，持公務普通護照、普通護照的中國公民由該日起赴泰旅遊，無須申請簽證，可入境停留不超過 30 日。

C. 台灣

持中華民國護照者，可在出發前到泰國貿易經濟辦事處辦理觀光簽證 (TR)，所需文件包括護照正本、身分證影印本 (正反面)、申請表 (可網上下載)、證件照 (6 個月內)、申請費用 NTD 1,200，簽證有效期為 3 個月，在泰國不可逗留超過 60 天。另外，也可在抵達當地後申請落地簽證 (VOA)(申請費用 ฿ 2,000、NTD 1,786)，可停留 15 天。(泰國政府於 2023/11/10 至 2024/5/10 期間開放給台灣人前往泰國 30 天觀光免簽證。)

i Tips! 泰國簽證代辦處

除了台北的泰國貿易經濟辦事處外，台灣旅客亦可於 VFS Global 泰國簽證申請中心及高雄 VFS 泰國簽證申請中心辦理簽證。留意：中心將會收取 NTD 470 的代辦費，而取件時間亦較長。

info 泰國貿易經濟辦事處 (台北)

🏠 台北市中山區松江路 168 號 12 樓
🕐 申請 09:00~11:30，領件 16:00~17:00；逢周六及日、台灣和泰國公眾假期休息 (宜先瀏覽辦事處網站查詢)
📞 (02) 25811979   🌐 tteo.thaiembassy.org/cn/index

天氣

泰國位於熱帶地區，溫度通常在攝氏 19~38 度之間，平均溫度是攝氏 28 度，濕度約 66~82%。一般來說，泰國較明顯的三個季節分別是熱季、雨季和涼季，其中以 11 月至 3 月雨量較少，氣溫清涼舒服，是最適合旅遊的月份。

泰國的熱季、雨季和涼季：

季節	月份	溫度
熱季	3月至5月	約在攝氏26~35度，最高可達攝氏38度
雨季	5月至10月	——
涼季	10月至2月	約在攝氏20~33度

語言

泰語是泰國的官方語言，在一些旅遊區，如曼谷等，當地人也能説簡單的英語。不過坐的士或電單車的士時，最好準備泰國地址或名稱。

時差

泰國比香港慢 1 小時。

電壓

　　泰國的電壓是 220V/50Hz，電器插頭是雙扁腳，前往泰國前，最好預備三腳轉雙扁腳插頭的轉壓器，或者帶備旅遊萬能插頭。

▶雙扁腳插頭。

▶泰國的電插座。

貨幣

　　泰國的法定貨幣是泰銖 (Baht)，簡寫「銖」；泰銖代表符號是「฿」，本書將會用此符號標示價錢。

　　泰銖紙幣分別有 ฿ 1,000、฿ 500、฿ 100、฿ 50、฿ 20 及 ฿ 10(不過 ฿ 10 現已較少使用)；硬幣分別有 ฿ 10、฿ 5、฿ 2、฿ 1 及 50 士丁 (Satang) 和 25 士丁 (Satang)。

兌換泰銖

　　HKD 1 可兌換約 ฿ 4.3，可選擇抵達泰國才兌換泰銖，因為在香港兌換匯率較低，不划算。兌換泰銖通常以現金兌換現金 (收手續費)，也可用旅行支票兌換現金 (收手續費)。如果想用信用卡或提款卡提取現金，留意銀行需要收取相關手續費。

▲機場的貨幣兌換店。

▲市區貨幣兌換店 Super Rich。

遊客至like！SuperRich兌換店

　　許多遊客會選擇到當地的 SuperRich 兌換泰銖，因匯率較在自己國家及機場高。SuperRich 在曼谷有多間分店，分綠色及橘色，橘色的分店較多。在 Big C Supercenter、MBK 等都可找到 SuperRich。以下為在 SuperRich 兌換泰銖的步驟：

▲兌換泰幣需出示護照，職員會先影印護照，然後給你號碼排隊等候。

info
綠色店
☎ +66 22544444
🌐 www.superrichthailand.com
橘色店
☎ +66 26552488/26552400
🌐 www.superrich.co.th

หมายเลข Number	ช่อง CH
294	3
640	1
293	5

▲ SuperRich 內的櫃位，圖中是 1 號及 2 號櫃位。到你時，便前去櫃位。

◀留意這個顯示板，叫到你的號碼時，看右邊的一位數字，代表你要去的櫃位，並在櫃位兌換泰銖。

退稅

在泰國消費，某些商店會徵收 7% 消費稅 (英文簡稱 VAT)。遊客可申請退稅，只需要在有「VAT Refund for Tourists」標誌的商場內在同一天同一商店消費至少 ฿ 2,000 (HKD 462)，便可於機場辦理退稅。不過，旅客並非退回 7% 的消費稅，退稅款項是以消費額累進計算，例如 ฿ 2,000~2,499 (HKD 441~550) 可退回 ฿ 80 (HKD 18)，฿ 26,000~27,999 (HKD 5,727~6,167) 可退回 ฿ 1,390 (HKD 306)。如想計算可得退稅款項，可在網站 Vat Refund for Tourists 計算退稅額。退稅步驟詳見以下介紹。

◀ 遊客退稅標誌。

info 泰國稅務局 (The Revenue Department)：
🖥 www.rd.go.th/272.html
Vat Refund for Tourists：
🖥 vrtweb.rd.go.th/106.html

退稅步驟

Step 1 購物時：

- 退稅必須出示護照。
- 留意商店是否貼有 "VAT Refund for Tourists" 標誌。

▲ 大部分商場內都有退稅服務櫃位，這個是 Central World 的 ZEN 內的服務櫃位。

▲ P.P.10 退稅表格 (樣本)。

- 在同一天於同一商店內消費 (包括消費稅) 達 ฿ 2,000 (HKD 441) 或以上。
- 向店家索取 P.P.10 退稅表格和原始發票。

> **i Tips!**
> 留意在機場辦理退稅時，遊客需出示購買的物品，記得把物品放在容易取出來的行李內。

Step 2 到達 Suvarnabhumi 機場後、check-in 前：

▶ 機場四樓離境大堂的海關辦事處。

- 先去四樓離境大堂、於 H 和 J 行附近 (即泰國航空櫃位附近) 的海關辦事處 (Customs Office) 辦理退稅，然後才登機和辦理行李寄艙。
- 出示 P.P.10 退稅表格和稅務發票，海關人員需檢查要辦退稅的物品，然後會在 P.P.10 退稅表格上蓋印，沒有這個蓋印，過關後辦理退稅將不會受理。

Step 3 退回稅項和過關出境後：

- 過關出境後攜帶已蓋了海關印章的 P.P.10 退稅表格和稅務發票到遊客退稅辦事處 (VAT Refund for Tourists Office) 辦理。
- 如稅款少於 ฿ 30,000 (HKD 7,143)，可即時獲發現金；如超過 ฿ 30,000，當局會以銀行本票退還稅款，或存入遊客的信用卡戶口。

> **i Tips!**
> 如果趕着上機，沒有時間等候，「遊客退稅辦事處」前有收表格箱，可將已蓋海關印的 P.P.10 退稅表格和稅務發票投進去。或之後郵寄給他們 (地址：VAT Refund for Tourists Office, The Revenue Department of Thailand, 90 Phaholyothin 7, Phayathai, Bangkok 10400, Thailand)。

> **i Tips!**
> 貴重物品，如首飾、手錶、筆等，如每件商品價值 ฿ 10,000 (HKD 2,203) 或以上，過關後需要再次向退稅辦事處 (VAT Refund for Tourists Office) 人員出示，因此最好將這些物品放在隨身的手提行李，並帶上飛機。

泰國旅遊局(TAT)及TAT遊客櫃位：

曼谷素旺納普國際機場 (Suvarnabhumi Airport) 的本地和國際航班入境大堂，均設有 TAT(泰國旅遊局) 的遊客服務櫃位，遊客可到此詢問旅遊資訊、索取旅遊單張和泰國地圖。

▶ 機場二樓入境大堂的遊客服務中心。

▼ 這些 Tour Service 櫃位是向旅客推銷本地團，而非提供旅遊資訊的。

info

TAT 遊客服務櫃位
- 🏠 本地航班入境大堂的 2/F(3 號閘口)
- 📞 02-134-0040
- 🏠 國際航班入境大堂的 2/F(10 號閘口)
- 📞 02-134-0041
  以上電話都是 24 小時服務

TAT(泰國旅遊局總部)
- 🏠 1600 New Phetchaburi Road, Makkasan, Ratchathevi, Bangkok
- ⏰ 08:00~17:00，法定假期休息
- 📞 +66 22505500
- ✉ www.tourismthailand.org

電訊及手機上網

撥打電話方法：

A. 撥打長途電話

泰國的國際電話區號是 66，曼谷的城市區號是 02，如要從香港打長途電話到曼谷，需撥 IDD 商戶號碼 +66+2+ 電話號碼。留意曼谷的城市區號 02，打長途電話時，無需撥 0。

> ℹ **Tips!**
> 所有遊客在購買電話卡前，均需登記護照。

香港的國際電話區號是 852，如要從曼谷致電回香港，需撥 852+ 電話號碼。

B. 撥打本地電話

遊客可在泰國使用漫遊服務或申請當地手提電話號碼 (即申請 Prepaid SIM 卡)，撥打泰國本地電話只需要撥區號和電話號碼，即 02+ 電話號碼。

C. Prepaid SIM 卡、增值卡及智能手機上網

在泰國機場的入境大堂二樓，有不同電訊公司的櫃位，可在這兒購買手機 Prepaid SIM 卡、增值卡 (Top-up card) 及選用不同手機上網計劃，價錢約 ฿ 49~900 (HKD 11~198) 不等，視乎所選的電訊公司和預繳費用而定。增值卡是用來加錢入已購買的 Prepaid SIM 卡內，類似在香港給電話卡增值。當 SIM 卡內的通話和上網費差不多用完，電訊公司會以短訊提醒用戶可購買哪些增值服務，用戶可到便利店或電訊公司門市購買增值卡。

另外，亦可以選擇購買 eSIM 卡，後頁介紹幾款 SIM 卡供讀者參考。

▶ dtac 電訊公司櫃位。

▶ true move 電訊公司櫃位。

27

以下是不同電訊公司的 Prepaid SIM 卡套餐資訊：

SIM 類型	套餐	領取 / 購買
truemoveH 4G/5G SIM Card	• 4G/5G • 8 天 15GB • ฿100 本地和國際通話額	機場領取
DTAC Happy Tourist SIM	• 4G • 8 天 15GB • ฿15 通話額	機場領取
DTAC Happy Tourist eSIM	• 4G • 8/10/15 日 15GB ฿15 通話額	www.dtac.co.th/en/prepaid/products/tourist-sim.htm
泰國無限流量 *eSIM	• 4G/3G/ 無限數據 • 5/7/10 天 • 只提供數據	www.klook.com

▼ dtac 的 Happy tourist SIM。（攝影：嚴潔盈）

> **i Tips!** 香港購買數據漫遊服務
>
> 在香港電訊公司如 3HK、smartone、csl. 等手機 APP 或網站選購數據漫遊，無需更換 SIM 卡，可保留原本電話號碼，還能分享數據給朋友，十分方便。以 3HK 為例，「自遊數據王 7 日 PASS」在 7 日內以 HK$98 使用 4G/5G 數據服務。

> **i Tips!**
>
> 由 2017 年 12 月起，凡旅客購買任何電訊商的 Prepaid SIM 卡，都要登記指紋或作容貌測試。建議使用 Wi-Fi 蛋代替 Prepaid SIM 卡比較方便。

D. Wi-Fi 蛋

除了購買上網卡外，還可以出發前先在香港申請 Wi-Fi 蛋 (Wi-Fi router)，抵達當地便馬上可使用，例如爽 WiFi、wifibb 等。

2024年法定假期

日期	假期
1 月 1 日	元旦
2 月 24 日	萬佛節
4 月 6 日	開國紀念日
4 月 13-16 日	宋干節 / 潑水節
5 月 1 日	勞動節
5 月 4 日	泰王登基紀念日
5 月 22 日	佛誕節
6 月 3 日	皇后華誕節
7 月 20 日	三寶佛節
7 月 28 日	十世王誕辰日
8 月 12 日	母親節
10 月 13 日	九世王逝世紀念日
10 月 23 日	五世王逝世紀念日
12 月 5 日	父親節
12 月 10 日	憲法紀念日
12 月 31 日	除夕

*2 月 26 日、4 月 8 日、5 月 6 日、7 月 22 日、7 月 29 日、10 月 14 日為補假

實用電話

必備電話	
泰國緊急求救號碼	191
觀光警察 (在主要景點為旅客提供協助)	1155
曼谷救護車	1691、02-255-1133-6
泰國旅遊局熱線 (服務時間 08:00~20:00)	1672
曼谷旅遊部	02-225-7612-4
泰國旅遊局 (曼谷辦事處)	02-250-5500
泰國旅遊局 (香港辦事處)	852-2868-0732
中國駐泰國大使館	02-245-0088
英國駐泰國大使館	02-305-8333
泰國入境處 (曼谷辦事處)	02-287-310
香港入境事務處 (24 小時在外香港居民求助熱線)	852-1868
報失 VISA 信用卡泰國支援熱線 (免費)	02-256-7326-7
報失 Master 信用卡泰國支援熱線 (免費)	02-256-7326-7
報失 American Express 信用卡泰國支援熱線	02-273-5100、081-559-5888
Citibank 信用卡熱線中心	1588、02-2232-2484
渣打信用卡熱線中心	1595
泰國稅務局	1161
交通電話	
泰國航空	02-356-1111
國泰航空	02-263-0606
曼谷素旺納普國際機場 (Suvarnabhumi Airport)	02-132-1888
曼谷素旺納普國際機場——失物櫃位	02-132-1880
曼谷廊曼國際機場 (Don Mueang International Airport)	02-535-1111
曼谷南客運站 (Sai Dai Mai)	02-894-6122、02-422-4444、02-435-1199
曼谷東北客運站 (Mo Chit)	02-936-2841、02-936-2852-66
曼谷東客運站 (Ekkamai)	02-391-6846、02-391-2504、02-391-8097
泰國鐵路局 (State Railway of Thailand)	1690
BTS	02-617-6000、02-617-7341
MRT	02-624-5200
Chao Phraya Express Boat Call Center	02-445-8888、02-449-3000-2
曼谷的士服務熱線	1681、1661

實用網址

領事館或政府網址	
泰國駐香港領事館	hongkong.thaiembassy.org
泰國旅遊局 Tourism Authority of Thailand	www.tourismthailand.org
泰國旅遊局 (香港辦事處)	www.amazingthailand.hk
泰國稅務局	www.rd.go.th/272.html
泰國天文局	www.tmd.go.th/en

交通網址	
曼谷空鐵 (BTS)	www.bts.co.th
曼谷地鐵 (MRT)	www.mrta.co.th/en/
泰國鐵路局	www.railway.co.th
昭拍耶河快船	www.chaophrayaexpressboat.com
曼谷國際機場	www.airportthai.co.th
曼谷機場鐵路	bangkokairporttrain.com
旅遊資訊網址	
泰友營	www.thailandfans.com

沖哥 至醒話你知

「泰國通」胡慧沖的網站：
www.thailandfans.com(泰友營)

i Tips! 不要亂丢垃圾

在泰國亂丟垃圾 (包括煙頭) 會被罰款。

旅遊常用泰語

日常用語	
常用詞	**泰語發音**
你好、早晨、午安、晚安	沙哇 Dee 卡 / 沙哇 Dee Krap
唔該、多謝	確灌
最近好嗎？	拾拜 Dee 米？
我很好	診拾拜 Dee
不用客氣	米東敬齋
對不起	確拖
再見	沙哇 Dee
Bye Bye	Bye Bye
Nice to meet you!	Yin Dee T lu Jaa ！
你叫甚麼名字？	灌 chi 阿 lai？
你好靚	灌水 mak
你好靚仔	灌羅 mak

購物或搭車	
常用詞	**泰語發音**
幾多錢？	偷黎？
太貴了！	Pan Mak ！
可以平 D 嗎？	咯 die 米？
我不懂說泰語	診 mic lu 怕沙泰
不好意思，我不明白	確拖，診 mic 溝製

按摩時	
常用詞	**泰語發音**
細力 D	包包耐
大力 D	靚靚耐
上 D	Kuen 耐
低 D	Long 耐
左 D	筷耐
右 D	夸耐
好熱！	Long Mak ！
有點痛	姐 ni 耐
這位置不用按	T ni 米東 nuan
好舒服！	沙拜 Dee ！

i Tips!

伴侶到了曼谷要注意不能太過親熱 (牽牽手當然沒問題)，否則會令當地人側目。

PART
3
飛往曼谷 及
當地交通

(本章圖文：次女)

飛往曼谷

直航航班

▲素旺納普國際機場。

▲機場三樓詢問處。

　　香港有多間航空公司提供來回曼谷的直航航班，大部分都是直達曼谷的素旺納普國際機場 (Suvarnabhumi Airport, BKK)，有少量航班直達廊曼國際機場 (Don Mueang Airport, DMK)，其中素旺納普國際機場是曼谷的新國際機場，現時為泰國主要的機場，很多國際航班都會直達這首都機場。

　　一般來説，由香港直航至曼谷大約需時 3 小時。讀者訂購機票時，要留意航班抵達哪一個機場，以下為其中 5 間提供香港來回曼谷直航航班的航空公司，留意航班和機票價錢以航空公司官方資料為準：

航空公司	素萬那普機場 BKK	廊曼國際機場 DMK	每日航班數目
國泰航空	✓		約5-6班
香港快運	✓		約3-4班
香港航空	✓		約5-6班
泰國國際航空	✓		約3-4班
阿聯酋航空	✓		不定期1班
泰國亞洲航空		✓	約4班

素旺納普國際機場不同層數的主要用途：

層數	用途
4/F	離境大堂
3/F	餐廳、停車場
2/F	入境大堂、Limousine(轎車)
1/F	交通服務：公共的士、穿梭巴士、華欣及芭堤雅巴士
B/F	機場鐵路

▲離境大堂擺放了一些與泰國人信仰有關的擺設。

▲入到禁區，還有很多店鋪等着你作最後衝刺！(攝影：嚴潔盈)

▲機場三樓的餐廳。

▲在離境大堂有好幾個包裹行李的服務站(每件行李收費฿ 120、HKD 26，只收現金)。

info 查詢航班：
airportthai.co.th/en/

曼谷交通入門
素旺納普機場往來市中心交通

1. 曼谷機場鐵路 Airport Rail Link　機場鐵道地圖P.66-67

曼谷素旺納普機場鐵路現時有一條行駛線：SA City Line，可在 Phaya Thai 站轉乘空鐵 BTS。前往 Phaya Thai 站班次為 15~22 分鐘一班，車程約 26 分鐘，單程 ฿ 45 (HKD 10)。遊客從入境大堂走到底層，就會看到機場鐵路站入口，機場站的名稱是 Suvarnabhumi 站。

◀機場鐵路售票處。

◀快線月台。

◀Cityline線車票自助售票機。

▶Cityline線列車車票。

> **info** 從入境大堂走到最底層 (Level B)，就會看到機場鐵路站入口，機場站的名稱是「Suvarnabhumi 站」
> 🕐 05:30~00:00　　🌐 bangkokairporttrain.com

2. 的士 (Taxi)

在曼谷機場可乘坐的士，機場的職員能操英語，可代遊客與司機溝通好目的地和收費才上車，職員同時會給乘客一份資料，包括的士司機的登記資料和投訴表格，方便乘客之後追尋遺失物品或對服務提出意見。

▲的士。

> **info** 🚖 從入境大堂走到一樓 (Level 1)，的士服務櫃在室外，上車位置就在櫃位後方
> 💰 約 ฿ 350~500 (HKD 80~116)(包括了 ฿ 50 機場手續費和公路費)
> 🕐 車程：往市區約 35~45 分鐘，服務時間：24 小時

▲的士站位於一樓室外後轉右，抵達一樓後看到圖中的指示。

3. 轎車 (AOT Limousine)

AOT Limousine 服務櫃位位於入境大樓二樓，機場大堂有職員向旅客兜售有關服務。比起的士，Limousine 的車種較為豪華及舒適，故收費也比的士高。

▶轎車。

> **info** 🚗 入境大樓的 2 樓 (Level 2) 室外
> 💰 約 ฿ 600~1,100 (HKD 140~256)
> 🕐 車程：往市區約 35~45 分鐘，服務時間：24 小時
> 📞 +66 21342323-5　　🌐 www.aot-limousine.com

▲轎車服務櫃位。

曼谷市內交通

❶ 曼谷空鐵(BTS)　　鐵路路線圖P.66-67

BTS 有 3 條路線，分別是深綠色、淺綠色、金黃色線，稱為 Silom 線、Sukhumvit 線和 Gold line 金線，本書以 BTS 路線為讀者介紹曼谷吃、喝、玩、樂等好去處，包括 BTS 能到達的大型商場和旅遊景點，讓讀者在曼谷來一趟空鐵之旅。

▲BTS列車。

▲BTS車站。

> **info**
> ⊙ 服務時間：約 06:00~24:00
> 🌐 www.bts.co.th/eng/index.html

車票類型： A. 單程車票

單程票 (Single Journey Ticket) 可於自動售票機購買，車票約 ฿62(HKD 3~14)，自動售票機有以下三款：

售票機	接受貨幣	可找續貨幣
Ticket Issuing Machine(TIM)	硬幣฿1、฿5、฿10	只找續硬幣฿1、฿5、฿10
Integrated Ticketing Machine(ITM)	鈔票฿1、฿20、฿50、฿100；硬幣฿1、฿5、฿10	只找續硬幣฿5
Ticket Vending Machine(TVM)	鈔票฿20、฿50、฿100；硬幣฿1、฿5、฿10	只找續硬幣฿5

* 備註：如不夠零錢，可到票務處找換。

◀BTS單程票有不同圖案。

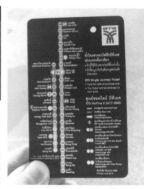
▲車票背面是BTS路線圖。

購票步驟

以下示範兩款 BTS 自助售票機的購票方法：

只接受硬幣的自助售票機

Step 1
看清楚要前往的車站所需車費 (在售票機旁有車票板)，如需 ฿15 就按 15

Step 2
投入所需硬幣

Step 3
在出票口拿取票

Step 4
在下方出口拿找續

接受紙幣及硬幣

Step 1
在螢幕點選要去的車站

Step 2
投入硬幣或放入紙幣

Step 3
在下方出口拿車票和找續

車票類型：B. 一日票 (One Day Pass)

購買當天全日無限次乘搭。

▶BTS一日票。

info 　🏠 購票地點：票務處
　　　⏰ ฿ 150 (HKD 35)

▲BTS票務處。

車票類型：C. Rabbit Card

Rabbit Card 像香港的八達通，乘搭 BTS 可用 Rabbit Card 代替購買單程票，跟八達通不同的是，Rabbit Card 除了可增值，還可加「程」(Trips) 入卡內 (即乘坐 BTS 的次數，分別為 15、25、40 及 50 程)。Rabbit Card 在票務處有售，而且可於票務處增值及加「程」，加進卡內的「程」於購買日起計 30 天內有效。

ℹ️ Tips!
　　23 歲以下學生可購買綠色 Rabbit Card，並可以優惠價加程數入卡。而 60 歲以上長者則可買桃紅色的 Rabbit Card，每程車費都可享優惠價，但不能加程數入卡。

info 　🏠 購票及增值地點：票務處
　　　💰 • 首次購買 Rabbit Card，成人 ฿ 200 (HKD 46)，包括 ฿ 100 (HKD 22) 不能退還的手續費和 ฿ 100 (HKD 22) 可使用面值
　　　• 加「程」費用 (成人)：฿ 465 (HKD 102) / 15 程、฿ 725 (HKD 160) / 25 程、฿ 1,080 (HKD 238) / 40 程 及 ฿ 1,300(HKD 286) / 50 程
　　　• 每次增值最少 ฿ 100 (HKD 22)

▲Rabbit Card。

❷ 曼谷地鐵(MRT)　鐵路路線圖P.66-67

MRT 有 3 條路線，分別用藍色、紫色和黃色標示，沿線有 3 個站可轉乘 BTS，分別是 MRT Chatuchak Park 站，可接連 BTS Mo Chit 站；MRT Sukhumvit 站，可接連 BTS Asok 站，以及 MRT Si Lom 站，可接連 BTS Sala Daeng 站。

◀MRT地面入口。

▲MRT藍線的月台和列車。

▲在MRT車站會指示轉乘BTS的方向。

info 　🏠 自動售票機 Ticket Vending Machine(TVM)
　　　💰 (單程票 / 代幣) ฿ 15~40 (HKD 4~9)
　　　⏰ 06:00~00:00　🖥 www.mrta.co.th/en/

車票類型：A. 單程票（代幣）Single Journey Token

單程票（代幣）可於自動售票機 Ticket Vending Machine (TVM) 購買，TVM 接受鈔票 ฿20、฿50、฿100 及硬幣 ฿1、฿5、฿10，能找續硬幣 ฿1、฿5、฿10。車費約 ฿16~42。

▲MRT自助售票機。

▲MRT入閘機，只需將車票觸碰感應器就可入閘。

◄MRT車票（代幣）。

Step 1. 在螢幕點選要去的車站
Step 2. 投入硬幣或放入紙幣
Step 3. 在下方出口拿車票（代幣）和找續

車票類型：B. 儲值卡（MRT Smart Card）

儲值卡只在票務處出售和增值，每張 ฿230 (HKD 51)（包括 ฿30 不能退還的手續費和 ฿50 按金），增值每次最少要 ฿100 (HKD 22)。

▲MRT票務處。

▲MRT Smart Card。（攝影：嚴潔盈）

車票類型：C. 指定日數任坐車票 Period

MRT 分別有 1、3 及 30 日的車票，1 日票每張 ฿120 (HKD 26)，3 日票每張 ฿230 (HKD 51)，30 日票每張 ฿1,400 (HKD 308)。限日數任坐車票只在票務處出售。

地鐵新線

MRT紫線暢遊曼谷近郊

在 2016 年開通的紫線 (Purple Line)，最特別的地方是像 BTS 一樣架空行駛！紫線目前有 16 個站，由曼谷市中心通往暖武里府（從 Tao Poon 站至 Khlong Bang Phai 站）。紫線的開通除了方便遊客前往近郊景點，還會帶動更多商場及夜市在沿線附近開張。

► 車身與車廂都以紫色為主。

▲ 紫線目前有16個站，由Tao Poon站至 Khlong Bang Phai站。

i Tips!
MRT 紫線與藍線相連，可直接換線乘車。(P.66)

（圖文：嚴潔盈）

36

MRT黃線鐵路

MRT 黃線於 2023 年 6 月啟用，是高架單軌鐵路，一共有 25 個站 (包括 2 個建設中)，跨越曼谷北、中、東部主要地區，首站為 Lat Phrao，尾站為 Samrong，分別與 MRT 藍線以及 BTS 相連，MRT 黃線周邊有不少好去處。

地鐵 MRT 黃線

Lat Phrao	Phawana	Chock Chai 4	Lat Phrao 71	Lat Phrao 83	Mahat Thai	Lat Phrao 101	Bang Kapi	Yaek Lam Sali	Si Kritha	Hua Mak	Kalantan	Si Nut	Sraigarindra 38	Suan Luang Rama IX	Si Udom	Si Iam	Si La Salle	Si Bearing	Si Dan	Si Thepha	ThipPhawan	Samrong
YL01	YL02	YL03	YL04	YL05	YL06	YL07	YL08	YL09	YL10	YL11	YL12	YL13	YL14	YL15	YL16	YL17	YL18	YL19	YL20	YL21	YL22	YL23

info ✉ ebm.co.th

BTS新線

自動駕駛鐵路 Gold Line 金線

Gold Line 金線 2020 年底開通，是泰國第一條使用自動旅客捷運系統 (APM) 的，全長 1.8km，有 3 個車站，分別是 Krung Thon Buri 站、Charoen Nakhon 站和 Khlong San 站，首站與 BTS Krung Thon Buri 站相連，建設中的第 4 個站 Prajadhipok 站將與 MRT 紫線相連。統一票價為 ฿15(HKD6)。

空鐵 BTS 金線（自動駕駛鐵路）

Krung Thonburi	Charoen Nakhon	Khlong San	Prajadhipok(建設中)
G1	G2	G3	G4

Sukhumvit南延長線

Sukhumvit 南延長線分別於 2020 年 6 月及 12 月開通，現時仍有 4 個站建設中。Sukhumvit 線由北至南貫穿曼谷市區，而南延長線是曼谷南部主要鐵路，途中與 MRT 黃線尾站 Samrong 相連，沿線有不少曼谷著名景點。

空鐵 BTS Sukhumvit 南延長線

Bearing	Samrong	Pu Chao	Chang Erawan	Royal Thai Naval Academy	Pak Nam	Srinagarindra	Phraek Sa	Sai Luat	Kheha
E14	E15	E16	E17	E18	E19	E20	E21	E22	E23

❸ 昭拍耶河快船和觀光船　遊船碼頭位置地圖P.42

一些觀光景點，如大皇宮、臥佛寺、國家博物館、唐人街等及部分酒店位於曼谷的昭拍耶河 (俗稱「湄南河」)(Chao Phraya River) 岸上一帶，遊客可選擇乘搭湄南河快船或觀光船 (Chao Phraya Express Boat & Tourist Boat) 前往這些景點和酒店。快船及觀光船兩者的差別在於，觀光船 (插有藍旗) 船上有職員以英語介紹沿途風景及提醒遊客下船，但費用較高。其他快船以船上插了旗或沒插旗作識別，而插了旗的又分有不同顏色 (詳見下表)。

◀ 船及碼頭。

▲ 湄南河快船在Sathorn碼頭 (Central Pier)的售票處。

▲ 插着藍旗的便是觀光船，全日票 ฿150 (HKD 33)，附送小冊子。

▲ 昭拍耶河黃旗船。

▶ 觀光船上有職員以英語介紹沿途風景。

▲ 橙旗船的船票。 (攝影：嚴潔盈)

船種	營業時間	票價
ORANGE LINE **(Nonthaburi-Rajsingkorn)**	平日：06:00-18:00 周六及假期：(來)07:00-17:00 (回)08:30-17:45 周日：(來)09:00-17:00 (回)10:00-17:45	฿16(HKD3.7)
YELLOW LINE (Nonthaburi-Sathorn)	平日：(來)06:00-08:10 (回)17:00-19:05	฿21(HKD4.8)
YELLOW GREEN LINE **(Pakkret-Sathorn)**	平日：(來)06:00-07:50 (回)15:45-17:45	Pakkret-Nonthaburi：฿14(HKD3.2) Nonthaburi-Sathorn：฿21(HKD4.8) Pakkret-Sathorn：฿33(HKD7.6)
RED LINE (Nonthaburi-Sathorn)	平日：(來)06:50-07:40 (回)16:25-17:30	฿30(HKD7)
Chao Phraya Tourist Boat **(藍旗觀光船)(Sathorn-Phra Arthit)**	(來)09:00-19.15 (回)08:30-18.30	฿30(HKD7)

* 每條路線停靠的碼頭都不同，請瀏覽官網。

ℹ️ Tips!　往 Sathorn 碼頭

← ไปท่าเรือสาทร
To Sathorn Pier
เรือด่วนเจ้าพระยา
Chaophraya Express Boats
เรือรับส่งโรงแรม
Hotel Shuttle Boat
บริการเรือท่องเที่ยว
Tourist Boat Services

可乘 BTS 的 Silom 線到 BTS Saphan Taksin 站，在 2 號出口步行至 Sathorn 碼頭 (Central Pier)。在 BTS Saphan Taksin 站會有上圖的指示，往 Sathorn 碼頭。

ℹ️ Tips!　觀光船 (插藍旗) 購票地點

Sathorn 碼頭設有專售觀光船船票的櫃位。其他可購買觀光船船票的地方，包括 N13 Phra Arthit 碼頭、BTS Siam 站的遊客服務站及 BTS Saphan Taksin 站的遊客服務站；至於快船，則可於船上購買。

ⓘ Chao Phraya Express Boat (快船)
⊙ 周一至五 06:00~20:00，周六日 06:00~19:00
📞 (快船)+66 24458888、(觀光船)+66 20241342
@ info@chaophrayatouristboat.com
🖥 chaophrayatouristboat.com
🖥 www.chaophrayaexpressboat.com

④ 巴士

　　雖然乘巴士比 BTS 便宜，不過一定要做功課，研究哪條路線能到達目的地。

　　目前曼谷的巴士分為公營和私營，有些巴士是沒有空調的，另外也有通宵路線巴士，留意曼谷的公路經常塞車，乘搭巴士要預算足夠的時間。

www.bmta.co.th

◀ 巴士。

⑤ 的士

　　曼谷的士起錶價首一公里是 ฿ 35 (HKD 8)，之後每公里 ฿ 5.5 (HKD 1.2)，路程越遠，每公里費用越高。在曼谷的士的車頂上可看到 Taxi Meter，即咪錶，上車後一定要留意司機有否起錶，如沒有，應立刻提醒司機，如果他不理會，你可要求下車，坐另一輛的士。

◀ 不同顏色的的士。

▲ 的士咪錶。

> **Tips!**
> 1. 不是所有的士司機都懂英語，遊客可在酒店請職員寫下目的地的泰文名稱和地址，然後給司機看。
> 2. 泰國的士騙遊客的招數主要有三種，如咪錶被動過手腳、不起錶或繞路。遇到不起錶的的士司機，最好立刻下車。
> 3. 不同顏色的的士代表不同的士公司。

⑥ 篤篤 (Tuk Tuk)

　　篤篤是泰國地道的交通公具，實際上是一輛開放式的機動三輪車，車速一般，每輛可載二至三人，讀者有興趣可一試，但不建議以它作市內遊覽的主要交通工具，因為每次乘搭需與司機議價，一般開價很高，第一次可減價一半以上絕對不誇張。

　　另外，篤篤不設安全帶，遇上愛開快車的司機，記得「抓緊扶手」。此外，跟乘搭的士一樣，不是所有篤篤司機都懂英語，建議預先請酒店職員寫下目的地的泰文名稱和地址，然後給司機看。

▶ 篤篤。

7. 電單車的士

電單車的士在曼谷很常用，在街上看到太陽傘下有幾個穿着一式背心的司機，那個就是電單車的士站。

乘搭很方便，只需跟司機說要去哪兒，他就會開價，若價錢合理，便會即時安排司機載你過去，下車付款。

另外，乘電單車的士宜先預備泰文地址。

▲電單車的士，乘客坐在司機後方。

◀電單車的士站亭，司機都穿着橙色背心制服。

8. 曼谷快速巴士(Bus Rapid Transit，BRT) ▐機場鐵道地圖P.66-67

BRT 是巴士，目前只有一條路線，一共 12 個站，在 BRT Sathorn 站能轉乘到 BTS 空鐵的 Chong Nonsi 站，車費約 ฿ 12~20 (HKD 3~4)。BRT 的班次沒有 BTS 空鐵那麼頻密，約 5~10 分鐘一班。本書的景點不會使用到 BRT，讀者有興趣在曼谷隨意逛，也可選擇乘 BRT。

> info ⊙ 服務時間：06:00~00:00
> www.transitbangkok.com/brt.html

Call車Apps推介

除了 BTS、MRT、巴士等公共交通，在曼谷最常見的交通工具就是計程車和篤篤車，可以方便舒適的直達目的地，但是又擔心被司機敲竹槓？在出發前下載 App 就不用怕。

Grab：目前泰國最大型的 Call Taxi App 是「Grab」，提供多款車子類型，容易叫到車，可通過 App 與司機溝通，訊息會自動英譯，亦會提供司機資料，如果女生們有所擔憂還可以選擇女性司機。

◀這是Grab首頁。

▲在出發前下載App就不用怕。

Bolt：另外一款多人使用的 Call Taxi App「Bolt」，價錢相對便宜，主要服務範圍在曼谷市區，其他地區有可能叫不到車。

MuvMi：最後介紹一款叫篤篤車的 App「MuvMi」，下載後用泰國 SIM 卡號碼登記會員，預約時可選人數或整輛篤篤車，在乘車前掃瞄 QR Code 便可，付款方面使用儲值扣款機制，需至少儲值 ฿100(HKD23)。篤篤車都很新淨，預計會多次乘篤篤車是不錯的選擇。

▶打開Bolt後直接輸入目的地進行預約。

▶打開MuvMi後可見多個接送點。

info
🖥 Grab：www.grab.com
🖥 Bolt：bolt.eu
🖥 MuvMi：muvmi.co/en

實用Apps推介

Uber

曼谷的士服務質素較參差，所以近年不少遊客都會在當地使用 Uber 服務，一來不怕司機亂收費，二來車廂較舒適，加上司機英語較佳，不用擔心溝通不到。

適用：iOS、Android

八達通

八達通 App Plus 和 Pro 用戶可在泰國購物時掃描「PromptPay」二維碼，使用轉數快 x PromptPay 二維碼支付服務，以八達通銀包進行支付，還能即時將泰銖轉換成港幣。

適用：iOS、Android

Bangkok Metro Transit Map (iOS)/ Trainsit Bangkok BTS MRT (Android)

曼谷的鐵路路線發達，想一次過知道 BTS 和 MRT 的轉車資訊及票價，可善用此 App。只需點選出發地和目的地，即可知道路線走向。

適用：iOS、Android

Learn Thai Phrasebook

去到外國，當然要學習一兩句當地會話！這個學習泰文的 App，以不同分類，教授簡單的單字和句子，十分易用。

適用：iOS、Android

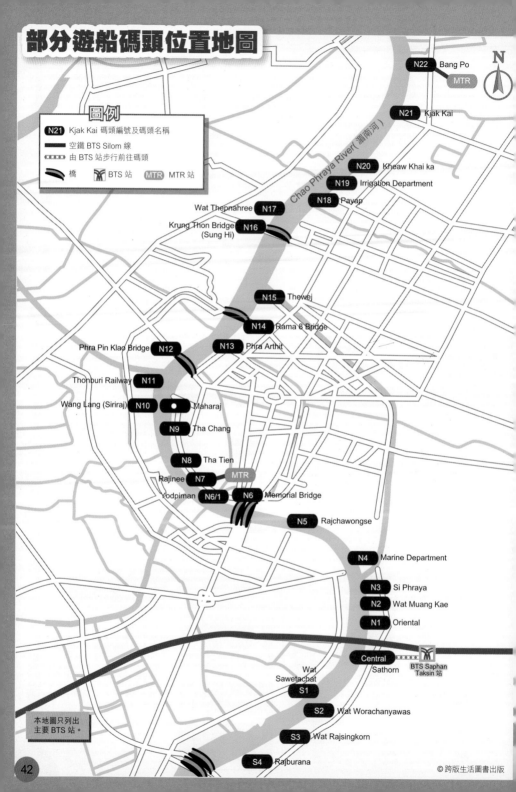

PART 4

住在曼谷

本章房價謹供參考，房價以酒店公佈為準。

BTS Chit Lom 站

位置最佳 Centara Grand & Bangkok Convention Centre at CentralWorld 地圖P.104

高聳的酒店外面加設了像蓮花的裝置，令酒店非常易認。酒店與 Central World 商場有通道相連，方便住客行街購物吃喝玩樂，酒店的 Sky Lobby 設於 23 樓，景觀十分開揚，全部 505 間房都在 23 樓以上。酒店設有天空泳池以及水療中心，房價由 ฿ 5,800 (HKD 1,381) 起，包早餐。

▲五星級房間保證舒適。

▲酒店連接 Central World，非常方便。

info
🏠 999/99 Rama 1 Road,Pathumwan, Bangkok
🚇 乘搭 BTS 在 Chit Lom 站下車，步行約 10 分鐘
📞 +66 21001234
💻 centarahotelsresorts.com/centaragrand/cgcw

精品酒店新貴 Hotel Muse Bangkok 地圖P.104

曼谷每年都有大量酒店登場，不過要留得住客人，就得花點心思。Hotel Muse 是近年新開的酒店當中最用心的一間，以古典華麗作為設計裝潢主題，房間內放置了皮篋傢俬和用畫框鑲起來的電視，房間用色柔和，床舖相當舒服，房價由 ฿ 4,326(HKD 1,030) 起。

▲房間充滿古典氣息。

◄ Hotel Muse。

info
🏠 55/555 Langsuan Road, Lumpini, Pathumwan, Bangkok
🚇 乘搭 BTS 在 Chit Lom 站下車，步行約 8 分鐘
📞 +66 26304000 💻 all.accor.com/hotel/7174/index.zh.shtml

位置方便 Novotel Bangkok Platinum Pratunam 地圖P.104

由酒店步行往 Central World 只需 3 分鐘，且一出酒店就可以吃到最有名的水門雞飯。

房間配備 LED 電視及免費 Wi-Fi，房價平均由 ฿ 3,402 (HKD 810) 起，包早餐。

◄房間具空間感。

▲五星級房間保證舒適。

info
🏠 220 Petchaburi Road, Ratchatevee, Bangkok
🚇 乘搭 BTS 在 Chit Lom 站下車，步行約 10 分鐘
📞 +66 21607100 💻 all.accor.com/hotel/7272/index.zh.shtml

服務式住宅
Bliston Suwan Park View Hotel & Serviced Residence

酒店達四星級水平，全推出三日兩夜套餐，由 B 2,436 (HKD 580) 起，房間配備廚房、音響、洗衣機、Wi-Fi 等，距離 BTS 站步行約 10 分鐘，非常方便。

▶ 套房內的主人房相當廣闊，還有私人套廁。

◀ 酒店五臟俱全。

地圖P.104

> 🏠 9 Soi Tonson, Ploenchit Road, Lumpini, Pathumwan, Bangkok
> 🚇 乘搭 BTS 在 Chit Lom 站下車，步行約 10 分鐘
> 📞 +66 26587979
> 🌐 www.blistonresidence.com

加大碼Boutique LUXX XL　地圖P.104

這精品酒店採用原木設計特色，格調舒適柔和，加大碼的房間充滿空間感，房價由 B 1,911 (HKD 455) 起。

▶ 套房房間非常稱心。

▲ 酒店主人是個建築師，傢私擺位別有用心。

> 🏠 82/8 Langsuan, Lumphini, Pathumwan, Bangkok
> 🚇 乘搭 BTS 在 Chit Lom 站下車，步行約 12 分鐘
> 📞 +66 26841111
> 🌐 www.staywithluxx.com/luxx-xl-hotel-bangkok

大翻新酒店 Centre Point Hotel Chidlom　地圖P.104

酒店的房間內有客廳、梳化、廚房以及洗衣機等，洗手間內更用上日式自動座廁，相當講究，房價由 B 2,082 (HKD 497) 起。

▲ 套房設有客廳。

▲ 室內泳池像不像羅馬浴場？

> 🏠 60 Soi 1, Langsuan Road, Lumpini, Patumwan, Bangkok
> 🚇 乘搭 BTS 在 Chit Lom 站下車，步行約 10 分鐘
> 📞 +66 26572400
> 🌐 www.centrepoint.com

Home Feel 小熊之家 Cape House 地圖P.104

酒店基本設施齊備,有餐廳和泳池。房間裝修簡約光猛,很有家的感覺,每個房間都放了小熊擺設,喜歡的話可帶走作紀念,房價由 ฿ 3,060 (HKD 729) 起,包早餐。

▲ 房內有客廳飯廳,還有廚房用具,甚有住家 Feel。

▲ Cape House。

info
🏠 43 Soi Langsuan,Phloenchit Road, Lumpini, Patumwan, Bangkok
🚇 乘搭 BTS 在 Chit Lom 站下車,步行約 10 分鐘
📞 +66 26587444 🌐 www.capehouse.com

BTS Ratchadamri 站

五星級管家 The St. Regis Bangkok 地圖P.215

酒店地下就是 BTS 站,步行 5 分鐘就到四面佛,可謂旺中帶靜,最特別的是,設有管家服務,可以幫住客打點行程和收拾行李,房價由 ฿ 10,487 (HKD 2,497) 起。酒店內共 7 間餐飲店,而且保留了「刀劈香檳」的表演,每晚 18:30 有人開香檳,讓客人一邊呷免費香檳,一邊賞日落,極盡奢華。

▲ The St. Regis Bangkok。

▲ 酒店面向無敵馬場景,視野無限。

◀ 房內家具高貴舒適,盡顯氣派不凡。

info
🏠 159 Rajadamri Road ,Bangkok
🚇 乘搭 BTS 在 Ratchadamri 站下車,步行約 1 分鐘
📞 +66 22077777
🌐 marriott.com/en-us/hotels/bkkxr-the-st-regis-bangkok/overview/

綠化套房 Hansar Bangkok　地圖P.215

　　酒店只有 94 個房間，密度甚低，能提供最貼心的服務。酒店及房間都加入環保的綠色植生牆，走廊採通風的對流設計，有別一般感覺侷促的酒店。

　　酒店距離 BTS 站只是 3 分鐘，房價由 ฿ 4,678 (HKD 1,114) 起，包早餐。

▶貫通酒店的一道綠生牆，令房間更舒適。

▲原木設計相當舒適。

> 3/250 Soi Mahadlekluang 2, Rajdamri Road, Bangkok
> 乘搭 BTS 在 Ratchadamri 站下車，步行約 3 分鐘
> +66 22091234　hansarhotels.com/hotels/bangkok/

五星級的家 Grande Centre Point Ratchadamri　地圖P.215

　　一入酒店大堂已感受到那金碧輝煌的裝潢，房間有普通 Studio 房及一至三房的 Apartment，當然不缺廚房、洗衣機、客廳音響等設備，房價由 ฿ 3,591 (HKD 855) 起，價錢比旁邊的酒店便宜，多年來一直受遊客歡迎。

▶房間像俱齊全，很實用。

▲廣闊的泳池被樹林包圍，保障了住客私隱。

> 153/2 Soi Mahatlek Luang 1, Ratchadamri Road, Lumpini, Pathumwan, Bangkok
> 乘搭 BTS 在 Ratchadamri 站下車，步行約 5 分鐘
> +66 20919000
> www.grandecentrepointratchadamri.com

極盡奢華庭園 Anantara Siam Bangkok Hotel　地圖P.215

　　位於四面神附近的四季酒店，鄰近 BTS 站和 Central World，一直受港客歡迎。酒店中央以天井式花園設計，天井地下有小池塘及小橋流水，充滿詩情畫意，同時酒店內加入了古典泰式的特色，大堂內有不少壁畫及古董，房價由 ฿ 5,310 (HKD 1,264) 起。

▲酒店房間很豪華，亦相當廣闊。　▲酒店大樓氣派不凡。

> 155 Rajadamri Road, Bangkok
> 乘搭 BTS 在 Ratchadamri 站下車，步行約 2 分鐘
> +66 21268866　anantara.com/en/siam-bangkok

五星質素 Mayfair Bangkok-Marriott Executive Apartments

地圖P.215

酒店房間設備齊全，管理完善，天台的健身室更可俯覽市內景色。泳池是半露天設計，泳池的天花藏有小型星燈，晚上亮着後，躺在太陽椅向上望，好像滿天繁星在閃耀，房價由 ฿ 3,439 (HKD 819) 起。

▲酒店外觀。

▲天際泳池可邊看星空邊看日落。

info
- 🏠 60 Sol Langsuan, Lumpini, Pathumwan, Bangkok
- 🚇 乘搭 BTS 在 Ratchadamri 站下車，步行約 8 分鐘
- 📞 +66 26721234
- 🔗 bit.ly/46alj7D

空中室內泳池 Le Fenix Sukhumvit

地圖P.124

酒店以白色作主調，最具特色的是它位於七樓的室內泳池，旁邊是透明落地玻璃，讓客人在水裏也可俯瞰 Nana 鬧市景色，房價由 ฿ 1,146 (HKD 273) 起。

▲酒店的用色和裝潢超摩登。

▲房間又大又實用。

▲餐廳的炸魚菠菜很有 Fusion 味道！

info
- 🏠 33/33 Sukhumvit Soi 11, Klongtoey-nua, Wattana, Bangkok
- 🚇 乘搭 BTS 在 Nana 站下車，步行約 15 分鐘
- 📞 +66 23054000
- 🔗 lefenixsukhumvit11.com-bangkok.com/en/

殖民地色彩 Centre Point Sukhumvit 10 地圖P.124

這間在 Sukhumvit 區巷內的 Centre Point，歷史最久，也是最大的一間，環境清靜，有免費篤篤車接送到主要的街道 (06:00~24:00)。在花園旁的房間富殖民地色彩，房間裝修以白色為主，有私家露台，浴室有水力按摩浴缸等設備，房價由 ฿ 2,142 (HKD 510) 起。

地風格▶房間布置充滿殖民

▲ 酒店大堂相當豪華。

info
🏠 39 Soi Sukhumvit 10 Road, Klongtoey, Sukhumvit, Bangkok
🚌 乘搭 BTS 在 Nana 站下車，步行約 5 分鐘
📞 +66 26531783　🌐 www.centrepoint.com

精巧殖民地風情 La Petite Salil Sukhumvit 8 地圖P.124

Salil Hotel 在 BTS Nana 站附近，房內有免費 Wi-Fi，房間小巧雅緻，基本設備齊全。全酒店採用殖民地式風情設計，很有 Home Feel，設有 24 小時電動車服務，接送住客至大街的 BTS 站附近。房價由 ฿ 1,531 (HKD 365) 起，包早餐。

info
🏠 50, 50/1 Sukhumvit Soi 8, Sukhumvit Road, Klongtoey, Bangkok
🚌 乘搭 BTS 在 Nana 站下車，步行約 10 分鐘
📞 +66 22532474　📠 lapetitesalil.com/sukhumvit8/

▲ 酒店外貌不算起眼，但勝在五臟俱全。

BTS Phloen Chit 站

全套房五星住宿 Sivatel Bangkok 地圖P.124

由舊酒店改名翻新的 Sivatel Bangkok 集寫字樓與酒店於一身，酒店是「全套房」設計，設有睡房、客廳、浴室和 Walk-in Closet，設施達五星級水準，有些房間設有 Apple TV，房價由 ฿ 4,896 (HKD 1,167) 起。

▲套房設計不落俗套。

info
🏠 53 Wittayu Rd., Lumpini, Patumwan, Bangkok
🚌 乘搭 BTS 在 Phloen Chit 站下車，步行約 3 分鐘
📞 +66 23095000　🌐 www.sivatelbangkok.com

▶ 酒店全新的外貌非常吸引。

愛回家 Grande Centre Point Hotel Ploenchit 地圖P.124

近年不少香港旅客都愛住 Serviced Apartment，喜歡「家」的感覺，這間位於 Wireless 路的 Centre Point 是該集團數年前的「五星試金石」，裝潢設計具五星酒店的豪華金碧輝煌，有罕見的壁球場設施，但價錢卻頗「親民」，吸引不少領事館官員租住，房價由 ฿ 3,300 (HKD 786) 起。

▶豪華的睡房。

info
🏠 100 Wireless Rd., Lumpini, Patumwan, Bangkok
🚌 乘搭 BTS 在 Phloen Chit 站下車，步行約 3 分鐘
📞 +66 20559000
🌐 www.grandecentrepointploenchit.com

▲泳池好開揚啊！　▲ Centre Point 酒店。

不花巧 AETAS Bangkok 地圖P.124

AETAS 是曼谷大型四星酒店，房間以簡潔為主，設施齊全，有餐廳、spa、泳池以及健身室等。由酒店步行至 BTS 站只需 5 分鐘，也可以乘搭酒店提供的免費 Tuk Tuk 接送服務 (07:00~21:00)，房價由 ฿ 2,399 (HKD 571) 起。

info
🏠 49 Soi Ruamrudee, Phloenchit Road, Lumpini Pathumwan, Bangkok
🚇 乘搭 BTS 在 Phloen Chit 站下車，步行約 5 分鐘
📞 +66 26189000

▲酒店外形獨特新穎。　　▲房間又大又舒適。

BTS Asok站

鎖匙主題酒店 The Key 地圖P.137

The Key 以「鎖匙」為主題，每層走廊會掛上鎖匙主題畫。房間設有免費 Wi-Fi，房價不貴，連早餐 ฿ 1,768 (HKD 421)，住滿三晚的話，還有免費接送往機場服務。

info
🏠 19 Soi Sukhumvit 19, Asoke, Bangkok
🚇 乘搭 BTS 在 Asok 站下車，步行約 8 分鐘
📞 +66 22555825
🌐 www.thekeybangkok.com/en

▲酒店大堂富有簡約風。　　▲房間光猛舒適。

連接客運站 Grande Centre Point Hotel Terminal 21 地圖P.137

Grande Centre Point 有 498 個房間，六樓連接 Terminal 21。大堂金碧輝煌，設施先進現代化，例如房間內的馬桶全為日式噴水洗屁股的座廁，房價由 ฿ 3,674 (HKD 875) 起。

▲酒店接待大堂金碧輝煌。

◀在這兒用餐感覺與別不同。

▲房間設施非常先進。

info
🏠 2 Sukhumvit Soi 19, Sukhumvit Road, Klongtoey Nua, Wattana, Bangkok
🚇 乘搭 BTS 在 Asok 站下車，步行約 2 分鐘
📞 +66 2056 9000　🌐 www.grandecentrepointterminal21.com

鄰近交通樞紐 S15 Sukhumvit Hotel 地圖P.137

S15 Sukhumvit Hotel 距 BTS 的 Asok 站或 MRT 的 Sukhumivt 站只有約 5 分鐘路程，雖然不算大型酒店，但房間舒適，有 spa 及餐廳。酒店職員態度親切，大熱天時會在酒店大堂提供冰涼的果汁給等候 check-in 的客人。酒店附近有大型商場 Terminal 21 和 Robinson，晚上外出覓食相當方便。房價由 ฿ 2,540(HKD 605) 起，包早餐。

▶供一至二人住宿的 Deluxe Room，空間充足，一入房會有小熊迎接你。（小熊不可帶走，有興趣可在櫃枱買。）

▲ S15 Sukhumvit Hotel。

▲ Spa 房位於 7 樓。

▲酒店大堂。

info
- 🏠 217 Sukhumvit 15 Klongtoey-Nue, Wattana, Bangkok
- 🚇 乘搭 BTS 在 Asok 站下車，步行約 5 分鐘
- 📞 +66 26512000
- 🌐 www.s15hotel.com

五臟俱全 Legacy Suites 地圖P.137

Legacy Suites 位於 BTS Asok 站及 Phrom Phong 站之間，步行前往約 15 分鐘。雖然地點不算方便，但勝在位於寧靜社區及價格親民，有泳池、健身房、免費早餐，在晚上多走兩步便來到馬路旁的熱鬧攤檔買水果及串燒。房價由 ฿ 2,368(HKD 564) 起，包早餐。

▶炎熱時可在酒店泳池暢冰。

info
- 🏠 12, 14 Sukhumvit Soi 29, Bangkok
- 🚇 乘搭 BTS 在 Asok 站或 Phrom Phong 站下車，步行約 15 分鐘
- 📞 +66 26901900
- 🌐 sites.google.com/view/legacysuit esbangkok/home

▲ Legacy Suites

▲ Superior Premium 房間。（圖文：嚴潔盈）共有兩座。

交通便利 Well Hotel Bangkok 地圖P.137

Well Hotel Bangkok 交通十分便利，就在 BTS Asok 及 Phrom Phong 站之間，從兩站步行至酒店只需 10 分鐘左右。酒店內有多項設施，如 spa、桑拿、室外泳池等等，更有免費自助早餐。早餐的質素不錯，味道不俗，而且種類多，數量也相當足夠。房價由 ฿ 2,835 (HKD 675) 起。

▲明亮的大堂。

▲ Well Hotel Bangkok。

info
- 🏠 10, 10/3 Sukhumvit 20, Klongtoey, Bangkok
- 🚇 乘搭 BTS 在 Asok 站或 Phrom Phong 站下車，步行 8 分鐘
- 📞 +66 21275995

▲酒店的自助早餐不錯。

(文字：IKiC、攝影：蘇飛)

五星法國居所 Sofitel Bangkok Sukhumvit

地圖P.137

　　五星級的 Sofitel，大堂內有一座刻有泰式花紋的仿凱旋門，房間配備 Espresso 咖啡機，還有不同軟硬程度的枕頭，浴室還提供高級沐浴用品，房價由 ฿ 8,594 (HKD 2,047) 起。

info
🏠 189 Sukhumvit Rd. Soi 13-15, Klongtoey-nua, Wattana, Bangkok
🚇 乘搭 BTS 在 Asok 站下車，步行約 8 分鐘
📞 +66 21269999

酒店官網

▲ Sofitel 五星級酒店。　　▲ 房間相當舒適。

被遺忘的五星酒店 The Westin Grande Sukhumvit

地圖P.137

Westin 酒店在 Asok BTS 站旁。

　　曼谷的 Westin 酒店開業已多年，地點就在 Asok BTS 站旁。房間是現代式設計，房間寬敞，設施齊備，酒店內的餐廳也很有水準，房價由 ฿ 5,390 (HKD 1,283) 起。

info
🏠 259 Sukhumvit 19, Sukhumvit Road, Bangkok
🚇 乘搭 BTS 在 Asok 站下車，步行約 3 分鐘
📞 +66 22078000
🌐 bit.ly/3PyVZma

免費下午茶 Park Plaza Bangkok Soi 18

地圖P.137

　　Park Plaza 酒店集團來自新加坡，在曼谷已開了兩間酒店，這間位於 Asok BTS 站附近，酒店設篤篤來回接送住客。雖然酒店內只有一間餐廳，不過卻把新加坡常見的「免費下午茶」服務帶到酒店，十分討好，房價由 ฿ 2,150 (HKD 560) 起。

▲ 房間相當舒適。

info
🏠 Sukhumvit Soi 18, Sukhumvit Rd., Klongtoey, Bangkok
🚇 乘搭 BTS 在 Asok 站下車，步行約 4 分鐘
📞 +66 26587000　🌐 bit.ly/466mdC4

▲ Park Plaza 酒店充滿時尚感。

暢泳樂趣 Sheraton Grande Sukhumvit `地圖P.137`

酒店的泳池帶了點度假的熱帶風情，而且「暗位」很多，可躲在一邊靜靜休息，不必跟陌生泳客「你眼望我眼」。其他設施也是五星級質素，二樓的 Jazz Club 更提供價錢相宜的 Sunday Brunch，房價由 ฿ 8,370 (HKD 1,993) 起。

房間寬敞舒適。

▲泳池環境寧靜。

► Sheraton Grande Sukhumvit。

info
- 🏠 250 Sukhumvit Road, Bangkok
- 🚇 乘搭 BTS 在 Asok 站下車，步行約 3 分鐘
- 📞 +66 26498888
- 🌐 bit.ly/3Rgx6Nx

客房舒適敞大 Arte Hotel `地圖P.137`

在 2016 年開幕的 Arte Hotel，距 BTS Asok 站和 MRT Sukhumvit 站約 8 分鐘步程，往返素旺納普國際機場非常方便。雖然不是甚麼名牌酒店，但勝在乾淨明亮、價錢適中，即使是最小型的客房，都比一般酒店的雙人房敞大，非常舒適！在酒店附近，就有大型商場 Terminal 21(P.138) 和法式甜品店 Paris Mikki(P.142)，無論購物或用餐都相當方便。雙人房房價 ฿ 2,600(HKD 593) 起；三人房 ฿ 4,800(HKD 1,095) 起；四人房 ฿ 5,600(HKD 1,278) 起。

► Arte Hotel。

►酒店大堂。

► 即使是最小的客房類型，空間都非常敞大！

◄▲洗手間有齊淋浴間和浴缸。

► 位於天台的酒店泳池。

info
- 🏠 29 Soi 19, Sukhumvit Road, Bangkok
- 🚇 乘搭 BTS 在 Asok 站下車，步行約 8 分鐘
- 📞 +66 21083378
- 🌐 www.artehotelbangkok.com

（圖文：嚴潔盈）

瑞士雪糕酒店 Mövenpick Hotel Sukhumvit 15 　地圖P.137

Mövenpick 是瑞士知名的雪糕品牌，而位於熱鬧的 Asok 區的 Mövenpick Hotel Sukhumvit 15，就是品牌在曼谷開設的五星級酒店。對比雪糕予人色彩繽紛的形象，酒店純白俐落的外觀就顯得相當簡約。挑高的樓底配合大門和窗框，利用大理石、木造和布藝家具營造出一個黑白主調的空間，低調而不失格調，且整體氣氛寧靜悠哉，感覺舒適。酒店內的餐廳，其甜點相當出色，而住客更可在每天的 16:00-17:00 於酒店大堂免費享用朱古力糕點。房價雙人房 ฿3,100(HKD 707) 起。

▲ Mövenpick Hotel Sukhumvit 15。

▲酒店大堂。

▲餐廳。

▲ Choco Oreo(฿220，HKD 50)，以瑞士黑朱古力、Oreo 和忌廉製成的飲料，飲完一杯已有滿滿的飽足感！

▲選擇豐富的菜單。

▲酒店有 24 小時服務的 Tuk Tuk 車，接載住客往返 BTS Asok 站或 Terminal 21 商場，請向酒店職員索取時間表和路線圖。

info
🏠 Sukhumvit Soi 15, Sukhumvit Road, Klong Toei Nuea, Wattana, Bangkok
🚇 乘搭 BTS 在 Asok 站下車，步行約 15 分鐘
📞 +66 21193100　🌐 bit.ly/3LxZFCq

(圖文：嚴潔盈)

BTS Phrom Phong、Thong Lo 站

五星級享受
Sukhumvit Park, Bangkok-Marriott Executive Apartments

地圖P.152

酒店位置就在 Sukhumvit Soi 24，跟 Emporium 商場同一條街，有免費 Tuk Tuk 接送人客往返 Phrom Phong BTS 站。房間裝潢採用現代式設計，簡約中又帶點 Home Feel，是個五星級的家，房價由 ฿ 3,099 (HKD 738) 起。

▲酒店位於 Sukhumvit Soi 24。

▲房間甚有 Home Feel。

info
🏠 90 Sukhumvit Soi 24, Klongton, Klongtoey, Bangkok
🚇 乘搭 BTS 在 Phrom Phong 站下車，步行約 10 分鐘
📞 +66 23025555
🌐 bit.ly/3Li5MdH

歐風小旅館 Salil Hotel Sukhumvit Soi ThongLor 1 　地圖P.152

位於 Thong Lo 區，主打優雅情懷，有 91 個房間，房間均配備 32 吋 LCD 電視、DVD 機和免費 Wi-Fi，房價由 ฿ 1,988(HKD 473) 起，包早餐。

▲房間清新優雅。

▲ Salil Hotel 以小巧精緻見稱。

info
🏠 44/14-17 Soi Sukhumvit 53 (Paidee-Madee),Sukhumvit Rd., Klongton-nua, Wattana, Bangkok
🚌 乘搭 BTS 在 Thong Lo 站下車，步行約 3 分鐘
📞 +66 26625480-3　📠 lapetitesalil.com/sukhumvitthonglor1/

BTS Ekkamai站

住進歐洲小鎮村 Oberry Resort 　地圖P.174

酒店只有 13 個房間，全是歐洲式的獨立小白屋。每間屋各有不同的主題顏色，連傢俱都具有歐式風情，標準房房價由 ฿ 1,400 (HKD 308) 起。

◄ Oberry Resort。

▲充滿歐洲小鎮風情的白色小屋。

info
🏠 9/9 Soi Ekamai 7, Sukhumvit 63 Road, Klongton~Nue, Wattana, Bangkok
🚌 乘搭 BTS 在 Ekkamai 站下車，轉乘的士約 5 分鐘
📞 +66 27115565 / +66 864753199

BTS National Stadium站

暢遊標準泳池 Pathumwan Princess Hotel 　地圖P.201

位於 MBK 旁邊的 Pathumwan Princess Hotel，房間較一般酒店大，位於平台的泳池是標準泳池，空間感很大，房價由 ฿ 3,655 (HKD 870) 起。

►房間寬用又舒適。

酒店大堂重修後變得入型入格。

在標準泳池裏暢泳。

info
🏠 444 MBK Center, Phayathai Road, Wangmai, Pathumwan, Bangkok
🚌 乘搭 BTS 在 National Stadium 站下車，步行約 3 分鐘
📠 www.pprincess.com
📞 +66 22163700

設計風背包旅館 Lub d Bangkok Siam 地圖P.201

◄ 由學校改建的宿舍格局別具一格。

▶ 雙人房挺舒適。

Lub d 意思是背包旅館，走設計風格，樓高四層，極像校舍，有 144 個房間，包括連浴室的雙人房、四人一室的上下層床位，其中一個樓層只供女性入住。四床共用房間一晚 ฿ 406(HKD 97) 起，私人房 ฿1,425(HKD339) 起。房間提供免費 Wi-Fi，公眾空間有電腦上網，適合背包客。

▲ 公共浴室乾淨整潔。

info
🏠 925/9 Rama 1 Road, Wang Mai, Pathumwan, Bangkok
🚇 乘搭 BTS 在 National Stadium 站下車，步行約 2 分鐘
📞 +66 26124999
🖥 lubd.com/destination/bangkok-siam/

BTS Sala Daeng站

綠林園景 SO Sofitel Bangkok 地圖P.217

▲ 房間令人充滿想像。

酒店大玩現代化設計，位置極佳，對面有「曼谷綠肺之稱」的 Lumpini Park， 綠意盎然，房間放置了大量藝術品，房價由 5,440 (HKD 1,295) 起。

▲ 酒店大堂舒適雅致。

info
🏠 2 North Sathorn Road, Bangrak, Bangkok
🚇 乘搭 BTS 在 Sala Daeng 站下車，步行約 12 分鐘
📞 +66 26240000　　🖥 all.accor.com/hotel/6835/index.en.shtml

英倫殖民風 At 21 Saladaeng 地圖P.217

At 21 Saladaeng 主打 Home Feel，地下是著名的 Zanotti 餐廳。酒店及房間的設計充滿英倫殖民地色彩，環境寧靜閒逸，房價由 ฿ 1,709(HKD 407) 起。

◄房間充滿家的感覺。

info
🏠 21 Soi Saladaeng, Silom Road, Bangrak, Bangkok
🚇 乘搭 BTS 在 Sala Daeng 站下車，步行約 5 分鐘
📞 +66 26360131
🖥 www.21saladaeng.com

有型Hostel HQ Hostel 地圖P.217

　　HQ Hostel 裝潢簡潔明亮,房間有冷氣,設有免費 Wi-Fi 及早餐,價錢便宜。最便宜的是十人同房的床位,每晚只是 ฿ 350 (HKD 83),最貴的雙人房附獨立浴室只是 ฿ 1,320 (HKD 314)而已。

info
- 📍 5/3-4, Silom Soi 3, Silom Road, Bangrak, Bangkok
- 🚌 乘搭 BTS 在 Sala Daeng 站下車,步行約 8 分鐘
- 📞 +66 22331598/+66 834960915
- 📧 facebook.com/HQhostelsilom/

▲ 旅舍裝潢簡潔明亮。

▲ 四人房間的床位。

最近Silom的酒店 At Ease Saladaeng by Aetas 地圖P.217

　　在 Silom 路近匯豐銀行後面的這間酒店,由於較少遊客認識,故相對較清靜,十分適合喜歡晚上較為寧靜的住客。雙人房約 ฿ 2,025 (HKD 482) 起。

info
- 📍 5 Soi Saladaeng 1, Silom, Bangkok
- 🚌 乘搭 BTS 在 Sala Daeng 站下車,步行約 15 分鐘
- 📞 +66 22675500
- 📧 www.stayatease.com

▲ 房間設備齊全。

▲ 這間酒店在 Silom 路。

方便周圍去 The Rose Hotel Bangkok 地圖P.217

　　Patpong 是曼谷有名的酒吧區,附近有不少酒店可供選擇,其中 Rose Hotel 質素不錯,價錢不太貴,淡季一晚約 ฿ 1,950 (HKD 464) 多。

info
- 📍 118 Surawongse Road, Bangrak,Bangkok
- 🚌 乘搭 BTS 在 Sala Daeng 站下車,步行約 10 分鐘
- 📞 +66 22668268-72

▲ 房間挺舒適。

▲ The Rose Hotel 酒店大堂。

BTS Chong Nonsi站

二合一住宿 Pullman Bangkok Hotel G 地圖P.217

　　酒店以白色簡約為主調,帶點法國風情及新派綠色環保概念,房價由 ฿ 3,321 (HKD 791) 起。

info
- 📍 188 Silom Road, Suriyawongse, Bangrak, Bangkok
- 🚌 乘搭 BTS 在 Chong Nonsi 站下車,步行約 10 分鐘
- 📞 +66 23524000
- 📧 all.accor.com/hotel/3616/index.en.shtml

▲ 酒店以白色簡約為主調。

BTS Surasak 站

輕鬆易達又舒適 Eastin Grand Hotel Sathorn

地圖 P.233

曼谷的雨季長達半年，碰着雨天回酒店不免狼狽，而乘的士又怕遇上塞車。這間酒店與 BTS Surasak 站有天橋連結，無論任何狀況旅客都能輕鬆回到酒店，實在是一大賣點。酒店內有泳池、兒童遊樂場、gym 房、中西餐廳，酒店旁更有著名的藍象餐廳，即使只是在酒店玩也能玩足一天。房價由 ฿ 3,009 (HKD 716) 起。

▲酒店與 BTS 站有天橋連接，下雨不怕濕身。

▲酒店大堂樓底很高，旁邊有小型酒吧，讓等侯 check-in 的住客小酌一杯。

▲酒店外觀。

▲ Superior Room 是最普通的房型，但已經非常寬敞。

◀▲自助早餐的食品類型繁多，有齊中、泰、西式料理。

▲房間內的洗手間。

info
- 🏠 33/1 South Sathorn Road, Yannawa, Sathorn, Bangkok
- 🚇 乘搭 BTS 在 Surasak 站下車即達
- 📞 +66 22108100
- 🌐 eastinhotelsresidences.com/eastingrandsathornbangkok

（圖文：嚴潔盈）

基本資料

飛往曼谷及當地交通

住在曼谷

行程建議

Hea 玩潮遊嘆世界 Easy Go!——曼谷

BTS Saphan Taksin 站

欲窮千里目 lebua at State Tower　地圖P.233

　　lebua 位於昭拍耶河畔，位於曼谷近郊，這裏沒有太多高樓大廈，可以看着彎彎河道，景色絕對有別於其他市中心的酒店。酒店有 357 個房間，全都是套房設計，一房至三房套房都有，面積最少 700 多呎，三人房更差不多有 3,000 呎，相當寬敞豪華。廳房各有

平面大電視，浴室更提供 Bulgari 高級沐浴用品，無論位置與服務都是非一般的豪華，房價由 ฿ 5,029 (HKD 1,197) 起。

◀ 酒店設計相當獨特。

info
🏠 1055 State Tower, Silom Road, Bangrak, Bangkok
🚇 乘搭 BTS 在 Saphan Taksin 站下車，步行約 10 分鐘
📞 +66 26249999
💻 lebua.com/hotels/lebua-at-state-tower/

優雅貴族 The Peninsula Bangkok　地圖P.233

　　半島酒店是曼谷數一數二的五星級酒店，其波浪外形的大樓令每個房間都可享河景，而且全落地玻璃，像香港半島一樣佔盡最佳地利。最吸引是其多層式的 Infinity Pool 泳池，由酒店伸延至河邊，還有不少水力按摩座位，房價由 ฿ 13,078 (HKD 3,114) 起。

▲ 房間設備齊全。

▲ 泳池環境不俗。

▶ 曼谷半島酒店。

info
🏠 333 Charoennakorn Road, Klongsan, Bangkok
🚇 乘搭 BTS 在 Saphan Taksin 站下車，步行至碼頭，乘搭免費接駁船約 5 分鐘即達　📞 +66 20202888
💻 peninsula.com/en/bangkok/5-star-luxury-hotel-riverside

河邊最大住宅式酒店 Chatrium Hotel Riverside　地圖P.232

　　這間酒店是曼谷河邊最大的 Serviced Apartment 式酒店。房間頗大，可以預約泰式插花班或烹飪班，請專人在房內教授。酒店還提供 Shuttle Boat 接送客人往來 BTS Saphan Taksin 站，從這裏乘的士到 Asiatique 夜市只需 10 分鐘左右。房價由 ฿ 3,975 (HKD 946) 起。

▲ 在這兒游泳好浪漫啊！

▲ Chatrium Hotel Riverside 是曼谷河邊最大的住宅式酒店。

info
🏠 28 Charoenkrung Road Soi 70, Bangkholame , Bangkok
🚇 乘搭 BTS 在 Saphan Taksin 站下車，步行至碼頭，乘搭免費接駁船
📞 +66 23078888
💻 chatrium.com/chatriumriversidebangkok

▲ 房間舒適。

▲ 酒店設有接駁船，方便住客往返。

PART
5
輕鬆自在
精彩行程

(本章文字：次女)

曼谷焦點 3 天遊

Day 1

中午到達機場，乘坐的士或機場鐵路先到酒店 Check-in → 乘 BTS 到 Siam 站，去 Siam Square 行街 → 晚餐在 Siam Square 或 Siam Center 吃 → 然後在 BTS Siam 站附近做 spa 或按摩

▼ Siam Square。

Day 2

乘坐 BTS 到 Asok 站，參觀 Lanna 民族 19 世紀柚木屋 Kamthieng House Museum → 徒步往 Terminal 21 Asok 行街及食午飯 → 在 Terminal 21 Asok 再逛一會 → 累了可往 King & I Spa & Massage 按摩 → 晚上可在酒店吃飯

▲ King & I Spa。

Day 3

(攝影：次女)

乘坐 BTS 到 Saphan Taksin 站，轉乘昭拍耶河快船或觀光船往黎明寺 (Wat Arun)，然後乘船去 Asiatique 吃午餐及逛街，乘坐 BTS 回酒店取行李，再乘的士直接往機場返港

古蹟另類自在 3 天遊

Day 1

中午到達機場，乘坐的士或機場鐵路先到酒店 Check-in → 乘 BTS 到 Chong Nonsi 站，去 Dean & DeLuca 吃午餐及逛 MahaNakhon → 到 Siam 站，在 Siam Square 購物 → Phrom Phong 站的 EmQuartier 吃飯 → 按摩後回酒店

▼ EmQuartier。

Day 2

乘坐 BTS 到 Chang Erawan 站，到三頭神象博物館參觀 → 乘的士到 Ancient City 玩半天 (在此吃午餐) → 乘坐 BTS 到 Phrom Phong 站，往 Karmakamet Diner 享受氣氛十足的西餐 → 到 Asia Herb Association 按摩 (營業至 00:00)

▼ Ancient City 內的聖殿。

(攝影：次女)

Day 3

乘坐 BTS 到 Saphan Taksin 站，轉乘昭拍耶河快船或觀光船前往 Santi chai

▲ 舊海關大樓。

prakan park，在此拍照、觀賞河景及一睹歷史遺留下來的八角形堡壘 "Phra Sumen Fort" → 乘船回程途中留意岸邊古舊建築「舊海關大樓」(近 N1 碼頭) → 乘坐 BTS 回酒店附近先吃點東西，後取行李，再乘搭的士直接去機場返港

按按買買 4 天遊

Day 1

▲ Emporium 商場。

中午到達機場，乘坐的士或機場鐵路先到酒店 Check-in → 乘 BTS 到 Phrom Phong 站，去 Emporium 商場逛街和行超市 → 晚餐去 Karmakamet Diner 享受氣氛十足的西餐 → Centre Point Boutique Spa 做 Spa 或按摩

Day 2

▲暹邏海洋世界。

乘坐 BTS 到 Siam 站，去 Siam Paragon 逛半天及吃午餐，參觀商場內的 Sea Life Bangkok Ocean World → 乘坐 BTS 到 Chit Lom 站，去 Central World 逛街 → 累了可往 Body Tune 按摩 → Big C Supercenter 掃貨 → 到水門吃雞飯

Day 3

乘坐 BTS 到 Ratchadamri 站，去酒店 Peninsula 吃 Sunday Brunch 或吃自助餐 → 乘 BTS 到 Mo Chit 站，在 JJ Market 逛市集 → 晚上乘坐 BTS 到 Nana 站往 Above Eleven 吃晚餐，再回酒店按摩

▲ Sunday Brunch。

Day 4

乘坐 BTS 到 National Stadium 站，去 MBK Center 逛街 → 去 Ban Khun Mae 吃午餐 → 乘坐 BTS 回酒店取行李，再乘坐的士直接往機場返港

大城府 曼谷 古城秘景 4 天遊

Day 1

▲ Patpong Night Market。

中午到達機場，乘的士或機場鐵路先到酒店 Check-in → 乘 BTS 到 Sala Daeng 站，去 Convent Hakka noodles 簡單吃個午餐 → 吃飽後去逛 Patpong Night Market → 晚餐到 Ruen Urai 吃泰菜

Day 2

▲黎明寺。

乘坐 BTS 到 Saphan Taksin 站，轉乘昭拍耶河快船或觀光船往臥佛寺 (Wat Pho) 參觀 → 坐船往黎明寺 (Wat Arun) 參觀 → 乘船到河畔市集 Asiatique → 晚上回到 BTS Saphan Takin 站，步行往擁有靚 view 的天台餐廳 Sirocco 吃飯 → 回酒店休息做 spa

Day 3

◄ 瑪哈泰寺。

早上前往大城府，由 Hua Lamphong 火車站乘火車至大城站 → 乘篤篤往邦芭茵夏宮參觀 → 再乘篤篤往瑪哈泰寺看樹中佛像 → 午餐在瑪哈泰寺附近 Cafe 吃 → 然後租單車暢遊古城或到大象園乘坐大象遊覽古城 → 之後返回曼谷市晚餐

Day 4

坐 BTS 到 Asok 站，參觀 Lanna 民族 19 世紀柚木屋 Kamthieng House Museum → 徒步往 Terminal 21 Asok 逛街及吃午餐 → 有時間可去 Raintree Spa 按摩，或者乘坐 BTS 回酒店取行李，再乘坐的士直接去機場返港

慢活自在 5 天遊

▼ MBK 商場。

Day 1

中午到達機場，乘坐的士或機場鐵路先到酒店 Check-in → 乘 BTS 到 National Stadium 站，去 MBK Center 行街吃飯 → Bangkok Art & Culture Centre 參觀 → 晚餐到 Nova Kitchen 吃素食泰菜

▲ 在 Siam Square 內的樂華軒吃點心。

Day 2

乘坐 BTS 到 Siam 站，去 Siam Paragon 購物血拼，參觀商場內的 Sea Life Bangkok Ocean World → 逛逛 Siam Square 和吃午餐 → 往 Phrom Phong 站，在 Yunomori Onsen & Spa 泡湯、按摩 → 往 EmQuartier 吃晚餐，並在天空花園休息

▲ Ruen Urai。

Day 3

乘 BTS 往 Sala Daeng 站，在 Silom Road 買早餐吃 → 在該區按摩 → 在 Ruen Urai 吃傳統泰國菜作為午餐 → Silom Complex 購物 → 乘 BTS 到 Chong Nonsi 站，在 Dean & DeLuca 的一流環境下吃輕食 → 逛逛 MahaNakhon → 在 Taste of Siam 吃晚餐 → 晚上可到火車夜市或 Patpong Night Market

Day 4

坐 BTS 到 Asok 站，參觀 Lanna 民族 19 世紀柚木屋 Kamthieng House Museum → 坐 BTS 到 Thong Lo 站，去美食商場 The Commons 尋食 → 去 Palm Herbal Retreat 享受半天 (如做 spa treatment、high tea) → 到 Mae Varee 買芒果糯米飯回酒店吃和休息

Day 5

乘坐 BTS 到 Saphan Taksin 站，轉乘昭拍耶河快船或觀光船到黎明寺 (Wat Arun)，然後乘船去 Asiatique 吃午飯及逛街 → 乘坐 BTS 回酒店取行李，再乘坐的士直接往機場返港

盡興精彩 5 天遊

▼ 在 Eat Drink Man Women 吃午餐。

Day 1

中午到達機場，乘坐的士或機場鐵路先到酒店 Check-in → 乘 BTS 到 Sala Daeng 站，先去 Ruen Urai 吃午餐 → 到 Rarin Jinda Spa 做 spa → 到 Patpong Night Market 逛街 → 在 Ootoyo 吃日本菜

Day 2

乘坐 BTS 到 Saphan Taksin 站，轉乘昭拍耶河快船或觀光船先往 N13 碼頭，徒步往 Santi chai prakan park，並一睹歷史遺留下來的八角形堡壘 "Phra Sumen Fort" → 乘船往 N8 碼頭的臥佛寺 Wat Pho 參觀 (寺內會有小食) → 乘船往黎明寺 Wat Arun 參觀 → 前往 BTS Sala Daeng 站的 Aubergine Garden 一嚐得獎法國菜

Day 3

乘坐 BTS 到 Bearing 站，轉乘的士到三頭神象博物館參觀 → 或乘的士到 Ancient City 玩半天 (在此吃午餐) → 乘坐 BTS 到 Phrom Phong 站，或乘的士、步行到 K Village 吃飯逛街 → 到 Yunomori Onsen & Spa 享受按摩

▲ 在 Bangkok Dolls 內的泰國公仔。

Day 4

坐 BTS 到 Phaya Thai 站，轉乘的士往 Bangkok Dolls 參觀 → 回到 Phaya Thai 站時，可遠看東南亞最高的摩天酒店 Baiyoke Sky Tower → 乘 BTS 到 Siam 站，逛 Siam Square 及吃晚飯

Day 5

乘坐 BTS 到 Chitlom 站，去 Big C Supercenter 掃貨 → 有時間再逛 Amarin Plaza 及到商場內的合記林真香買手信 → 乘坐 BTS 回酒店取行李，再乘坐計程車直接去機場返港

基本資料

飛往曼谷及當地交通

住在曼谷

行程建議

Hea 玩潮遊嘆世界 Easy Go!——曼谷

曼谷 華欣 小鎮城市靜鬧 兩極 **6** 天遊

▲ 在 Fish Village 內炭烤蝦。

Day 1

中午到達機場，乘坐 Roong Reuang Coach 的大巴去華欣 → 在酒店 Check-in → 去 Fish Village 吃生猛海鮮 → 回酒店休息

Day 2

到 Market Village 購物 → 然後往可欣賞海景的 Baan Itsara 吃飯 → 去 Raintree Spa 按摩休息

▲在華欣玩水上活動。

Day 3

在華欣海灘暢泳及玩其他水上活動 → 去 Coco 51 吃午餐 → 接着到 Baan Khrai Wang 吃甜品、看看海 → 逛夜市及吃晚飯

Day 4

喜歡的話可繼續留在華欣享受海洋，或離開華欣回到曼谷：早上坐巴士往曼谷，先到酒店 Check-in → 乘坐 BTS 往 Chitlom 站，先去 The Mercury Ville 吃午飯 → 去 Zen Department Store 及 Central World 逛街 → 晚上去吃水門雞飯 → 有興趣可往市集 Amarin Plaza 逛逛

Day 5

乘坐 BTS 到 Saphan Taksin 站，轉乘昭拍耶河快船或觀光船往黎明寺 (Wat Arun) → 乘坐 BTS 到 Siam 站，在 Siam Paragon 逛街，兼參觀商場內的 Sea Life Bangkok Ocean World → 晚餐後可在附近按摩休息

Day 6

乘坐 BTS 到 National Stadium 站，去 Jim Thompson House 參觀 → 去 Sam Yan Market 吃肉扒 → 乘坐 BTS 回酒店取行李，再乘的士直接往機場返港

曼谷 芭堤雅 看珊瑚再血拼 **6** 天遊

▲ Pattaya Night Bazaar。

Day 1

中午到達泰國機場，乘坐大巴去芭堤雅，先到酒店 Check-in → 然後去 Pattaya Night Bazaar 逛逛及在附近吃晚餐 → 回酒店休息

Day 2

自己坐船或跟團去珊瑚島玩一天，可玩各種水上活動和出海看珊瑚 → 去 Central Festival 行街吃飯 → 看人妖 show

▲人妖 show。(攝影：蘇飛)

Day 3

一早坐巴士回曼谷，先到酒店 Check-in，然後乘 BTS 到 Siam 站，去 Siam Center 逛街 → 在超越傳統的 Sra Bua by Kiin Kiin 餐廳吃晚餐 → 在 BTS Siam 站附近做 spa 或按摩

Day 4

乘坐 BTS 到 Bearing 站，轉乘的士到三頭神象博物館參觀 → 的士到 Ancient City 玩半天及在此吃午餐 → 乘坐 BTS 到 Ekkamai 站，在 Gateway Ekamai 購物 → 晚餐可到 In the Mood For Love 吃新派日菜

◀ 動物園。(攝影：次女)

Day 5

乘坐 BTS 到 Nana 站，去 Above Eleven 吃秘魯菜 → 乘坐 BTS 到 Mo Chit 站跳蚤市場逛大半天 → 離開後到 Or Tor Kor Market 買熟食當晚餐及回酒店

Day 6

乘坐 BTS 到 Chitlom 站，去 Zen Department Store 逛街 → 然後去 Big C Supercenter 掃貨；或者乘 BTS 到 Saphan Taksin 站，前往 Central 碼頭乘船遊覽昭拍耶河 → 遊完河便回酒店取行李，再乘的士直接往機場返港

PART 6

曼谷快閃 新玩法

出門在外交通是令人費心的一點，曼谷現時捷運路線陸續建成，近亦新增多個站，途經不少人氣景點，不妨試試沿着兩大捷運系統空鐵BTS和地鐵MRT新線來個鐵路遊！新開通的Gold Line有3個車站，分別途經Lhong 1919、The Jam Factory、ICONSIAM；Sukhumvit線由北至南貫穿曼谷市區，經過市中心多個景點，包括近年文青熱捧的Ari區；Sukhumvit線南延長線則更方便去到Erawan Museum、Ancient City，是曼谷南部主要鐵路。

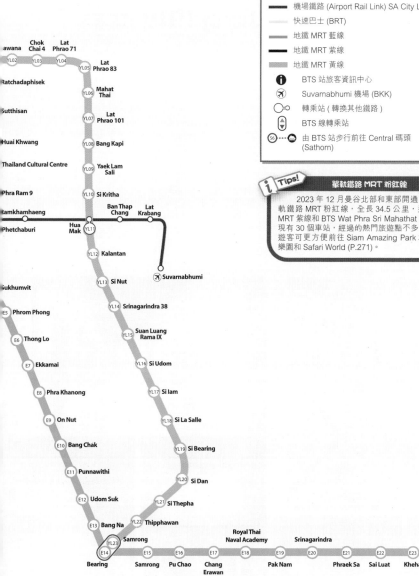

圖例

空鐵 BTS Sukhumvit 線
空鐵 BTS Silom 線
空鐵 BTS 金線
機場鐵路 (Airport Rail Link) SA City Line
快速巴士 (BRT)
地鐵 MRT 藍線
地鐵 MRT 紫線
地鐵 MRT 黃線

ⓘ BTS 站旅客資訊中心
✈ Suvarnabhumi 機場 (BKK)
轉乘站 (轉換其他鐵路)
BTS 線轉乘站
56 由 BTS 站步行前往 Central 碼頭 (Sathorn)

ⓘ Tips! 單軌鐵路 MRT 粉紅線

2023 年 12 月曼谷北部和東部開通了單軌鐵路 MRT 粉紅線，全長 34.5 公里，連接 MRT 紫線和 BTS Wat Phra Sri Mahathat 站，現有 30 個車站，經過的熱門旅遊點不多，但遊客可更方便前往 Siam Amazing Park 水上樂園和 Safari World (P.271)。

曼谷空鐵BTS金線

華商百年廠倉改建 Lhong 1919　地圖P.232

　　Lhong 1919 原址是華商陳氏黌利家族設的碾米廠、倉庫及家族宅第，因此遠渡重洋的華人多聚集至此，慢慢形成華人落腳的中國城。後來，因房舍日益頹傾，家族第四代傳人與泰國藝術文化部合作進行修復計劃，至 2017 年正式開幕，成為旅遊景點。這片定位為「河畔泰中藝術史碼頭」的歷史遺跡園區，分成「火船廊」和「黌利故居」兩部分，遊客可遊覽三合院建築、天后媽祖寺廟、清朝高官贈予的牌匾，及原本埋藏在老磚樓石灰底下的美麗壁畫等。

◀三合院設計的Lhong 1919。

▲遊客可經木梯通往2樓。

◀了百年前興建的磚樓，復修後仍保留原始面貌。

▲2樓的走廊。

▲媽祖廟內。

媽祖廟外的大燈籠。

▲書房。

▲古舊的銀行招牌。

▲古色古香的百子櫃。

► 從前的飯廳。

▲
►
較大型的壁畫。

▲原本被覆蓋在石灰下的壁畫。

▲正廳裏的「惠此中國」牌匾是由清朝高官張之洞所贈予。

info **Lhong 1919**
🏠 248 Chiang Mai Rd., Khlong San, Khlong San, Bangkok
🚌 乘 搭 BTS Goldline 在 Khlong San 站下車，再步行 2 分鐘
🕐 12:00-20:00　📞 +66 911871919
💻 www.lhong1919.com
💻 www.facebook.com/lhong191

（圖文：嚴潔盈）

▲從前的米倉。

▲價位較高的精品店。

Hea 玩潮遊嘆世界 Easy Go! ── 曼谷

復古與時尚交融的倉庫 The Jam Factory

位於昭披耶河西岸的 The Jam Factory 原址是一間有數十年歷史的 **地圖P.232** 老倉庫，近年由泰國知名建築師 Duangrit Bunnag 規劃改建，現在已成為一個文創空間。在最接近入口的 1 號倉庫內，有一家設計師品牌的傢俬店，和結合書店和咖啡店的 Café——Candide Book & Café。走過青葱的中央草坪後，便是作為 Duangrit Bunnag 辦公室的 2 號倉庫，而在它旁邊的 3 號倉庫，則是 The Never Ending Summer 餐廳。

雖然整個區域佔地不算寬廣，但勝在設計時尚簡約，看得出每個角落都有別出心裁地仔細規劃過，成功營造一個復古與時尚交融的文化區域。

▲熱鬧的The Jam Factory。

▲倉庫內的店鋪有許多泰國設計師品牌的產品。

▲動物頭造型小物袋。

▲倉庫中央有一片草坪，會不定期舉辦文藝活動，可惜採訪當天正在下雨。

▲就連售賣的家具也像藝術品一樣。

▲硬皮書籍造型的首飾箱。

▶Candide Book & Café結合咖啡店和書店，書店藏書豐富，但大多是泰文書。

▲不同圖案和顏色的文青Tote Bag。

▲天氣晴朗的時候可選擇室外座位。

▲倉庫改建的餐廳——The Never Ending Summer。

▲餐廳供應的芒果糯米飯。

info The Jam Factory
🏠 41/1-5 Charoen Nakhon Rd, Bangkok
🚆 乘搭 BTS Goldline 在 Charoen Nakhon 站下車，步行約 6 分鐘
⊙ 24 小時　📞 +66 830503982
📧 facebook.com/TheJam FactoryBangkok (The Jam Factory)、facebook.com/The NeverEndingSummer (The Never Ending Summer)

（圖文：嚴潔盈）

Hea 玩潮遊嘆世界 Easy Go!──曼谷

71

河岸大型商場 ICONSIAM 　地圖P.232、233

ICONSIAM 於 2018 年開幕，為泰國較新的大型商場，面向湄南河，裝潢結合了泰式傳統和現代感，十分華麗。與曼谷其他商場不同在於 ICONSIAM 設有室內水上市場，售賣傳統的泰國手工藝品、美食，更不時有不同團體在此表演。同時也有不同價位的品牌進駐，如 Chanel、Christian Louboutin，也有韓國的 ÅLAND 和日本的 Loft。同時鄰近臥佛寺、黎明寺、大皇宮等著名景點，值得一遊！

info
- 🏠 299 Charoen Nakhon Soi 5, Charoen Nakhon Road, Khlong Ton Sai Sub District, Khlong San District, Bangkok
- 🚌 在 BTS Saphan Krungthon 站下車。從 3 號出口出來，轉乘 Gold Line 地鐵，在 Charoen Nakhon 站 (金線地鐵站) 下車
- ☎ +66 24957000
- 🌐 www.iconsiam.com/en

▲ICONSIAM。

Icon Siam購物精選

Icon Siam 一人有一個夢想 The Selected

The Selected 匯集了泰國不同設計師和少數外國設計師的飾品、服裝、傢俬、擺設、香薰等，每件都別出心思，各有故事。店內的傢俬可預訂，你可以挑選喜歡的圖案和顏色，約一個月左右即可收貨。店內的香薰、手工皂散發着使人放鬆的香氣，可參加 18:00 以後的 workshop，製作屬於自己的香薰氣味。

▲The Selected。(攝影：次女)

▲外形像巧克力的手工皂氣味清香，一塊只是฿ 120 (HKD 26)，一條฿ 360 (HKD 79)，球狀香皂一個฿ 380 (HKD 84)。

info
- 🏠 Icon Siam 2F
- ⊙ 10:00-22:00
- 🌐 www.facebook.com/theselected

Icon Siam 天然spa產品 THANN

香薰和 spa 用品可說是曼谷的大熱手信，而 THANN 的 spa 用品雖然香港也有，但最便宜的是在曼谷。洗髮水 ฿ 550 (HKD 131) 起，潤膚乳液 ฿ 790 (HKD188) 起，大家可因應不同功能或季節，選擇不同產品，最受歡迎的要數植物精油產品。每家分店的裝修也以大自然為主，走進店內就像走進私人花園，撲鼻而來的怡人香味令人舒適。

▲一系列的沐浴用品。

▲THANN。

info
- 🏠 Icon Siam 4F
- ⊙ 10:00-22:00
- ☎ +66 0-2288-0105

(攝影：嚴潔盈)

Ari區

泰國文青熱捧！Ari區

地圖：大地圖背面(市中心景點)

Ari 區是近年泰國文青熱捧的區域之一，除了因為這塊小小的區域集合了多間人氣食肆之外，其稍微遠離遊客區的恬靜環境亦是其吸引之處。Ari 區內的每家甜品店、Cafe 或餐廳，所提供的食品種類都各有不同，有英式鬆餅、杯子蛋糕、精品咖啡、墨西哥菜、漢堡等，建議遊客空着肚子來這邊逐間造訪，保證有意外驚喜！

▲▶位於BTS站旁邊的La Villa有多家泰國連鎖餐廳，想坐得舒服的話可考慮到此用餐。

▲漢堡店Paper Butter。

▲分別售賣捲餅和台式甜品的小店。

▲墨西哥餐廳。

▲綜合美食區A-ONE Ari的露天休憩區。

▲A-ONE Ari的小型美食廣場。

info 🏠 Soi Ari 1, Samsen Nai, Phayathai, Bangkok
🚆 乘搭 BTS 在 Ari 站下車，步行約 5 分鐘
⊙ 各店不一

(攝影：嚴潔盈)

Hea 玩潮遊嘆世界 Easy Go!——曼谷

Ari區推介美食

Ari 簡約咖啡美學 Coffee No. 9 　地圖：大地圖背面(市中心景點)

Coffee No. 9 的店主熱愛咖啡，曾在澳洲學習沖泡和烘焙咖啡的技巧。小小的店內供應的黑咖啡和白咖啡已有十多種，另外還有加了果汁的特調咖啡、日式烘焙茶、錫蘭檸檬茶、焦糖奶昔等。此外，咖啡愛好者若是喜歡某種咖啡的口味，可以在店內選購咖啡師自己烘焙的咖啡豆，回國後自己沖泡。

▲Coffee No. 9只營業到16:30。

◀飲品餐牌。

◀筆者點了Iced Coffee No. 9(฿55，HKD 12.5)，美味又抵飲。

info
🏠 1199 Soi Ari 1, Samsen Nai, Phayathai, Bangkok
🚇 乘搭 BTS 在 Ari 站下車，步行約 8 分鐘
🕐 07:00-16:30　休 星期日
📞 +66 866167486
🌐 facebook.com/coffeenumbernine/

(攝影：嚴潔盈)

Ari 精緻杯子蛋糕 sis&me Bakery 　地圖：大地圖背面(市中心景點)

sis&me Bakery 是區內一家相當有人氣的杯子蛋糕店，售賣的蛋糕外型可愛獨特，店家更會隨季節而創作出新造型和新口味。sis&me 在 Ari 區有兩家分店，一家位於 Soi Ari 1 路上，設有蛋糕 Studio，讓當地人上堂學做杯子蛋糕；另一家則位於綜合美食區 A-ONE Ari 內，用餐空間較敞大，蛋糕款式亦較多。

◀sis&me 位於Soi Ari 1路上。

▲杯子蛋糕造型甜美，真的捨不得吃下肚子！

◀另外也有售賣其他款式的小蛋糕。

▲蘿蔔杯子蛋糕。

▲sis&me在A-ONE Ari也有分店。

info
🏠 Soi Ari 1, Phaholyothin7, Samsen Nai, Phayathai, Bangkok
🚇 乘搭 BTS 在 Ari 站下車，步行約 5 分鐘
🕐 10:30-18:30，15:00-16:00 午休　📞 +66 942956645
🌐 facebook.com/sisandmebakerystudio

(攝影：嚴潔盈)

> **Ari 區** **手作英式鬆餅 Witty Ville** | 地圖：大地圖背面(市中心景點)

甫看到 Witty Ville 糖果綠色的店面，感覺就像英倫街頭的小食店，充滿了日常手作的溫馨氣息。Witty Ville 售賣着自家製的英式鬆餅 (Scone)，口味多達十種！較特別的有橙花、白朱古力果仁、Nutella 榛子醬、煙肉芝士等，全部都非常吸引。據説許多當區居民都喜歡早上來買點鬆餅和咖啡作早餐。不過，店內空間有點擁擠，建議遊客外帶。

info
- 🏠 30A Soi Ari 1, Samsen Nai, Phayathai, Bangkok
- 🚌 乘搭 BTS 在 Ari 站下車，步行約 5 分鐘
- ⊙ 平日 08:00-19:00；星期六 08:30-18:00pm
- 休 星期日　📞 +66 946393653
- 🌐 sites.google.com/view/witty-ville/home

(攝影：嚴潔盈)

▲伯爵茶鬆餅(每個B55，HKD 12.5)。

▲Witty Ville小小的店面。

飲食講究別具心思 Nana Coffee Roasters Ari

地圖：大地圖背面(市中心景點)

Nana Coffee Roasters 原位於唐人街區一條小巷之中，後遷至 Ari 區現址。咖啡店不只裝潢佈置別具心思，就連食物和飲料都相當講究：蛋糕以莓果和堅果裝飾，口味獨特，而某些飲品則以食用花製作，賣相同樣精緻典雅。有時間的話，不妨點一件蛋糕和一杯咖啡，找個陽光照得到的角落，靜心享受一個恬靜的下午。

▲筆者點的紅絲絨蛋糕(Red Velvet Cake，B150，HKD 34)和Dirty咖啡(B150，HKD 34)。

▲貓兒慵懶地睡覺。

▲咖啡師認真工作的模樣，令人更覺手中咖啡味美。

▲這款黑啤酒蛋糕(Dark Beer Cake，B180，HKD 41)相當人氣。

info
- 🏠 24 2 Ari 4 Alley, Phaya Thai, Bangkok
- 🚌 乘搭 BTS 在 Ari 站下車，步行約 7 分鐘
- ⊙ 星期一至五 7:00-18:00，星期六及日 8:00-18:00
- 📞 +66 88 555 4724
- 🌐 nanacoffeeroasters.com
- facebook.com/nanacoffeeroasters
- instagram.com/nanacoffeeroaster

(攝影：嚴潔盈)

▲紅蘿蔔蛋糕(Carrot Cake，B150，HKD 34)。

BTS Silom線南延長線

以三頭象為標誌 Erawan Museum

地圖：大地圖背面
(近郊景點)

　　Erawan Museum（三頭神象博物館）的標誌是三頭象建築，高 43.6 米，如果只計三頭象的高度就有 29 米。興建這座博物館是 Lek Viriyaphant 的想法，原因是他收藏了很多古物，而以大象為博物館的外形是因為東方信奉 Erawan Elephant，象徵 Indra 神 (因陀羅，為印度教神明)。Lek Viriyaphant 並未建成博物館，而是由他的兒子 Phakphian Viriyaphant 於 1967 年把爸爸的想法變成實物，興建目的是讓人認識歷史，並用收藏很久的藝術品和遺產來證實東方社會靈性上的發展，指出信仰是維持世界和平的工具，希望在現時科技發達和物質化的世代，能提醒那些迷失的人。

▲三頭神象博物館。

▲進入三頭神象博物館不可穿短褲，所以門口預備了泰國的長布巾給遊客遮蓋雙腳。

▲參拜三頭神象的人。

▲博物館園區佈置得很美。

▲三頭神象是空心的，遊客可乘電梯到這裡拜堂。

info
🏠 99/9 Moo 1, Bangmuangmai, Samut Prakan
🚌 1. 乘坐 BTS 到 Chang Erawan 站下車
　　2. 逢周六日，由 BTS Bearing 站乘接駁車，發車時間為11:00(國定假期停駛)
🕙 09:00~18:00
📞 +66 237131356
🎫 門票成人 ฿ 400 (HKD 88)，小童 ฿ 200 (HKD 44)，17:00 後入場半價
🖥 www.erawanmuseum.com

(圖文：次女)

縮影古城 Ancient City

地圖：大地圖背面(近郊景點)

Ancient City 又稱 Ancient Siam，把泰國各地的古代著名建築，縮建在一起，以展現泰國的傳統文化。園區內的建築每個風格不一，有些可看到精緻細膩的藝術特色。有的建築直接從原地遷移至此再修建，有的則是根據原形仿建，還有些是新建的。園區內的建築部分是泰國古時的民宅，讓當地人或遊客都能認識到古時泰國的風俗習慣和生活文化。

◀很可愛的泰國小朋友。

▲在古城的這座一層又一層的聖殿 [Prasat Phra Wihan (Preah Vihear, Si Sa Ket)]，建築很特別，這些粉紅色建築原本建在Phra Wihan山的頂點，後被遷移到這座人工山，有54米高，66米闊。(位置：園區內72號)

▶Ancient City的觀光車，車上有導遊講解，不過只說泰文。

▶登上聖殿最高處後，能俯瞰古城。

▲Ancient City入場票。

▲▲以前的皇宮(Sanphet Prasat Throne Hall, Ayutthaya)，內裏金碧輝煌。(位置：園區內27號)

▲水上市集(The Floating Market)。(位置：園區內45號)

▶另一所皇宮(The Dusit Maha Prasat Palace, The Grand Palace) (23號)。(位置：園區內23號)

▲Ancient City內的單車，遊客可自取來踏車遊古城。

▲▶舊時集城鎮(The Old Market Town)。(位置：園區內10號)

Tips!
在 Ancient City，很多地方都要求參觀人士除鞋才可進內，故建議讀者穿一對容易除下的鞋去遊覽 Ancient City，會方便一點。

info
🏠 296/1 Moo 7, Sukhumvit Road, Bangpoomai, Muang Samutprakarn
🚇 乘坐 BTS 到 Kheha 站，再轉乘 10 分鐘左右 36 號接駁車或的士
🕘 09:00~19:00　📞 +66 0202688009
💻 www.muangboranmuseum.com/zh-hans/
🎫 門票成人 B 700 (HKD 154)，小童 B 350 (HKD 77)，16:00 後入場半價

(圖文：次女)

PART 7

坐 BTS 空鐵 Sukhumvit 線 玩曼谷

BTS Siam站

Siam(發音：「沙Yam」)最少有三間大型購物商場及一個露天購物廣場，熱鬧非常、人來人往，加上Siam站是BTS淺綠和深綠色線的轉車站，十分繁忙。在Siam可以找到很多經濟按摩店，行商場行累了，可以很容易便找到一間即時做個腳部或全身泰式按摩。

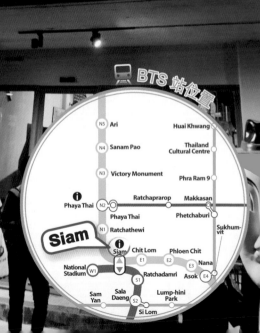

BTS 站位置

N5 Ari		Huai Khwang
N4 Sanam Pao		Thailand Cultural Centre
N3 Victory Monument		Phra Ram 9
N2 Ratchaprarop	Makkasan	
Phaya Thai	Phaya Thai	Phetchaburi
N1 Ratchathewi		Sukhumvit
Siam		
Siam	Chit Lom	Phloen Chit
	E1 E2	Nana E3
National Stadium W1	Ratchadamri	Asok E4
	S1	Lump-hini Park
Sam Yan	Sala Daeng S2	Si Lom

BTS Siam 站景點地圖

N

Saen Saep

Saen Saep

🍴 Sra Bua by Kiin Kiin (P.90)

🍴 Niche(P.88)

🏨 Siam Kempinski Hotel Bangkok

Amici、NaRaYa、Paragon Cineplex、Milin、AOI葵、BVLGARI、Chabuton、Coffee Beans By Dao、Fai Sor Kam、Gourmet Market、Saboten、Taling Pling、LONGCHAMP、Scala Shark's Fin、Sea Life Bangkok Ocean World、The Grill Tokyo、Tudari、Paragon Foodhall

🛒 Siam Paragon (P.92)

[Loft]

[On the Table、The Wonder Room]

🛒 Siam Discovery (P.91)

🛒 Siam Center (P.87)

Phaya Thai Rd

Rama 1 Rd

🚉 BTS Siam 站

Siam Square Soi 2

Siam Square Soi 1

🛒 Daddy and the Muscle Academy (P.83)

🍴 Mango Tango (P.83)

Siam Square Soi 3

🛒 Siam Square One (P.85)

Siam Square Soi 5

🛒 Food + Plus (P.82) 🍴

Rama 1 Rd

🛒 Siam Square (P.82)

Siam Square Soi 2

Let's Relax、Center Point Massage&Spa、Fashion Zone

🏨 Novotel

Siam Square Soi 6

Henri Dunant Road

Siam Square Soi 7

Sol Chulalongkorn 64

Chulalongkorn 64

圖例

🛒 購物	🍴 食肆	🏨 酒店		⬚ Siam Center
🚉 BTS 站			⬚ Siam Paragon
▬ 空鐵 BTS Sukhumvit 線			⬚ Siam Discovery
▬ 空鐵 BTS Silom 線			⬚ Siam Square

50米

掃平貨之天堂 Siam Square 地圖P.81

曼谷的 Siam Square，就如香港的旺角，是個充滿年輕人活力的區域，每日下午放學後及周末假日必定人頭湧湧。區內小店不但價廉物美，而且培育了一股泰國的創意力量，因而吸引了不同風格的店舖聚集於此。來到曼谷想逛街、吃飯或買便宜貨都必選 Siam Square。

◀Siam Square。

info
🏠 Siam Square, Pathumwan, Bangkok
สยามสแควร์ กรุงเทพฯ เมืองไทย
🚇 乘搭 BTS 在 Siam 站下車，步行約 3 分鐘

Siam Square 吃喝玩樂攻略

> Siam Square 草根食堂 Food + Plus 地圖P.81

Siam Square 不但是遊客喜歡去的人氣熱點，而且也有不少地道食堂。本地學生常光顧這些地道小店，例如在 Novotel 酒店後巷的 Food + Plus，由 Soi 5 一直橫跨到 Soi 6，小巷裏面有各式各樣的食檔，及五花百門的美食，如豬手飯、泰式炒河、泰式快餐等等，食品相當大眾化，價錢又便宜，本地很多白領常來這裏醫肚。如果你想試試泰國草根風味食品的話，不妨來試試。這裏交通方便快捷，就在 Siam Paragon 對面，但要注意巷內衛生環境肯定不及大型酒店，而且沒有冷氣。

▲認住這個大門入口。

▲像熱鬧的港式大排檔。

▲地道食物尚算衛生。

info
🏠 Soi 5 & Soi 6 之間, Siam Square
🚇 乘搭 BTS 在 Siam 站下車，步行至 Siam Square Soi 6，需時約 3 分鐘
🕐 08:00~17:00

「瘋」芒畢露 Mango Tango　地圖P.81

地圖P.81

　　人氣甜品店 Mango Tango 最原始、最特別的分店，位於 Siam Square 內。歷經數次搬遷，現已改頭換面，由貨櫃箱搬入了店舖內。甜點款式不變，與芒果有關的一切甜品應有盡有，包括芒果糯米飯加雪糕、芒果西米撈等等。想買芒果乾作手信的話，這裏也可以買到。

▶店外的大芒果。

▲Mango Tango。

▶店內環境。

info
- 🏠 Siam Square Soi 3, Rama 1 Road, Bangkok
- 🚇 乘搭 BTS 在 Siam 站下車，步行至 Siam Square Soi 3，需時約 1 分鐘 (緊鄰 Digital Gateway Shopping Mall)
- ⏰ 12:00~22:00　📞 +66 816195504
- 🖥 www.instagram.com/mangotangothailand/

▲芒果糯米飯、布甸和雪糕的拼盤，還有芒果汁。

搞怪風IG熱店！
Daddy and the Muscle Academy　地圖P.81

地圖P.81

　　Daddy and the Muscle Academy(爸爸與肌肉學院) 位於 Siam Square 附近，是一家少女風服飾店，而店內的產品當然也要夠吸睛，才襯得起如此獨特的名字。放眼看去，無論是室內裝潢，還是服飾、雜貨、食品等，全都主打色彩繽紛又搞怪的風格，像個遊樂園般熱鬧，難怪近一年來成為 IG 上的人氣曼谷店！品牌絕大部分產品都是由本地設計師設計及 Made in Thailand，想買點特別手信回國的遊客記得要來造訪一下。

◀令人眼花繚亂少女甜美風的裝潢和各式雜貨

▲Daddy and the Muscle Academy。

▲由帽子、衣服、手袋、首飾都應有盡有。

▲可愛的布藝耳環(每對฿120-190，HKD 27-43)。

▲童裝的粉紅泳衣。

▲小熊印花T-shirt。

▲充滿活潑熱帶風情的Tote Bag，還是Made in Thailand的！

▲雪條造型香皂。

▲印有搞怪圖案的彩色皮袋。

▲在店的另一頭有小小的Café角落，飲品和蛋糕的造型都貫徹店鋪的粉紅主調，相當可愛！

info **Daddy and the Muscle Academy**
🏠 422/5, Siam Square soi2 Pathum Wan, Bangkok
🚇 乘搭 BTS 在 Siam 站下車，步行約 5 分鐘
🕐 11:30-20:30 📞 +66 98-3534155
💻 daddy-stickerland.com

(圖文：嚴潔盈)

自然風商場 Siam Square One 地圖P.81

Siam Square One 是個位於 Siam Square 內的商場，前身是 Siam Theater，現在則是 Siam 區的新地標。從前只得兩層高，重建後足足有七層，吸引不少小店及 café 進駐。商場地方寬敞，採用環保式設計，周遭有不少植物花草，依靠自然風通風，沒有冷氣。

►Siam Square One。

►綠色植物令環境舒適。

Siam

Chit Lom

Nana, Phloen Chit

Asok

Phrom Phon Thong Lo

On Nut, Ekkamai

Mo Chit

Ratchathev

Phaya Thai

info
🏠 254 Phayathai Road, Wangmai, Pathumwan, Bangkok
🚇 乘搭 BTS 在 Siam 站下車，步行約 3 分鐘
📞 +66 22559994-7

Siam Square One 吃喝玩樂攻略

Siam Square One 凝望鬧市嘆世界 Let's Relax 地圖P.81

在 Siam Square One 商場的玻璃牆上寫有大大的 "Let's Relax"。這間 spa 在當地有很多分店，而位於 Siam Square One 的分店，部分按摩座位正對着面向曼谷繁華鬧市風景，可面向 Siam Paragon 與 BTS 站做 treatment，別有一番風味。店內還有泰式草藥茶、香茅茶、洗浴用品等售賣。在這兒做泰式按摩約฿1,750(HKD407)。

►店內提供完整中文menu。

►店內職員。

►有些房間正對BTS站及Siam Paragon。

info
🏠 6/F, Summer Zone, Siam Square One
🕙 10:00~24:00   📞 +66 22522228
📧 letsrelaxspa.com

> Siam Square One ｜ 臨街小店大改造 **Center Point Massage & Spa** 地圖P.81

◀還可按摩。逛商場之餘

Center Point 有數間分店，其中一間就在 Siam Square One。此分店由當年的臨街小店，變成現在的歐式格調按摩店，泰式按摩每小時 ฿ 500(HKD116)，服務質素仍保持水準。在 Siam 區逛街逛到腳累的話可來按摩，非常方便。

◀環境舒適。

ℹ️ info
🏠 6/F, Siam Square One
🕙 10:00~24:00(22:30 後停止接受預約)
📞 +66 22523014
✉️ www.centerpointmassage.com

> Siam Square One ｜ 齊集個性小店 **Fashion Zone** 地圖P.81

Fashion Zone 不是一間商店，而是一個區域，或可稱為潮流特區。裏面有不同小店，所賣的大部分是本地設計師作品，包括衣物和手袋等。在女士服飾方面，泰國設計師用色較大膽，喜歡青春可愛路線，而男士服飾 cutting 則偏成熟，提供較多顏色、款式。這裏還有一些主打手工手袋和眼鏡的店舖，價格水平不一，任君選擇。

◀Fashion Zone。

◀▼不同款式的休閒服。

▲很有泰國feel、設計搶眼的手提袋。

ℹ️ info
🏠 LG/F-1/F, Siam Square One
🕙 10:00~21:00
📞 +66 21151342

潮百貨 Siam Center 地圖P.81

Siam Center 是曼谷人心目中的潮流發源地,重開後更非同凡響,加入了許多互動地帶。商場一至二樓有很多連鎖品牌;三樓是商場的核心地帶,收集了一些泰國設計師的心血之作,如 Greyhound、Fly Now III、Kloest 等,還有一個名為 The Selected 的新地帶,提供一個平台讓泰國設計師展示才華,將泰國創意發揚光大;四樓是飲食地帶。商場裏到處都有充滿藝術感的休息區,內裏很多店舖都有一個 Absolute Siam 的名號,提醒大家 Siam Center 才是領導潮流的鼻祖。

◀▲Siam Center。(攝影:嚴潔盈)

▲型格服飾店。(攝影:蘇飛)

▲商場內非常熱鬧。(攝影:次女)

▲內有大食代,可吃到不同種類的菜式。(攝影:嚴潔盈)

info
📍 979 Rama 1 Road, Pathumwan, Bangkok
🚇 乘搭 BTS 在 Siam 站下車,步行約 2 分鐘
🕐 10:00~22:00,各店營業時間不同
📞 +66 26581000 🖥 www.siamcenter.co.th

Siam Center 美食購物攻略

Siam Center 意日Fusion菜 On the Table 地圖P.81

▲On the Table。（攝影：次女）

◀天婦羅、魚生、芝士與飯粒融合，口感豐富。

◀日系塗鴉壁畫。

On the Table 是一間意日 fusion 餐廳，在曼谷多個大型商場都有分店。Siam Center 的分店主打日系風，店內牆上的小動物塗鴉很可愛，為整間餐廳增添了幾許輕鬆感。餐廳以私房菜料理為主，廚師雖然是泰國本土廚師，卻熟悉日本菜和意大利菜，並巧妙地將兩者融為一體，

其 Absolute Siam 是牛油果軟殼蟹，米飯混入了牛油果和芥末，配上炸得酥脆的蜜糖軟殼蟹，一道菜多種體驗，且食物價錢公道，難怪深得本地人的歡心。每逢用餐時間，常見到長長的人龍。人均消費約 ฿ 500 (HKD 110)。

◀西式魚生沙律配上日式醬汁。

info
- 🏠 2/F, Siam Center, Rama 1 Road, Pathumwan, Bangkok
- 🕙 10:00~22:00
- ☎ +66 26581737-8
- 🖥 onthetabletokyocafe.com
- f www.facebook.com/OntheTableTokyoCafe
- 🔖 此店在 Central World 有分店

Siam Center 非等閒之輩 The Wonder Room 地圖P.81

The Wonder Room 的店面裝潢，肯定是搶眼球的特別設計。店舖每四個月就會進行一次風格大改造，保持新鮮感。這間店集齊了七大潮牌，設計特別，而且是 Absolute Siam，來自新加坡的 Pitch 是其中一外國品牌，可以隨意換殼的型人手錶是其主打產品，用色浮誇，設計搖滾，深得一眾時尚名人的熱捧。

▲The Wonder Room。（攝影：次女）

◀可以寫字的杯很特別（฿ 390、HKD 86）。

◀店內裝潢非常華麗。

info
- 🏠 1/F, Siam Center, Rama 1 Road, Pathumwan, Bangkok
- 🕙 10:00~22:00
- ☎ +66 26581000-1379
- 🖥 www.facebook.com/thewonderroomstore

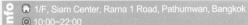

潮嘆fine dining Niche 地圖P.81

Siam

Chit Lom

Nana,
Phloen Chit

Asok

Phrom Phong,
Thong Lo

On Nut,
Ekkamai

Mo Chit

Ratchathew

Phaya Thai

Siam Kempinski 酒店內的餐廳 Niche，環境分室內及室外部分，室內有 open kitchen，可欣賞到廚師即場烹飪；室外位置面向園林泳池景，感覺舒服。早上提供自助餐，包括泰式、西式及中式等食物；午餐最出名的是鵝肝醬漢堡和 Cosmopolitan 沙律，當然也有提供部分泰菜，像 Som Tum 和 Pha Thai。如果你選擇一整天都留在酒店裏放鬆休息，Niche 的 all day dining 最適合你。

▲Niche分室內及室外座位。

▲吧枱上方的黑板menu很搶眼。

▲串燒香草豬肉配炒飯(Moo Tang)฿ 500 (HKD 110)。

▲一些炸物放在袋裏。

▲餐廳格局典雅。

▲串燒及炸物。

▲點杯冰凍的飲品。　▲熱湯。

▲Open kitchen。

info
🏠 G/F, Rama 1 Road 991/9, Bangkok
(Siam Kempinski Hotel Bangkok 內)
🚇 乘 BTS 在 Siam 站下車，走 Exit 5，穿過 Siam Paragon Mall 有行人天橋直達酒店 2 樓
🕐 12:00~24:00
📞 +66 21629000
@ niche.siambangkok@kempinski.com
🌐 www.kempinski.com/en/bangkok/siam-hotel/dining/niche

超越傳統 Sra Bua by Kiin Kiin 地圖P.81

Sra Bua by Kiin Kiin 是一間泰式料理餐廳，位於曼谷 Siam Kempinski 酒店內，於 2013 年被選為亞洲 50 間最佳餐廳之一。Sra Bua 源於一間開在丹麥哥本哈根的泰國餐廳，Sra Bua 解作荷花池，而酒店把餐廳帶入來就是為了給歐洲的廚師創出更多以亞洲為主題的的菜色。餐廳的晚餐為提供十一道菜的 The Journey 套餐，每一道菜都可見廚師的用心。

▶晶瑩剔透。

▶美味。

▶來Sra Bua吃飯是一種享受。

▶甜品。

▶凝成固體狀的椰汁雞湯。

(攝影：次女)

▶餐廳內的荷花池。(攝影：次女)

▶有十道菜的晚餐。

▼The Nibblings，筆者試解為「一口吃」，是餐廳的特色小吃。

info
🏠 991/9 Rama 1 Road, Pathumwan, Bangkok (Siam Kempinski Hotel Bangkok 內)
🚇 由 BTS Siam 站徒步 10 分鐘，可穿過 Siam Paragon 商場前往
🕐 午餐 12:00～15:00，晚餐 18:00～24:00

午餐	晚餐
8 道菜套餐每位 B 2,900 (HKD 674) 10 道菜每位 B 3,500 (HKD 814)	The Journey 套餐 (16 道菜) 每位 B 4,300 (HKD 1,000)

📞 +66 21629000　　@ srabua.siambangkok@kempinski.com
🖥 www.kempinski.com/en/siam-hotel/restaurants-bars/sra-bua-by-kiin-kiin

(文字：次女)

家品購物熱點 Siam Discovery 地圖P.81

Siam

Chit Lom

Nana, Phloen Chit

Asok

Phrom Phong, Thong Lo

On Nut, Ekkamai

Mo Chit

Ratchathewi

Phaya Thai

Siam Discovery 商場在 1997 年開業至今，前名是 Siam Discovery Center，後來改名為 Siam Discovery，雖然歷史悠久，但這裏的商店所賣的貨品一點也不 out，更不時加入新元素，在 2016 年翻新過後，更有新鮮感。商場樓高八層，分為男女裝和家品地帶，最型格、前衛的家品都可以在這裏找到。商場位置十分方便，四樓有一條通道連接 Siam Center，二樓則有天橋連接往 BTS。

Tips! 免費優惠卡
記得到地下詢問處領取免費優惠卡，憑卡可在指定商店享有不同優惠。

info
- 🏠 Rama 1 Road, Pathum Wan, Bangkok
- 🚇 乘搭 BTS 在 Siam 站下車，步行約 3 分鐘
- 🕙 約 10:00~22:00
- 📞 +66 26581000(分機：3400)
- 🌐 www.siamdiscovery.co.th

（攝影：嚴潔盈）

▲商場共有八層，半天也逛不完。　▲Siam Discovery。

Siam Discovery 吃喝玩樂攻略

> Siam Discovery **Siam 必逛潮物百貨 Loft** 地圖P.81

來到 Siam，其中一個必逛的地方就是 Loft，它曾經在香港出現過，不幸地已結業。位於 Siam Discovery 的 Loft，貨品應有盡有，除了玩具、精品、文具外，還有食品和衣服等。想買最潮最新 IT 周邊配套產品，不妨來這裏挑選。除此之外，這裏還有大量獨家發售的泰式設計產品，如手袋和生活用品等。喜歡創意潮物的人，記得來 Loft 看看。

▲可愛的毛公仔。

▲得意手機殼。

▲皮革區。

▲曾經令香港人瘋狂的Loft。

info
- 🏠 2/F, Siam Discovery
- 🕙 10:00~22:00
- 📞 +66 26580328
- 🌐 www.loftbangkok.com

（攝影：嚴潔盈）

行足一日 Siam Paragon 地圖P.81

Siam Paragon 是曼谷數一數二的大型購物中心，裏面進駐了超過 200 家商店，國際級名店幾乎都可在這裏找到。除名店外，還有百貨商店、超級市場、電影院以及展覽中心等。

這兒還有海洋世界，它是東南亞最大的室內海洋館，飼養了超過三萬種海洋生物，這兒還是與海洋生物接觸的好地方，各種表演，盡得小朋友和遊客的喜愛。Siam Paragon 還有大型 food court，來自世界各地的美食琳琅滿目，讓人垂涎欲滴。

▲Siam Paragon已成為曼谷購物的標記。(攝影：次女)

次女◀ 商場裏面有很多人。(攝影：

info
🏠 991 Rama 1 Road, Pathumwan, Bangkok
🚇 乘搭 BTS 在 Siam 站車，步行約 1~3 分鐘
🕙 10:00~22:00
📞 +66 26108000
🌐 www.siamparagon.co.th

Siam Paragon 美食購物攻略

> Siam Paragon 正宗意大利餐 Amici 地圖P.81

Amici 由泰國大型連鎖集團經營，以散餐為主，意大利粉和薄餅質素不錯，值得一試。

▲餐廳經常座無虛席。(攝影：次女)

▲餐廳環境。

曼谷少見的炸麵包雪糕球(฿ 240、HKD 56)。

▲美味的炭烤牛排配上大量蔬菜(฿ 1,520、HKD 353)。

▲炸肉丸蔬菜意粉十分健康(฿420、HKD 981)。

info
🏠 G/F, Siam Paragon
🕙 10:00~22:00
📞 +66 21294331-2
🌐 www.amicibkk.com

Siam

Chit Lom

Nana, Phloen Chit

Asok

Phrom Phong, Thong Lo

On Nut, Ekkamai

Mo Chit

Ratchathew.

Phaya Thai

〉Siam Paragon 男女包包都找得到 NaRaYa 地圖P.81

　　港台旅客應該不會對 NaRaYa 感到陌生，又平又美的蝴蝶包是店家的招牌。在 Siam Paragon 的分店內，還有 Naraya 的副品牌 Nara，主打適合上班或較正式場合使用的手袋或錢包，風格較成熟，並有男女款式可選擇。

▲這家Naraya有許多港台旅客光顧。

▲Nara提供男士錢包及皮包，不過款式較女士少。

info
- 🏠 3/F, Siam Paragon
- 🕙 10:00~22:00
- 📞 +66 26109418
- 🌐 www.naraya.com

（圖文：嚴潔盈）

◀▲適合OL上班使用的款式。

〉Siam Paragon 集結最豪電影院 Paragon Cineplex 地圖P.81

　　商場的五至六樓是 Paragon Cineplex 影城，內有多間戲院，包括可躺着看電影的 Blue Ribbon 及擁有大銀幕的 Krungsri IMAX 等豪華戲院，吸引當地人甚至外國遊客到此看一齣好戲。由於影城空間偌大，許多電影宣傳活動都會在此舉行，説不定會遇到荷里活巨星！

info
- 🏠 5/F, Siam Paragon
- 🕙 10:00~22:00
- 💰 在 Krungsri IMAX 看電影 ฿ 400（HKD 95）起，Blue Ribbon ฿ 200（HKD 44），不同電影收費或不同
- 📞 +66 21294635
- 🌐 www.majorcineplex.com

（圖文：嚴潔盈）

▲Paragon Cineplex。

▲Krungsri IMAX。

▲採訪當天剛好有新戲發表記者會。

〉Siam Paragon 名人派對衣櫃 Milin 地圖P.81

　　Milin 的首席設計師 MiMi 把握年輕女生的心態，開創了這個品牌，本着高雅卻不失性感的概念，為 party girl 打造出獨特的風格。分店裝潢別緻，佈置了很多高腳酒杯，將 party 的特色發揮得淋漓盡致。很多名人明星都來這裏置裝。

info
- 🏠 Siam Paragon 1F
- 🕙 10:00-22:00
- 📞 +662 610 7857

▲Milin。攝影：次女

> Siam Paragon **高級日菜 AOI葵** 地圖P.81

　　Siam Paragon 地下有很多日式餐廳，AOI 的價錢一點也不便宜，尤其是散餐。如果想吃得經濟一點，可試試午餐，份量足之餘，也很實惠。食店標榜所有廚師和食物都來自日本，材料和做法正宗，當地不少名人政客經常光顧，環境不俗。

▲ 魚生好新鮮！

▲AOI日式餐廳。

▲上面撒了滿滿的魚子。

info
- 🏠 G/F, Siam Paragon
- ⊙ 10:00~22:00
- 📞 +66 21294348-50
- 🌐 www.aoi-bkk.com

> Siam Paragon **珠寶世家 BVLGAR** 地圖P.81

　　BVLGARI 來自時尚之都意大利，以高級珠寶起家，是繼 Cartier 和 Tiffany 之後的第三大珠寶店。除以珠寶和香水聞名外，其他產品都一樣出色，在 Siam Paragon 的分店除了售賣香水外，還有手袋、太陽眼鏡、耳釘、耳環等高級精品。

▲BVLGARI。(攝影：次女)

info
- 🏠 M/F, Siam Paragon
- ⊙ 11:00~20:00
- 📞 +66 26109388-91

> Siam Paragon **冠軍拉麵 Chabuton** 地圖P.81

　　Chabuton 是日本一家出名的拉麵店，主廚來自日本電視拉麵大賽的冠軍廚師。它們的麵提供五款以上的 topping 任人選擇，豬骨湯底味道濃厚，招牌麵是半肥瘦的日式叉燒麵。另外，骨膠原果凍放湯是將骨膠原凍成果凍般，再倒進湯裏慢慢溶化，令到湯麵更原汁原味更全面吸收，而燒雞冷麵即點即做，客人落單後才將麵拿去冰鎮，麵身爽滑更彈牙，配搭新鮮的蔬菜，是不錯的夏日消暑拉麵。

▲日式餃子份量十足(฿ 90、HKD 20)。

◀骨膠原果凍，吃拉麵兼保養皮膚(果凍一塊฿ 30、HKD 7)。

▲Chabuton。(攝影：次女)

info
- 🏠 4/F, Siam Paragon
- ⊙ 11:00~22:00
- 📞 +66 21294347
- 🌐 www.chabuton.com

Siam Paragon **人氣熱爆 Coffee Beans By Dao** 地圖P.81

Coffee Beans By Dao 的店主 Dao 愛食也愛做蛋糕，初時售賣咖啡蛋糕，繼而發展成餐廳，現在於曼谷已有多間分店，Siam Paragon 內的分店最旺場，開業以來幾乎日日都大排長龍，加上餐廳老闆的家人是名人，名氣加上美食，自然人氣熱爆。餐廳以新派泰菜及西式餐點為主，也有蛋糕、咖啡等輕食。逢周五至周日推出榴槤蛋糕，嗜榴槤者千萬不要錯過。

▲餐廳真是人氣熱爆。

▲酥炸軟殼蟹(฿ 310、HKD 72)。

▲蒸咖喱魚塊(฿ 220、HKD 51)。

▲腰果炒雞粒(฿ 280、HKD 65)。

info
🏠 G/F, Siam Paragon 🕙 10:00~22:00
📞 +66 26109702-3
💻 www.coffeebeans.co.th

Siam Paragon 一店兩製清邁食 Fai Sor Kam 地圖P.81

　　在 Siam Paragon 四樓的 Food Passage 裏，有一間裝修頗為特別的食店，此店特別之處在於提供食物及各特色產品。

　　Fai Sor Kam 的店主嚮往清邁情懷，食物多為泰北菜，譬如雞髀咖喱湯炸麵，或者是泰北肉腸等等，除了餐廳之外，店舖同時也是小商店，由泰絲產品、雕花蠟燭，以至小手工精品都有，也是來自泰北一帶。

　　在泰國曼谷尋找真正的泰北餐、清邁餐其實並不容易，這間店舖能一舉兩得，真是方便。

▶泰北豬肉咖喱麵(฿ 120、HKD 26)。

▲精緻的泰北木雕以及蠟燭。

◀泰北特色肉腸飯(฿ 220、HKD 48)。

info 🏠 4/F, Siam Paragon
🕐 11:00~22:00
📞 +66 26109717-8

Siam Paragon 掃零食日用品 Gourmet Market 地圖P.81

▲貨架相當大，貨品齊全。

在曼谷逛超市對遊客來說是一件很享受的事，曼谷的超市非常大，貨品齊全，衣食住行各方面的用品應有盡有。超市之中首推 Siam Paragon 地下的 Gourmet Market，遊客和本地人都會來這裏入貨，只因它比 Big C、Lotus 等更豪華，貨品種類更豐富。除了補給旅途上所需的日用品之外，零食選擇超多，令人眼花繚亂，送禮自用都不錯，如五色米盒，內有五款泰式香米、糙米等，包裝吸引；花生酥也相當有名，現場即做即包裝，香脆可口，味道較港式花生糖甜。

Siam

Chit Lom

Nana, Phloen Chit

Asok

Phrom Phong, Thong Lo

On Nut, Ekkamai

Mo Chit

Ratchathewi

Phaya Thai

► Siam Paragon 地下的Gourmet Market。

▲可找到在香港罕見的東西。

◄想吃清淡一點，可買個沙律。

▲買牛排回Service apartment自煮吧！

▲大量薯片和公仔麵。

info
- 🏠 G/F, Siam Paragon
- 🕙 10:00~22:00
- 📞 +66 26901000 (ext. 1214/1258)
- ✉ gourmetmarketthailand.com

Siam Paragon **湯飯任添肥豬排 Saboten** 　地圖P.81

▶炸豬柳定食(B 310，HKD 81)。

在 Siam Paragon 的 Saboten 是來自新宿的吉列豬排專門店，除了招牌豬排外，還有吉列大蝦等定食。食店最大的特色是可以讓食客選擇豬排的質地，肥或瘦，套餐的飯、湯、菜可以無限次添加，還贈送綠茶雪糕。如此着數的日本餐在曼谷不多。

▶無限野菜絲任食。

▲正門設有座位，坐着排隊不會太累。

info
🏠 4/F, Siam Paragon
🕐 11:00~22:00　　📞 +66 26109496
📧 sabotenthailand.com

Siam Paragon **西泰合璧 Taling Pling** 　地圖P.81

◀餐廳有兩層。

在 Siam Paragon 地下的 Taling Pling 在泰國已有一定歷史，是一間新派兼傳統的著名餐廳，有室外和室內座位。除泰菜外，還提供各種西式美食，如豬排、牛排和法式鴨腿等。不同種類的泰式飲品是食店的賣點，其中一些花茶、蜜糖茶等都是獨一無二的，價錢適中。人均消費約 ฿ 700 (HKD 167)。

▲燒春雞皮脆肉滑。

◀口味獨特的藍蝶豆花茶。

info
🏠 G/F, Siam Paragon
🕐 11:00~22:00
📞 +66 21294353-4

Siam

Chit Lom

Nana, Phloen Chit

Asok

Phrom Phong, Thong Lo

On Nut, Ekkamai

Mo Chit

Ratchathewi

Phaya Thai

Siam Paragon 歷久彌新 LONGCHAMP 地圖P.81

很受香港人歡迎的法國著名品牌 LONGCHAMP 已進駐 Siam Paragon，這個品牌建於 1948 年，其餃子形狀的標誌，以及翻折式手袋的概念最令人印象深刻，手袋價錢不太貴，適合上班一族。以法國的傳統手工製作，富時尚的設計，小巧實用的折疊概念，平實親和的價錢，加上只在曼谷才可買到的城市特別版，想買一個與眾不同的 LONGCHAMP「曼谷袋」非要來這裏不可。

▲港人喜歡的法國品牌LONGCHAMP。
(攝影：次女)

info
🏠 1/F, Siam Paragon
🕙 10:00~22:00
📞 +66 26109973

Siam Paragon 魚翅鮑魚扒 Scala Shark's Fin 地圖P.81

想在 Siam Paragon 吃翅，只有 Scala Shark's Fin(銀都魚翅)。店舖位於地下泰華農民銀行斜對面，走的是高級路線，所謂一分錢一分貨，老闆說不希望將貨就價，不想賣得平卻影響食物質素，這裏的翅和鮑魚標榜不含味精，味道較清淡。店內裝修走時尚格調，但吃的是比較傳統的美食，可謂新舊結合。

▲吃一頓高級海鮮餐，這裏是個不錯的選擇。

▲食店選用的食材屬高檔貨，用刀來切鮑魚扒(฿2,500、HKD 595)和魚翅扒更是此店首創，當然價錢一點也不便宜。

▲原隻花膠扒(฿ 500、HKD 110)。

info
🏠 Shop 16, G/F, Siam Paragon
🕙 10:00~22:00   📞 +66 21294335-7
✉ www.scalafood.com

▲蟹鉗粉絲煲相當足料(฿ 250、HKD 55)。

SIAM

Siam Paragon 海底世界 **Sea Life Bangkok Ocean World** 地圖P.81

必到

一站式商場 Siam Paragon 是曼谷市中心很適合一家大小遊玩的地方。商場內除了各式店舖，還有適合全家遊玩的海洋館 Sea Life Bangkok Ocean World，是全東南亞最大的商場室內海洋水族館。

館內分設數個主題區，包括 Shark Walk 鯊魚主題區、Coral Reef 珊瑚樂園、Seahorse Kingdom 海馬王國等，想逛遍海洋館一次的話起碼需時 90 分鐘。海洋館在不同時段設有與小動物親密接觸的環節，如餵鯊魚和潛水表演，小朋友一定會愛上這裏。除了穿梭在不同的海洋世界外，還可以搭乘玻璃船欣賞海底世界。

◀ 在Ice Adventure區，可近距離看到可愛的企鵝。

◀ 巨型的海洋世界佈置，吸引一家大小駐足拍照。

◀ 巨大的玻璃箱內是各式海洋生物。

◀ 可免費試魚仔spa。

◀ 水母劇場很有創意。

◀ 購買各式「水怪」。

info
🏠 B1-B2 Floor, Siam Paragon
🕙 10:00~20:00　　📞 +66 26872000
💰 成人 ฿ 1,090 (HKD 253)、小童 ฿ 890 (HKD 207)，網上購票提供折扣
🌐 www.visitsealife.com/bangkok/ch/

▶ Siam Paragon | Fusion日菜 The Grill Tokyo | 地圖P.81

▶ 大枱可坐18人，吃得熱鬧。

The Grill Tokyo 可以稱得上是 Siam Paragon 裏面最貴的日本餐廳，餐廳內西化的裝潢，跟一般的日式餐廳不同，也聽不到日文歌，只有一個個像蚊帳般的獨立座椅。

鵝肝與帶有小小 fusion 成分的鵝肝醬汁飯是餐廳最出名的美食，有興趣不妨一試。

▼ 超新鮮的壽司拼盤。

Siam

Chit Lom

Nana, Phloen Chit

Asok

Phrom Phong, Thong Lo

On Nut, Ekkamai

Mo Chit

Ratchathewi

Phaya Thai

▲ The Grill Tokyo。
(攝影：次女)

▶ 鵝肝醬汁飯相當美味。

▲ 燒鵝肝非常吸引。

info
🏠 G/F, Siam Paragon
🕐 11:30~22:00
📞 +66 26109487-9/+66 2129 4427-8
🖥 www.siamparagon.co.th/directory/shop/26

Hea 玩潮遊嘆世界 Easy Go!──曼谷

101

Siam Paragon 沒有燒烤的韓國菜 Tudari 地圖P.81

在 Siam Paragon 四樓 Food Passage 的 Happy Together Tudari 是一間韓國 casual dining 餐廳，食品沒有常見的燒烤，而是一些散餐，如人蔘雞湯、串燒、泡菜炒飯等等，價錢也合理。

店舖裝潢陳設一點也不傳統，每天提供一些特別的 lunch，包括湯和綠茶，฿ 155 (HKD 34) 已可吃得飽飽的，想在曼谷吃簡單的韓國料理，這兒是不錯的選擇。

▲韓國料理在泰國也相當人氣。

◀串燒豬頸肉(฿ 110、HKD 24)。

▲一些餐點或需店員幫忙。

◀人蔘雞湯(฿ 350、HKD 77)。

info
🏠 4/F, Siam Paragon
🕙 10:00~22:00
📞 +66 27117160
✉ www.facebook.com/tudarithailand

Siam Paragon 平價選擇 Paragon Foodhall 地圖P.81

Paragon Foodhall 位於 Siam Paragon 的 G/F，是商場內的大型 Food Court。Foodhall 內的食物一般較便宜，而且有多款選擇。個人推薦清辣湯脊柱豬肉，湯頭清澈，外表看似平平無奇，實際香辣惹味，而且選用豬脊柱肉，肉脸入味，價錢亦不算貴，十分不錯。要注意，在 Foodhall 內不收現金，需在場外先購買 Cash Card 才能購買食物，如 Cash Card 內有餘額會在退卡時退回現金。

▲Paragon Foodhall。

必食
▲清辣湯脊柱豬肉配飯฿ 170 (HKD 36)。

▲冬蔭功湯麵，用料十足，十分香辣惹味，而且價錢便宜，只需฿ 95 (HKD 36)！

▲遊客需先在Card Counter購買Cash Card才能在Foodhall購買食物。

info
🏠 G/F, Siam Paragon
🕙 10:00~22:00
📞 +66 26107911

(文字：IKiC、攝影：蘇飛)

PART 7.2
BTS
Chit Lom站

四面神就在Chit Lom(發音:「切隆」),出了BTS走在天橋時,如果俯看四面神那邊,多數都能看到有人在拜拜。想逛街血拼,這裏有大型商場Central World和一間很大的Big C Superstore,讓你逛個痛快。

BTS 站位置

- N5 Ari
- N4 Sanam Pao
- N3 Victory Monument
- N2 Phaya Thai
- Ratchaprarop
- Huai Khwang
- Thailand Cultural Centre
- Phra Ram 9
- Makkasan
- Phetchaburi

Chit Lom

- Siam
- Chit Lom E1
- Phloen Chit E2
- Nana E3
- National Stadium W1
- Ratchadamri S1
- Asok E4
- Sam Yan
- Sala Daeng S2
- Si Lom
- Lump-hini Park

BTS Chit Lom 站景點地圖

Novotel Bangkok
Platinum Pratunam
(P.44)

Phetchaburi Rd

Platinum Fashion
Mall(P.116)

Watergate Chicken
Rice (P.116)

Phetchaburi Rd

Saen Saep

Centara Grand &
Bangkok Convention
Centre at CentralWorld
(P.44)

Starbucks Reserve
(P.117)

RedSky
(P.111)

Rajadamri

Chit Lom Alley

Zen Department
Store(P.110)

Big C
Supercenter
(P.117)

Som Khit

Zense
(P.110)

Gaysorn

Signor Sassi(P.113)

Jack Spade、
Top Food Hall

Central World
(P.105)

Burger & Lobster (P.112)

Central Chidlom
Department
Store(P.118)

Rama 1 Rd

InterContinental
Bangkok(洲際酒店)

BTS
Chit Lom 站

Phloen Chit Rd

Cath Kidston、NARA、
Pancake Café、Mt. Sapola、
Omu Japanese Omurice&Café、
Frozen Bride、Pull&Bear、Hua
Seng Hong

四面神
(P.111)

Maneeya
Center

The
Mercury
Ville
(P.122)

Bliston Suwan Park
View Hotel & Serviced
Residence (P.45)

Ton Son Alley

BKK Bagel
Bakery(P.115)

Have a Zeed
(P.122)

Amarin
Plaza
(P.114)

Body Tune
(P.109)

Cape House
(P.46)

Ratchadamri

Ploenchit Rd

Hotel Muse
Bangkok (P.44)

The Speakeasy
(P.113)

BTS
Ratchadamri 站

Centre Point
Hotel Chidlom (P.45)

Lang Suan 1

Wittayu Rd

Lang Suan 2

Lang Suan 3

The Embassy
of the US

Lang Suan 4

LUXX XL
(P.45)

Ton Son Alley

Lang Suan 6

Lang Suan 7

圖例

購物	食肆	Central World
酒店	大使館	Big C Supercenter
寺廟	BTS 站	Central Chidlom Department Store
Spa 及按摩		空鐵 BTS Silom 線
		空鐵 BTS Sukhumvit 線

100 米

© 跨版生活圖書出版

Sarasin

殿堂商場再發育 Central World 地圖P.104

「火燒旺地」果然沒錯，自從 2010 年紅衫軍事件燒毀了部分的 Central World 後，Central World 顯示了非凡的生命力，不消一年時間已經重新裝修，而且還擴大了，upgrade 了，店舖大執位之餘，幾乎每個月都有新店登場，力保曼谷心臟血拼天堂席位。千萬別忘記只為遊客而設的優惠和免稅服務，血拼前先到地下大堂領取遊客優惠卡啊！

▲最旺的商場。
◀ Central World 依然是曼谷

▲這兒有過百間商店。

info
🏠 4,4/1-4/2,4/4 Ratchadamri Road, Bangkok
🚌 乘搭 BTS 在 Chit Lom 站下車，步行約 5 分鐘
🕙 10:00~22:00　📞 +66 26407000
🖥 www.centralworld.co.th

Central World 吃喝玩樂攻略

Central World 碎花少女 Cath Kidston 地圖P.104

跟價廉物美的曼谷袋相比，來自英國的 Cath Kidston 雖然較貴，但款式和用料也相對較佳，花俏的款式更是長青之選。

Cath Kidston 在曼谷有多間專門店，Central World 店是旗艦店，貨源最足，而且最方便。

▶ Cath Kidston。(攝影：次女)

▲小巧的實用錢包。

▼ Cath Kidston 品牌中最受歡迎的家居用品。

▲這裏的碎花袋選擇甚多！

info
🏠 G/F, Central World
🕙 10:00~22:00
📞 +66 22529813
🖥 www.cathkidston.co.th

Siam
Chit Lom
Nana, Phloen Chit
Asok
Phrom Phong, Thong Lo
On Nut, Ekkamai
Mo Chit
Ratchathewi
Phaya Thai

Hea 玩潮遊嘆世界 Easy Go!──曼谷

Central World 高檔地道泰菜 NARA 地圖P.104

NARA 是不少泰國人的心頭好，尤其它的 Thong Lo 分店更 100% 全是本地人光顧。NARA 在 Central World 的分店讓遊客可以吃到正宗地道的泰菜。餐廳裝潢陳設高雅，價錢不算貴，連泰國人也喜歡，食的是正宗泰菜，賣相較為現代化，難怪這裏曾被日本雜誌封為最好味的泰國餐廳！

▲NARA。(攝影：次女)

◀香茅炸豬排很酥脆(฿ 160、HKD 35)。

◀泰式小食拼盤(฿ 420、HKD 98)。

◀沙嗲雞肉串(฿ 215、HKD 50)。

info
🏠 7/F, Beacon Zone , Central World
🕙 10:00~22:00
📞 +66 26131658-9
💻 www.naracuisine.com

Central World 嗜甜者勝地 Pancake Café 地圖P.104

▲圖中右邊的就是大型pancake板，非常惹人注目。

Pancake Café 是一家賣 pancake 的專門店，看到門口大大個的 pancake 紙板，已讓人口水直流！Pancake Café 提供多款不同口味 pancake，如果你覺得花多眼亂拿不定主意的話，可試試最經典的 Buttermilk Pancakes，pancake 十分鬆軟，不會太厚或太薄，趁熱淋上蜂蜜剛剛好！客人還可以選擇雪糕、水果、餅乾等，與 pancake 十分配搭。除了一般口味，餐廳還供應心太軟這類比較特別的口味。

▲抹茶Tiramisu Pancake ฿ 290 (HKD 67)。

◀款式繁多，花心的食客要多一點時間選擇了！

info
🏠 3/F Atrium Zone , Central World
🕙 10:00~22:00
📞 +66 26107662

Siam

Chit Lom

Nana, Phloen Chit

Asok

Phrom Phong, Thong Lo

On Nut, Ekkamai

Mo Chit

Ratchathewi

Phaya Thai

Central World 泰手工皂 Mt. Sapola　地圖P.104

Mt. Sapola 是泰國本地品牌，創立於 1997 年，以手工細膩、味道清香的肥皂著名，在曼谷有兩間分店。除肥皂外，還有各類 spa 用品，標榜 Spa at home，不用出門也可以全身心放鬆。

產品有多種香味可供選擇，包括港人最愛的檸檬草味。香薰機 ultrasonic diffuser，售 ฿ 5,500 (HKD 1,310)，附送一支 10ml 的精油，讓人在家也可營造舒適氣氛。想買家品式天然手工製的 spa 產品，不妨來 Mt. Sapola 看看。

▲Mt. Sapola門口。

▲各式手工皂(每塊฿ 120、HKD 26)。

香薰機。

▲坐在店裏的沙發上慢慢試用各種spa用品。

> **info**
> 🏠 2/F, Central World
> 🕙 10:00~22:00
> 📞 +66 21294369
> 💻 www.mtsapola.com

Central World 日式蛋包飯 Omu Japanese Omurice & Café　地圖P.104

這家自稱是泰國第一家日式蛋包飯專門店的餐廳，早在 2010 年已在 Ekamai 的 Park Lane 商場之內開業，後來更進駐 Central World。餐廳主打菜當然是蛋包飯，軟滑的蛋皮包住熱辣辣的炒飯，再配上不同醬汁，口味選擇眾多，有咖喱、南瓜、白汁、茄汁等。除了飯之外，這裏的蛋糕、甜品也很出色，尤其是鮮忌廉卷蛋糕，軟綿綿的蛋糕包着滑滑的雲呢拿忌廉，飯後來一客這樣的甜品，真的很完美。

◀天花像插滿筷子，有趣！

▲Omu的雞蛋logo一看就知是吃蛋包飯。

▲咖喱吉列豬蛋包飯(฿ 220、HKD 51)。

▲咖喱Doria蛋包飯(฿ 210、HKD 49)。

> **info**
> 🏠 Rm 602/1, 6/F,Atrium Zone , Central World
> 🕙 11:00~22:00　📞 +66 26586566
> 💻 www.facebook.com/omu.japaneseomurice

> Central World **可愛花花雪糕 Frozen Bride** 地圖P.104

◀ 不同口味雪糕。

在曼谷通常一個商場有數間雪糕店，而這間在 Central World 七樓的 Frozen Bride 雪糕店是賣意大利雪糕，出名之處在於能夠把雪糕捲壓成一朵花花的模樣。雪糕有不同味道、顏色，客人選好後，服務員便會一片片的把雪糕從雪糕箱內挖出來，再放到甜筒杯，造出鮮花盛放的形狀，而造花過程約 5 分鐘。價錢不貴又有特色，頗有人氣。

▲ 人手把雪糕捲成一朵花。

▲ 店員親手奉上捲好的雪糕花了！

info 🏠 7/F, Central World　🕐 10:00~22:00
www.facebook.com/frozenbridecafe

> Central World **Zara年青版 Pull & Bear** 地圖P.104

Pull & Bear 可說是 Zara 分支出來的新品牌，同樣來自西班牙 Inditex 集團旗下。Zara 走的路線比較適合 OL 及上班族，而 Pull & Bear 比較 young，但同樣以平價時尚為基礎。有人可能會問 Pull & Bear 在香港都有，何解要山長水遠去曼谷入貨？只因香港的三間分店，地點不算方便，但曼谷的 Central World，交通十分方便。

◀ Pull & Bear 的大門口。

◀ 男女裝齊備。

▲ Pull & Bear 價廉物美，旅行時不妨補充衣物。

info 🏠 2/F, Central World
🕐 10:00~22:00　📞 +66 26461388
www.pullandbear.com

Siam

Chit Lom

Nana, Phloen Chit

Asok

Phrom Phong, Thong Lo

On Nut, Ekkamai

Mo Chit

Ratchathewi

Phaya Thai

Central World 唐人街風味 Hua Seng Hong (和成豐魚翅) 地圖P.104

在曼谷有多間分店的和成豐魚翅,已進駐 Central World。食店以中菜為主,魚翅、咖喱炒蟹、粉絲蟹煲、蟹肉炒飯、乳豬等唐人街中菜館的招牌美食,都可在這裏吃到。在 Central World 血拼完,想食翅的話,無需山長水遠走到唐人街。

◀ 食店的裝潢具高級酒家風格。

▲ 蟹肉燉翅相當足料(฿ 480、HKD 112)。

◀ 食店內好多人啊!(攝影::次女)

▲ 咖喱炒蟹最惹味(฿ 480、HKD 112)。

info
🏠 6/F, Central World　⏰ 10:00~22:00
📞 +66 26461043　🌐 huasenghong.co.th

溫馨環境 Body Tune 地圖P.104

位於 Chit Lom 站附近上的這家 Body Tune 的分店擁有很多忠實粉絲,因為它地點方便、裝修簡潔,而且環境溫馨舒適。

info
🏠 518/5 Maneeya Center Bldg.,1st Flr Phloen Chit Rd, Lumphini, Pathum Wan, Bangkok
🚇 BTS Chitlom 站 (Exit 2 via Skywalk) 步行 3 分鐘
⏰ 11:00- 深夜
📞 +66 02 253 7177
🌐 www.bodytune.co.th
🚇 BTS Skytrain Asok, MRT Sukhumvit 也有分店

▲ 店內裝潢簡單舒適。

◀ Body Tune 有不少港人捧場客。

◀ 在幽暗的環境下享受按摩,能讓身心放鬆。

Hea 玩潮遊嘆世界 Easy Go!——曼谷

超級無敵百貨 Zen Department Store 地圖P.104

當年被紅衫軍一把火燒掉的 Zen Department Store，搶修一年多之後於 2012 年正式重開，毗鄰 Central World，最搶眼的是新添加的電視外牆，以及天台的七彩光環，實在教人感動。跟以往一樣，Zen 百貨裏每層均有特定的主題，地下是 Luxury & Beauty，二樓是 Elegance of Women 等，這兒可找到國內外的生活時尚品牌，而七樓的家品部和 food court，就像一個家一樣舒適，food court 更以紅磚裝潢，充滿格調。

▲Zen Department Store天台的七彩光環十分搶眼。

▲二樓有很多泰國設計師的作品。

▲一樓的設計展示廳。

info
🏠 4, 4/5 Rajdamri Road, Pathumwan, Bangkok
🚇 乘搭 BTS 在 Chit Lom 站下車，步行約 5 分鐘
🕐 10:00~22:00
📞 +66 21009999

Zen Department 美食攻略

>Zen Department 醉人風光抵食價錢 Zense 地圖P.104

跟隨 Zen Department Store 重回曼谷的，還有位於 Zen 頂層的 Zense。這家位於 Zen 七彩光環底下的餐廳，曾是人氣極高的食肆，因它擁有無敵高球馬場靚景，幾乎只有包圍馬場的酒店才可享有，但餐廳食品價錢公道，沒有因為靚景而開天殺價，跟香港一般餐廳的價錢相若，而且沒有最低消費，在這裏的戶外酒吧喝飲品也可以。餐廳菜式多樣化，由多個廚師主理泰菜、意菜、印度菜、日本菜等。

▲香草慢煮羊架（฿ 450、HKD 99）。

▲奇幻玫瑰園（฿ 290、HKD 64）。

▲巴馬火腿卷新西蘭帶子（฿ 450、HKD 99）。

▲開揚的曼谷市中心夜景在 Zense 獨享。

info
🏠 17-18/F, 4, 4/5 Rajdamri Road, Pathumwan, Bangkok
🕐 17:30~01:00
📞 +66 21009000
👔 餐廳設有 smart casual 的衣着標準

Siam

Chit Lom

Nana, Phloen Chit

Asok

Phrom Phong, Thong Lo

On Nut, Ekkamai

Mo Chit

Ratchathewi

Phaya Thai

香火鼎盛 四面神 地圖P.104

　　曼谷的四面神是無人不識的名勝，四面神建於 1956 年，當年在四面神旁邊興建酒店時，接二連三發生意外，業主遂於現址蓋建這座四面神祈求順境安全，不幸的事沒有再發生，相當靈驗，自此吸引了不少人專程前來膜拜求福，現在已成為地標，小小的四面神每日都香火鼎盛，每年 11 月的四面神誕，那兒水洩不通，世界各地的信眾都前來祈福及還神。廟內有歌舞者為善信跳舞祈福，฿ 300 (HKD 66) 起。

▶由早到晚都有善信來祈福還神。

info
🏠 Rama 1 Road 與 Ratchadamri Road 交叉點
🚇 乘搭 BTS 在 Chit Lom 站下車，步行約 3 分鐘
🕐 06:00~22:00
📞 +66 22528754

最靚市中心天台餐廳 RedSky 地圖P.104

　　Centara Grand 酒店的 55 樓天台有間露天餐廳 RedSky，餐廳有室內和室外座位，天氣好的日子，室外幾乎座無虛席，皆因這裏超過七成座位貼近落地玻璃，可以俯視整個曼谷市中心，加上一道半月彎刀形的變色作標記，聽着輕鬆的 Jazz 音樂，格調超然。

　　這裏提供較高級的西菜，不過價錢亦算合理，但設衣着標準。

▲好浪漫啊！

▶半月形的裝潢會不斷變色。

info
🏠 55/F, 999/99 Rama 1 Road, Pathumwan, Bangkok (在 Centara Grand at Central World 酒店內，P.44)
🚇 乘搭 BTS 在 Chit Lom 站下車，步行約 10 分鐘
🕐 17:00~01:00
📞 +66 21006255(分機 :5502)
💻 www.centarahotelsresorts.com/redsky

倫敦殺到龍蝦名店 Burger & Lobster 地圖P.104

發跡於倫敦的 Burger & Lobster，在 2017 年於 Gaysorn Village 開了首家泰國海外分店，成為當地人下班後最 chill 的晚餐之選。曼谷店和英國店的菜單基本上沒太大分別，同樣必試漢堡和龍蝦菜色！若單點招牌龍蝦，可選清蒸或燒烤兩種煮法，肉質鮮嫩彈牙；漢堡則有牛肉漢堡，或重量級的龍蝦牛肉松露漢堡 (B&L Truffle Beast，฿2,900，HKD 662)，另牛肉可選熟度。每碟菜都配有薯條和沙律，分量相當多。若想試試其他菜色，推介三款不同口味的龍蝦包 (Lobster Roll)，同樣是餐廳的招牌菜之一。

▲Burger & Lobster。

▲雖然餐點定價較高，但仍見許多遊客或當地上班族於晚上到此聚餐，好好放鬆。

◀清蒸原味龍蝦(Steamed Original Lobster，฿1,500，HKD 342)，分量十足、味道鮮美，果然是名店出品。

▲每位食客都會有一套圍巾、蟹鉗和濕紙巾。

▲龍蝦肉質鮮嫩彈牙！

▲原味牛肉漢堡(Original Beef Burger，฿750，HKD 171)，牛肉可選熟度。筆者選了五成熟，牛肉中間呈現漂亮的粉紅色。

info
🏠 999 Phloen Chit Rd, Khwaeng Lumphini, Khet Pathum Wan, Krung Thep Maha Nakhon, Bangkok
🚇 乘搭 BTS 在 Chit Lom 站下車，步行約 5 分鐘
🕐 星期一至五 11:00-23:00 📞 +66 26561111

(圖文：嚴潔盈)

天台上躺草皮 The Speakeasy 　地圖P.104

Speakeasy 是 Hotel Muse 酒店的天台酒吧，與酒店的古典氣派一脈相承。一踏進酒吧的露天區，景觀開揚，而且靠着邊際的吧枱配上高腳椅子，好不舒適！雖然只有 24 樓高，卻別有一番景致。再上一層是露天花園，鋪上人造草皮，放置了矮腳桌子，客人可赤腳席地而坐，仿如置身空中花園，喝着雞尾酒和 finger food，價錢不太貴，可以在這個天台上過一個悠閒的晚上。人均消費約 ฿ 250 (HKD 55) 起。

▶食物很出色。

▲這兒可以看曼谷的夜景。

Siam

Chit Lom

Nana,
Phloen Chit

Asok

Phrom Phon,
Thong Lo

On Nut,
Ekkamai

Mo Chit

Ratchathew

Phaya Thai

info
- 24~25/F, 55/555 Langsuan Road, Lumpini, Pathumwan, Bangkok (在Hotel Muse Bangkok 內，P.44)
- 乘搭 BTS 在 Chit Lom 站下車，步行約 8 分鐘
- 17:30~01:00
- +66 26304000
- hotelmusebangkok.com/zh-hans/restaurants-bars/speakeasy-rooftop-bar/

倫敦高級用餐體驗 Signor Sassi 　地圖P.104

意大利餐廳 Signor Sassi 是倫敦數一數二的高級餐廳。舊店位於 Anantara Bangkok Sathorn 酒店內，雖可俯瞰曼谷夜景，但地點較不便。新店位置則便利得多，就在 Phloen Chit Rd，且環境更具歐洲風情。餐廳內以檸檬藤裝飾，氣氛浪漫，菜式擺盤相當精緻，食客猶如正在觀賞藝術品。

◀Kalamansi 法式燉蛋。

精緻的湯。

▼香煎鱸魚，擺盤講究。

info
- 999 Phloen Chit Rd, Lumphini, Pathum Wan, Bangkok
- 乘搭 BTS 在 Chit Lom 站下車，步行約 2 分鐘
- +66 64 532 6424
- 12:00-24:00
- akarahospitality.com/restaurant/isola

全天候市集 Amarin Plaza 地圖P.104

平時去曼谷總要待到周末，除了不想多請數天假，還因為要到只在周六日開放的 JJ Market。不過即使不是周末，平日也可到位於 BTS Chit Lom 站旁邊的 Amarin Plaza 逛逛。這兒一向少人問津，但改裝後，打造了一個曼谷創意小市集 id1 Zone，部分在 JJ Market 或已結業的 Suan Lum 夜市的創意小店已進駐了這個市集。id1 Zone 主打本地創意服飾及小手作，場內一共有40多個品牌，可以彌補未能於周末逛 JJ Market 之苦！

◀Amarin Plaza就在BTS站旁。

▲商場內有food court。

▲id1 Zone主攻年輕人衣物潮飾。

info
🏠 496~502 Phloenchit Road, Lumphini, Pathumwan, Bangkok
🚇 乘搭 BTS 在 Chit Lom 站下車，步行約 1 分鐘
🕐 約 10:30~21:00
📞 +66 26561149
🖥 www.amarinplaza.com

Bangkok

Siam

Chit Lom

Nana,
Phloen Chi

Asok

Phrom Pho
Thong Lo

On Nut,
Ekkamai

Mo Chit

Ratchathe

Phaya Thai

地道紐約輕食 BKK Bagel Bakery 地圖P.104

　　店家主打紐約地道 Bagel，Bagel 口味共有十多款，包括 Tuna Melt(熔岩芝士吞拿魚)、Rachel(燒火雞肉配酸菜) 等，而這裏的忌廉芝士更是由以色列人人手製作，保證新鮮。選好口味後，再從五款 Bagel 包中挑選喜歡的款式，包括原味、全麥、芝麻、玉桂提子乾、罌粟籽。餐廳還提供三文治、沙律、咖啡、蛋糕等，全部都充滿地道紐約風。

▲開放廚房可以看到製作過程。

▲BKK Bagel Bakery。

►Lox, Stock & Bagel($ 270、HKD 63)，煙三文魚配忌廉芝士、紅洋葱和酸豆，是經典的 Bagel內餡。

▲餐牌。

▲Bagel有五種款式。

info
🏠 518/3 Maneeya Center,
　　Ploenchit Road, Bangkok
🚇 乘搭 BTS 在 Chit Lom 站
　　下車，步行約 1 分鐘
🕐 周一至五 07:30~17:30，
　　周六及日 08:30~17:30
📞 +66 22548157
✉ www.bkkbagels.com

(圖文：嚴潔盈)

衫褲批發站 Platinum Fashion Mall　地圖P.104

台北有五分埔，首爾有東大門，曼谷則有 Platinum Fashion Mall(水門市場)。作為泰國最大型的一站式時裝批發商場，這個 11 層大商場面積超過 10 萬平方米，集合各式各樣成衣皮具及飾物。雖說是批發中心，也可以零售單件購買，比起 JJ Market 有更多選擇，由地庫至六樓是時裝批發區，七樓是 food court，即使走得累了也有地方可以休息一下。

▲Food court可看到繁忙的曼谷市。

▲行李箱款式多。

▲Platinum Fashion Mall。

▲各種服飾應有盡有。

info 🏠 222 Petchaburi Road, Ratchathewi, Bangkok
🚇 乘搭 BTS 在 Chit Lom 站下車，步行約 8 分鐘
🕘 09:00~20:00　📞 +66 21218000
🌐 www.facebook.com/ThePlatinumFashionMallBangkok/

日賣千碟 Watergate Chicken Rice　地圖P.104

雞飯是泰國最代表性的地道美食，來到曼谷要吃雞飯，不少老饕都懂得來這間水門雞飯店。這裏一條街就有多家海南雞飯店，記住粉紅色制服那間才是正貨。食店每日清晨便開始處理雞肉，煮熟的雞肉起出來後，即用雞骨繼續煮湯，所以附送的一碗雞湯才是精髓。雞肉味道鮮嫩，只需 ฿50 (HKD12)，不少男士能吃下兩三碟，加上大量外賣，日賣千碟也不足為奇。

▲雞飯滑溜又夠香，可同時點雞湯伴着吃。

▲廚房裏的雞件好大件。

▲食店內。

info 🏠 962 Phetchaburi Rd, Makkasan, Ratchathewi, Bangkok
🚇 乘搭 BTS 在 Chit Lom 站下車，步行約 12 分鐘
🕘 06:00-13:30，15:00-21:30

搜羅地道手信 Big C Supercenter 地圖P.104

地圖P.104

Central World 對面的 Big C 商場在 2010 年被紅衫軍燒毀後，2011 年初重新開幕。新商場共四層，二樓至三樓都是 Big C 超級市場，佔地極寬廣，貨品種類超豐富，包括生熟食品、乾糧零食、防曬藥用物品等等，是當地人每次補充日用品及零食雜貨的最佳超級市場。商場內更有 Boots 及 food court，把 Big C 當成旅遊點來逛逛也不錯。

Siam

Chit Lom

Nana,
Phloen Chit

Asok

Phrom Phong
Thong Lo

On Nut,
Ekkamai

Mo Chit

Ratchathewi

Phaya Thai

▲美容護理部分面積不小。(攝影：蘇飛)

▲Big C商場。

▲各款美容護理產品。(攝影：蘇飛)

▲Big C內的女裝服飾。

▲Big C的超級市場。

▶Big C是買道地手信的好地方。

info
- 9 7/11 Rajdamri Road, Lumpini, Pathumwan, Bangkok
- 乘搭 BTS 在 Chit Lom 站下車，步行約 8 分鐘
- 09:00~23:00
- +66 22504888
- www.bigc.co.th

▲在香港相當受歡迎的小老闆紫菜，฿234 (HKD 55)。(攝影：蘇飛)

喝咖啡之餘又可偷師 Starbucks Reserve

Starbucks 在全球陸續開設提供高級咖啡體驗的 Starbucks Reserve，在曼谷 Gaysorn 商場內便有一家。在 Starbucks Reserve 的櫃位，客人可與咖啡師互動及欣賞整個沖泡過程，不諳沖調咖啡的話可在此偷師，增長知識。沖調咖啡有四種方法可選，包括 Coffee Press、Siphorn、Pull Over 以及 Black Eagle Expresso，但需視乎你所選的咖啡粉是否適合。

地圖P.104

▲Starbucks Reserve。

▲Starbucks位於Gaysorn商場2樓。

▲店內有售限定精品，粉絲不要錯過。

▲室內環境。

◀由倒入咖啡粉至其後每個步驟，咖啡師都會細心向你講解，筆者選的是Siphon(虹吸)製法。

info
- 2F, Gaysorn Shopping Centre, 999 Phloen Chit Rd, Lumphini, Pathum Wan, Bangkok
- 乘搭 BTS 在 Chit Lom 站下車，步行約 2 分鐘
- 10:00~22:00
- www.starbucks.co.th/coffee/reserve

(圖文：嚴潔盈)

▲Papua New Guinea Luoka (฿200、HKD 44)。

最佳百貨店
Central Chidlom Department Store 地圖P.104

Central 作為曼谷最大型的百貨公司，雖然同時營運 Central World 以及 Central Department Store，但要數區內最大的百貨店，毗鄰 BTS Chit Lom 站的 CentralChidlom Department Store 可謂最具地位。百貨店樓高六層，每層各有主題，無論是年輕男女服飾、家電用品，或兒童玩具都最齊全，六樓的美食廣場 Food Loft 更是搵食好去處，購物後還可以在此退稅，非常方便。

▲商場有免費shuttle bus往返附近的酒店。

▲家品都有不少選擇。

◀▲各式貨品。

info
🏠 1027 Ploenchit Road, Lumpini, Bangkok
🚇 乘搭 BTS 在 Chit Lom 站下車，步行約 3 分鐘
🕙 10:00~22:00
📞 +66 27937777
💻 www.central.co.th

Central Chidlom Department Store購物美食攻略

> Central Chidlom Department Store 美國簡約型男服裝 Jack Spade 地圖P.104

Jack Spade 是主打型男時裝的小店。大家可能對這個品牌不太熟，甚至未聽過，但他與另一個來自紐約的女裝品牌「Kate Spade」可説是同父同母的親姐弟。

產品奉行簡約與實用主義，沒有花巧的裝飾，一切以實用為尚，但又不失獨有的時尚風格。初時由皮包起家，至今衫、褲、外套、領呔、iPhone 殻等都有；設計簡單實用，又不會太老土。

▲▼Jack Spade是主打型男時裝。

▲店內裝潢年輕時尚，充滿品味。

▲各款銀包(฿ 2,500、HKD 595)。

info
🏠 Central Chidlom Development Store 內
🕙 10:00~22:00
📞 +66 26586574
💻 www.facebook.com/jackspadethailand

(圖文：嚴潔盈)

Central Chidlom Department Store | 眼花繚亂的食品手信！Top Food Hall

Central Chidlom 商場內的超市和美食廣場 Top Food Hall 近年進行 大翻新，增設許多貨品種類，又有十多家著名食店進駐，成為另一個旅 **地圖P.104** 客必來掃貨的地方！叫做 Food Hall，顧名思義當然是食品種類最多，這裏有齊各式 泰國零食、蜜糖、調味料、水果等，全部都是手信之選，最適合在回國前在此補補貨。

食店攤檔方面，則有蔡欽利滷水鵝、吞武里燒雞、唐人街水粿、安多哥市場串燒 等，全部都是曼谷市內老牌食店，遊客不必在市內周圍走，就能在這裏一次過品嚐曼 谷的人氣街頭美食。

▲Top Food Hall位於商場內。

▲食品種類繁多。

▲超市佔地廣大。

▲▶若只是想吃一點輕食，建議買點新鮮果汁和三文治便可。

▲咖喱蟹肉湯料包(左，฿45，HKD 10)和冬陰公湯料包(右，฿40，HKD 9)。

▲Jim Thompson的咖喱蟹味和冬陰公味脆米餅(每盒฿150，HKD 34)。

▲泰國咖啡品牌Peter's Coffee的袋裝咖啡豆。

▲即開即食的芒果糯米飯(฿150，HKD 34)。

◀榴槤朱古力脆餅(฿150，HKD 34)。

▲河粉(左)和粿條(中)每盒價錢為฿100(HKD 22)，船河(右)則為฿85(HKD 19)。

▲港台旅客至愛的榴槤！

▲新鮮碩大的芒果。

Siam

Chit Lom

Nana, Phloen Chit

Asok

Phrom Phong, Thong Lo

On Nut, Ekkamai

Mo Chit

Ratchathew

Phaya Thai

▶十多個美食攤檔。

▲希臘風味料理。

▲各式泰國家常菜。

◀西式美食。

▲數不清的地道香料和調味料，每款都依重量計算價錢。

info Top Food Hall

🏠 Pheonjit Rd, Lumpini, Pathumwan, Bangkok (Central Chidlom 內)

🚌 乘搭 BTS 在 Chit Lom 站下車，步行約 2 分鐘

🕐 10:00-22:00　📞 +66 27937070

（圖文：嚴潔盈）

Hea 玩潮遊嘆世界 Easy Go!──曼谷

121

覓食方便 The Mercury Ville 地圖P.104

與 BTS Chit Lom 站直接連結的商場 The Mercury Ville，擁有奇特的紅色外觀，內裏集合了十多家不同風格的餐廳，例如泰國菜、意大利菜、日本菜、韓國菜，還有護膚品店 Boots 和日本便利店 Lawson。人流不算太多，如果一大班人想舒舒服服坐下來用餐，這個商場是不錯的選擇。

▲The Mercury Ville與BTS站直接連結。

▲Mokuola是夏威夷餐廳。

▲Harrods小熊café。

▲新加坡阿坤(Ya Kun Coffee & Toast Singapore)。

info
🏠 540 Ploenchit Road, Lumpini, Pathumwan, Bangkok
🚇 乘搭BTS在Chit Lom站下車，步行約 2 分鐘
🕐 約 10:00~22:00，各店營業時間不一
🌐 www.themercuryville.com

(圖文：嚴潔盈)

The Mercury Ville 美食攻略

The Mercury Ville｜改良版泰國東北菜 Have a Zeed 地圖P.104

▶Have a Zeed位於商場2樓。

▶餐廳裝潢帶有精緻café風格。

Have a Zeed 的裝潢極像提供精緻下午茶的 café，但其實這是一間泰國東北菜餐廳。除了一般常見的泰式料理，如生菜包、冬陰功、木瓜沙律等，還有較特別的菜式，如東北酸肉腸、炸雞扒配檸檬沙拉醬、蝶豆花汁等，讓食客可品嚐到經改良的東北菜。

◀烤豬頸肉配青木瓜沙律(฿ 150、HKD 33)。豬頸肉外皮有點焦脆，充滿肉汁，非常好吃！青木瓜沙律也不錯，沙律汁的酸度剛剛好。

◀炒金邊粉(฿ 190、HKD 42)。

info
🏠 2F, The Mercury Ville
🕐 10:30~22:00
📞 +66 26585668
🌐 www.facebook.com/haveazeed

(圖文：嚴潔盈)

BTS Nana、Phloen Chit站

Nana(發音：「娜娜」)與Phloen Chit (發音：「向截」)一站之隔，它們都是商業辦公大樓的所在，不說不知，這裏有好多不錯的餐廳值得一試。Phloen Chit商業味濃，除了有很多商業辦公大樓，還有好幾所領事館設於此，例如瑞士駐泰國領事館、英國駐泰國領事館等等。

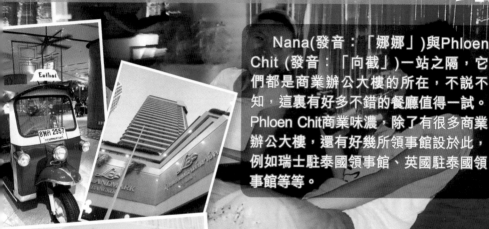

🚃 BTS 站位置

Huai Khwang

Thailand Cultural Centre

N3 Victory Monument

Phra Ram 9

ⓘ Ratchaprarop

Makkasan   Ramkhamhaeng   Hua Mak

Phaya Thai

N2

Phloen Chit

Phetchaburi

ⓘ Siam   Chit Lom   Phloen Chit   **Nana**

E1   E2   E3   Nana

W1   Ratchadamri   Asok   E4

National Stadium   S1

Sam Yan   Sala Daeng   Queen Sirikit National Convention Centre   E5 Phrom Phong

Chong Nonsi   S2   Si Lom   Lump-hini Park   Khlong Toei

S3   Sathorn   Thong Lo   E6

123

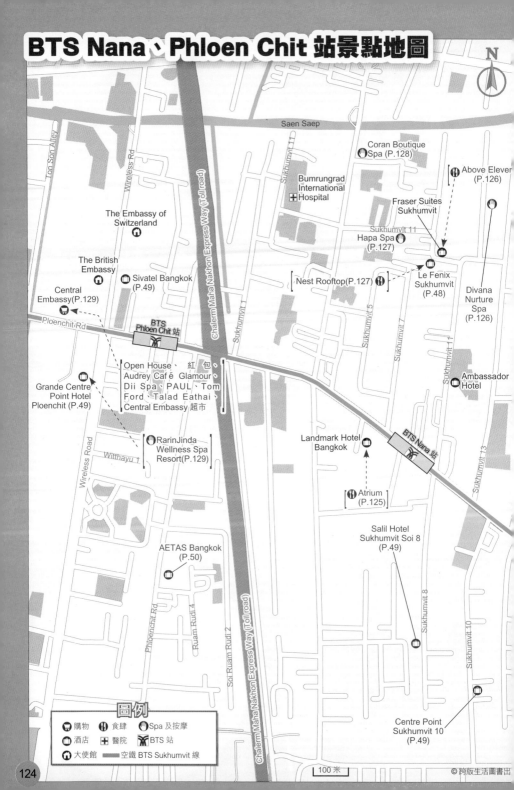

N

Saen Saep

Coran Boutique Spa (P.128)

Above Eleven (P.126)

Bumrungrad International Hospital

Fraser Suites Sukhumvit

The Embassy of Switzerland

Sukhumvit 11

Hapa Spa (P.127)

Le Fenix Sukhumvit (P.48)

The British Embassy

Sivatel Bangkok (P.49)

Nest Rooftop(P.127)

Divana Nurture Spa (P.126)

Central Embassy(P.129)

Ploenchit Rd.

BTS Phloen Chit 站

Ambassador Hotel

Grande Centre Point Hotel Ploenchit (P.49)

Open House、紅包、Audrey Café Glamour、Dii Spa、PAUL、Tom Ford、Talad Eathai、Central Embassy 超市

BTS Nana 站

Wireless Road

Witthayu 1

RarinJinda Wellness Spa Resort(P.129)

Landmark Hotel Bangkok

Atrium (P.125)

Salil Hotel Sukhumvit Soi 8 (P.49)

AETAS Bangkok (P.50)

Sukhumvit 8

Centre Point Sukhumvit 10 (P.49)

圖例

🛍 購物　🍴 食肆　🖐 Spa 及按摩

🏨 酒店　✚ 醫院　🚟 BTS 站

🏛 大使館　━━ 空鐵 BTS Sukhumvit 線

100 米

© 跨版生活圖書出

Nana站

可能是最抵食的自助晚餐 Atrium 地圖P.124

在 Sukhumvit 路上的 The Landmark Hotel，裏面有一間叫做 Atrium 的餐廳，每晚都提供自助餐，多年以來它一直做買四送二的優惠，如果拉大隊去的話，説不定有意想不到的優惠。自助晚餐選擇頗多，食物質素也不錯，尤其是甜品，一些法式糕點是其他地方沒有的。除了提供西菜，還有泰菜、日本菜及部分中菜；餐廳地方大，環境優雅，最重要的是價錢便宜，不妨一大班朋友一起去湊熱鬧。

Siam

Chit Lom

**Nana,
Phloen Chit**

Asok

Phrom Phong,
Thong Lo

On Nut,
Ekkamai

Mo Chit

Ratchathew

Phaya Thai

▲熱食由廚師即叫即煮。

► 位於The Landmark Bangkok酒店內。

▲刺身壽司船很豐富。

▲龍蝦、海螺、青口好新鮮！

▲好多美味的食物！

▲甜品賣相吸引。

info
🏠 138 Sukhumvit Road, Bangkok
 (The Landmark Bangkok 內)
🚇 乘搭 BTS 在 Nana 站下車，步行約 3
 分鐘
📞 +66 22540404
🕐 11:45~15:00
🌐 www.landmarkbangkok.com/dining/
 atrium-buffet/

天台之樹秘魯菜 Above Eleven 地圖P.124

曼谷的天台餐廳酒吧一般消費較高，但位於 Sukhumvit Soi 11 一家酒店公寓內天台的 Above Eleven，可算是實惠方便之選。餐廳酒吧位於 33 樓，景觀開揚，門口鋪了人造草皮，有點後花園的感覺，不過最搶眼的是那個玻璃樹遮雨屏，甚有特色。餐廳主打秘魯菜，這在泰國較少有，另提供壽司等日式輕食，配合迷人的夜景，真令人享受！這裏還有一項殺手鐧，就是落地玻璃的洗手間，在無敵靚廁所也可以欣賞風景，難怪每晚 18:00 左右就引來人潮開餐 happy hour！

▲露天酒吧景觀遼闊。

◀壽司。

◀▲各款美食。

◀夜景。

洗手間內看到的

info
- 🏠 33/F, 38/8 Sukhumvit Soi 11, Klong Toey Nua, Wattana, Bangkok (Fraser Suites Sukhumvit 酒店公寓內)
- 🚇 乘搭 BTS 在 Nana 站下車，走 3 號出口，在 Soi 11 直行約 10 分鐘
- 🕐 18:00~02:00
- 📞 +66 20385111
- 🌐 aboveeleven.com/bangkok/
- 👔 設有 Dress code

香薰師設計療程 Divana Nurture Spa

地圖P.124

擁有不少粉絲的 Divana，每間分店也以不同主題風格裝潢，位於 NaNa 的這間分店門口便有個小小的蓮花池，以全木板設計，每個房間還設有私家桑拿、木桶或浴缸浸浴設施，比得上酒店水療中心。護理療程全由專業香薰治療師設計，並極具特色，如朱古力 spa、中藥加珍珠末美白 treatment、熱薑治療和人參蜂蜜磨砂等，只此一家。

▲店內環境清幽。

▲店內的spa房很舒服。

▲Divana Nurture Spa。

info
- 🏠 71 Sukhumvit 11 Alley, Khlong Toei Nuea, Watthana, Bangkok
- 🚇 乘搭 BTS 在 NaNa 站下車，步行約 10 分鐘
- 🕐 11:00~23:00(周六及周日提早至 10:00 開始營業)
- 📞 +662-651-2916
- 🌐 www.divanaspa.com/branch/nurturespa

NANA、PHROM PHONG、ASOK、PHROM CHIT

Siam

Chit Lom

Nana,
Phloen Chit

Asok

Phrom Phong,
Thong Lo

On Nut,
Ekkamai

Mo Chit

Ratchathew

Phaya Thai

鳥巢酒吧 Nest Rooftop　地圖P.124

曼谷的酒店流行開設頂層天台餐廳及酒吧，Le Fenix Sukhumvit 也不例外。這間餐廳酒吧名為 Nest，佈滿拱形籐椅座位 (其實是床)，客人直接窩在裏面飲酒談心曬月光，看上去就像住在鳥巢中。

這裏不像其他天台吧般有穿着規定，現場又有 DJ 打碟，氣氛自在輕鬆。

▲天台上的鳥巢吧。

▲現場有DJ打碟。

▲可隨意躺在床上飲cocktail。

info
🏠 33/33 Sukhumvit Soi 11,Klongtoey~nua, Wattana, Bangkok (Le Fenix Sukhumvit 內，P.48)
🚇 乘搭 BTS 在 Nana 站下車，步行約 15 分鐘
🕐 18:00~02:00
📞 +66 22550638

古怪按摩場 Hapa Spa　地圖P.124

不少遊客慕名前來，Hapa 是店主的自家地方，前面有兩層高的古屋作自住，右邊的是美髮 salon，裏面有一個個貨櫃箱，這些貨物櫃原來是 spa 房，皇家泰式按摩、浸浴 treatment 都可以在這兒進行，晚上在這裏的感覺相當特別。雖然 Hapa 不算一間新 spa，但據稱因為價錢合理，環境特別，尤其是去過一般的 spa 後，覺得躺在貨櫃箱內做 spa 更潮更好玩，難怪吸引西方遊客。

▲單層spa center相當少見。

info
🏠 20/4, Soi Nana Nua, Sukhumvit 3 Road, Khlongtoey-Nua, Wattana, Bangkok
🚇 乘搭 BTS 在 Nana 站下車，步行約 10 分鐘
🕐 約 10:00~22:00　📞 +66 22539860　@ info@hapaspa.com

▲Spa 的產品都是天然材料。

簡約園林環境嘆spa Coran Boutique Spa

Coran Boutique Spa 的 treatment 所採用的產品全取自大自然，外觀 地圖P.124
為小屋，採純白簡潔的東瀛風格。店內有三人房、
雙人房和單人房，附設 cafe，以提供素食為主。

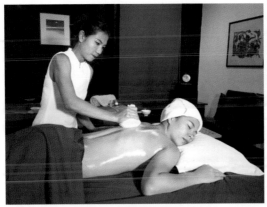

▲舒服地做treatment。

▲部分treatment房。

►數隻貓仔幫忙招呼客人。

◄▲環境簡約舒適，猶如置身大自然。

info
🏠 3rd Floor Building 1, 10, Sukhumvit Soi 15,
　 Klongtoey-nua, Wattana, Bangkok
🚇 乘搭 BTS 在 Asok 站下車，步行約 5 分鐘
🕙 10:00-21:00
📞 +66-2-254-8500 (EX 7333)/+66- 62-587-5366
@ coranspabangkok@gmail.com
🖥 coranbangkok.com/night-hotel/

NANA・PHLOENCHIT

ⓜ Phloen Chit站

Siam

Chit Lom

Nana,
Phloen Chit

Asok

Phrom Phong,
Thong Lo

On Nut,
Ekkamai

Mo Chit

Ratchathewi

Phaya Thai

俯瞰曼谷夜景做spa 地圖P.124
RarinJinda Wellness Spa Resort

RarinJinda 在 Siam 及清邁都有分店,當中最豪華的要數位於酒店 Grande Centre Point Hotel Ploenchit 內頂層、擁有無敵靚景的分店,入黑後可盡收全城夜景。Spa 內有大大小小的 treatment 房,適合情侶或一大班知己前來。如果想試試新式 spa,這裏也有一些獨特的 treatment,如藏式和印度式,感覺與泰式的大不同。

▲飽覽曼谷日夜景。

▲雙人房適合情侶或知己一同做spa。

▶店內裝潢別緻。

info
- 🏠 30/F, 100 Wireless Road, Lumpini, Pathumwan, Bangkok(Grande Centre Point Hotel Ploenchit 內,P.49)
- 🚇 乘 BTS 在 Ploen Chit 站下車,走 Exit 5,步行約 3 分鐘
- ◎ Spa 時間 10:00~20:00
- 📞 +66 26515224
- 🖥 www.rarinjinda.com

五星級購物點 Central Embassy 地圖P.124

五星級商場 Central Embassy 建築風格現代感十足,是曼谷的新地標。店舖以歐美名牌為主,亦有 spa 及戲院。對遊客來說,最吸引的是免費寄存行李服務,買好東西後存好行李,再輕輕鬆鬆吃一頓安樂茶飯。需要換錢的朋友,這裏也有 Super Rich 的兌換點。由 LG 至六樓共八層為購物中心,七樓以上是六星級酒店——柏悅酒店。

▶商場極具現代感。

▶商場 1 樓有天橋連接 BTS 站。(攝影:嚴潔盈)

▲商場以名店為主。

info
- 🏠 1031 Ploenchit Road, Pathumwan, Bangkok
- 🚇 乘搭 BTS 在 Phloen Chit 站下車,步行約 1 分鐘
- ◎ 10:00~22:00
- 📞 +66 21197777
- 🖥 www.centralembassy.com

Central Embassy 吃喝玩樂攻略

> Central Embassy 曼谷版蔦屋書店 Open House 地圖P.124

　　位於 Central Embassy 的 Open House 在 2018 年開幕，由建造日本蔦屋書店的同一家建築事務所設計，是一個結合了書店、精品店、餐廳的綜合空間，可謂泰國界的蔦屋書店！由於書店在商場頂樓，天花有大片天窗，採光充足，配合樓高兩層的書架，和擺滿可愛文具的精品櫃，整個環境和氛圍都令人心情放鬆舒服。雖然售賣的書籍大多以泰文或英文書為主，精品價位亦較高，但仍非常推介遊客在此坐坐，吸收書卷氣息，或到各家餐廳一邊品嚐出色料理，一邊享受如此恬靜的時尚空間。

▲Open House位於商場最頂層的6樓，佔地極廣。

▲嶄新又美麗的書店，令人目眩。

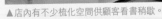
▲高達天花板的書架，書蟲見到一定興奮！

▲店內有不少梳化空間供顧客看書稍歇。

▲售賣文具雜貨的區域，多為Made in Japan的貨品。

▲精美得值得收藏的旅遊書。

▲這角落以花紙佈置，充滿日式風情。

料十足！Broccoli Revolution的素食冬陰公用

店內有供應不同菜系的餐廳，如圖中的The Meat Bar就提供西式肉料理。

info
🏠 6/F, Central Embassy
🕙 10:00-22:00 📞 +66 21197777
🌐 www.facebook.com/openhouse.ce

（圖文：嚴潔盈）

Central Embassy 嘆一頓粵式點心 **紅包** 地圖P.124

身為 Central Embassy 裏為數不多的中菜廳，紅包 (Hong Bao) 味道頗為正宗。主廚來自澳門，餐廳以粵菜為主，全日供應廣式點心，包括港人熟悉的流沙包、鳳爪、蘿蔔糕、蝦餃、燒賣等，還有魚翅和其他招牌菜。如果吃不慣泰國菜，或想轉換一下口味，不妨來試試。

▶魚翅湯。

▲店內裝潢型格，不像一般茶樓。

▲廣東燒味。

▲炸春卷。

info
🏠 5/F, Central Embassy
🕐 周一至五 11:00~22:00
　　周六至日及公眾假期 10:00~22:00
📞 +66 652544662
🌐 www.facebook.com/HONGBAORestaurant

▲點心口味正宗。

Siam

Chit Lom

Nana, Phloen Chit

Asok

Phrom Phong, Thong Lo

On Nut, Ekkamai

Mo Chit

Ratchathewi

Phaya Thai

Hea 玩潮遊嘆世界 Easy Go!──曼谷

貴族下午茶 Audrey Café Glamour

Central Embassy   地圖P.124

店前有水晶燈，非常顯眼。

Audrey Café Glamour 裝潢出眾，店主將 café 佈置成公主的型格衣櫥，大佈置或小裝飾也非常別緻。餐廳主打西式泰國菜，價格相宜，甜品更是這兒的招牌，如千層薄餅蛋糕和泰式奶茶蛋糕。餐廳有好幾個靠窗座位，坐着靜靜吃蛋糕喝茶，也是一件賞心樂事。

▲餐廳裝潢精緻。

◀炸鴨脾拼沙律，配洛神花醬 (Crispy Duck Confit served with Mixed Salad & Roselle Sauce)，價錢為฿ 350 (HKD 77)。

info
🏠 5/F, Central Embassy
🕐 11:00~22:00
📞 +66 21605876
✉ audreygroup.com/AudreyCafeGlamourCentralEmbassy.html

名設計師奢侈裝潢 Dii Spa

Central Embassy   地圖P.124

雙人spa房內有兩個浴缸，非常衛生。

Central Embassy 只有一間 spa——Dii Spa，與以豪華見稱的 Divana Spa 屬同一公司。裝潢由著名設計師操刀，以黑色高科技格調為主，大膽前衛。Spa 套餐有點輕醫療式，有抗老、排毒、提亮緊緻及男士護膚等不同功效，最特別的是 5 小時的 Empress of the sea，替你全身每個部份做 treatment。Dii Spa 還奪得 "2015 World Luxury Spa Wards"。

店內裝潢由名設計師操刀。

▲Spa套餐有點輕醫療式。

info
🏠 L4-02 4/F, Central Embassy
🕐 10:00~22:00(20:00 後停止接受預約)
📞 +66 21605850-1

Siam

Chit Lom

Nana, Phloen Chit

Asok

Phrom Phong Thong Lo

On Nut, Ekkamai

Mo Chit

Ratchathewi

Phaya Thai

法式古典糕點 PAUL

> Central Embassy   地圖P.124

PAUL 是主打法式西餅的 café，歷史悠久，在新加坡和泰國擁有多間分店。餐廳分為室內區和處於中庭的茶座區。餐廳有半開放式廚房，可清楚觀看麵包師傅製作糕點。招牌甜點是拿破崙蛋糕，共有四種口味：草莓、芒果、朱古力和原味，值得一試的還有檸檬撻，每款蛋糕也列明來自法國哪區。這裏還提供沙律和正餐，價錢不算貴。

半開放式廚房可欣賞廚師手藝。

餐廳提供簡單法國料理，圖中的是烤肉(Cuisse de poulet rot)，價錢為฿ 390 (HKD 86)。

▲番茄湯฿ 200 (HKD 44)。

▲無論本地人或遊客也喜歡在此享受下午茶。

▲法式撻大約一件฿ 195 (HKD 45)。

info
- 🏠 1/F, Central Embassy
- 🕐 10:00~22:00
- 📞 +66 20015160
- 🌐 www.facebook.com/paul1889.thailand

打造型男西裝 Tom Ford

> Central Embassy   地圖P.124

Tom Ford 這個男士西裝品牌，由美國時裝設計師 Tom Ford 本人親自打理，不少名人如 Brad Pitt 都鍾情此牌子。Central Embassy 分店的裝潢更是由 Tom Ford 設計，他將店面設計成一個奢華的家，內有軟沙發，配上高貴的灰色和深棕色，把他對時裝的要求反映在店面設計上。如想選擇高品質的西裝，相信這間店能滿足你的要求。

▶各式西裝。

▲其實Tom Ford除了主打男士西裝，還有女士服飾，不過這分店以男士正式西裝為主。

▲Tom Ford。

info
- 🏠 G/F, Central Embassy
- 🕐 10:00~22:00
- 📞 +66 21605860
- 🌐 www.centralembassy.com/store/tom-ford/

Hea 玩潮遊嘆世界 Easy Go!──曼谷

> Central Embassy 吃盡全國特色泰菜 **Talad Eathai** 地圖P.124

貴為五星級商場，food court 又怎能馬虎？位於底層的 Eathai 是個足足有 5,000 平方米的 food court，在這裏可吃盡各式泰國特色菜式！Eathai 以泰國地區作分區，有街頭小食、素食、海鮮等。不得不提的是小食區，商場將街頭專用的篤篤 (Tuk Tuk) 搬到這裏，而小食種類應有盡有，像拉茶、炭燒酸腸、薄餅等。另外，只需登記姓名和護照號碼，便可使用這兒的免費 Wi-Fi，服務貼心。

▲Eathai 是個提供各式美食的 food court。(攝影：嚴潔盈)

▶食物劃分為不同區域。(攝影：嚴潔盈)

▲在這兒可以吃到不同泰式菜，選擇繁多。

◀菠蘿及西瓜飲，相當解暑。

▲連海鮮也有。

i Tips!

進入 food court 時，職員會給食客一張磁卡，內有 ฿1,000 (HKD 238) 面值，點餐時將磁卡交給攤位店員作記錄，離開時把磁卡交給結帳櫃位的職員便可結帳。

◀放有篤篤。(攝影：嚴潔盈)

▲裝潢舒適。(攝影：嚴潔盈)

info 🏠 LG/F, Central Embassy
🕐 10:00~22:00　　📞 +66 0216059912
🖥 www.centralembassy.com/store/eathai

地圖P.124

Central Embassy 100%泰國製造 Central Embassy超市

Eathai 除了是 food court，還附設一個超市，這個超市只賣泰國製造的產品，像傳統手標茶、水果乾、泰式手造肥皂、草本潤手霜、沐浴露、洗頭水等等。無論食品、用品還是家品，都堅持只售泰國原料製造的。這裏有個泰國米專賣櫃，店員會幫你將米粒磨至你要求的大小，大小皆可。如果你是一個超級泰國粉絲，一定要記得來這裏買手信。

◀皇室蜜糖B 35 (HKD 8)。(攝影：嚴潔盈)

▼吃慣芒果糯米飯，可試試榴蓮糯米飯。

▲蠶絲潔面球，可溫和潔膚及去除角層，一瓶B 150 (HKD 33)。

▲草本肥皂一塊B 80 (HKD 18)，做手信一流！

◀紅咖喱套裝。

▲冬蔭功泡麵B 30 (HKD 7)。(攝影：嚴潔盈)

▲產品種類目不暇給。

info ⌂ LG/F, Central Embassy
⏱ 10:00~22:00

▲山竹果汁每枝B 140 (HKD 31)。

▲香蕉及芒果味百力滋，各B 115 (HKD 25)。(攝影：嚴潔盈)

Siam
Chit Lom
Nana, Phloen Chit
Asok
Phrom Phong Thong Lo
On Nut, Ekkamai
Mo Chit
Ratchathew.
Phaya Thai

Hea 玩潮遊嘆世界 Easy Go!——曼谷

Asok(發音：「亞淑」)有一個特別的商場Terminal 21，以機場為主題，很有創意，還有以日本和英國為主題的樓層。Terminal 21旁邊就是19世紀古老房子Kamthieng House，Asok可謂混合了時尚和古舊的味道。

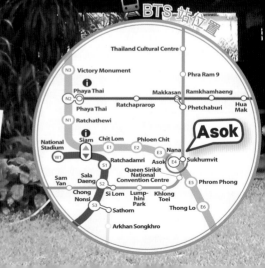

BTS 站位置

Thailand Cultural Centre

N3 Victory Monument · Phra Ram 9

N2 Phaya Thai · Makkasan · Ramkhamhaeng

Phaya Thai · Ratchaprarop · Phetchaburi · Hua Mak

N1 Ratchathewi

Siam · Chit Lom · Phloen Chit · **Asok**

National Stadium · E1 · E2 · E3 Nana · E4 Sukhumvit

W1 · Ratchadamri · Asok

Sam Yan · Sala Daeng · S1 · Queen Sirikit National Convention Centre · E5 Phrom Phong

Chong Nonsi · S2 Si Lom · Lumphini Park · Khlong Toei · Thong Lo · E6

S3 Sathorn

Arkhan Songkhro

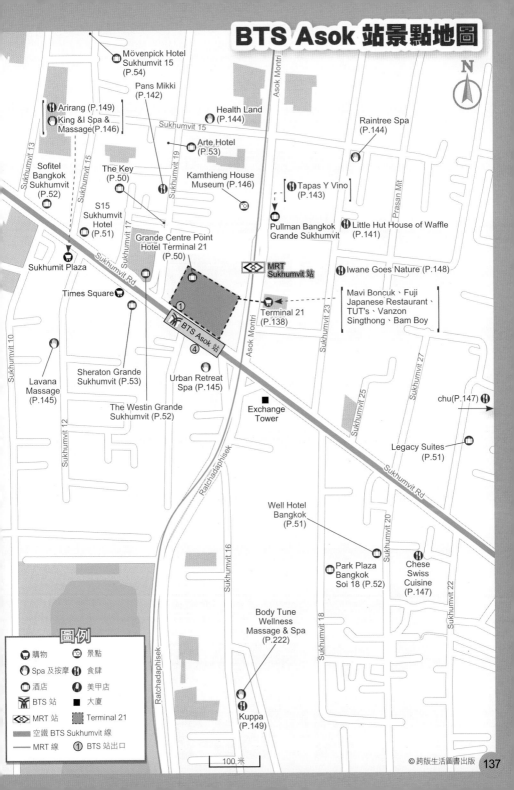

N

Mövenpick Hotel Sukhumvit 15 (P.54)

Pans Mikki (P.142)

Arirang (P.149)
King &I Spa & Massage(P.146)

Health Land (P.144)

Raintree Spa (P.144)

Sukhumvit 15

Arte Hotel (P.53)

Sofitel Bangkok Sukhumvit (P.52)

The Key (P.50)

Kamthieng House Museum (P.146)

Tapas Y Vino (P.143)

S15 Sukhumvit Hotel (P.51)

Little Hut House of Waffle (P.141)

Pullman Bangkok Grande Sukhumvit

Sukhumit Plaza

Grande Centre Point Hotel Terminal 21 (P.50)

MRT Sukhumvit 站

Iwane Goes Nature (P.148)

Times Square

Terminal 21 (P.138)

Mavi Boncuk、Fuji Japanese Restaurant、TUT's、Vanzon Singthong、Bam Boy

BTS Asok 站

Lavana Massage (P.145)

Sheraton Grande Sukhumvit (P.53)

Urban Retreat Spa (P.145)

chu(P.147)

The Westin Grande Sukhumvit (P.52)

Exchange Tower

Legacy Suites (P.51)

Well Hotel Bangkok (P.51)

Park Plaza Bangkok Soi 18 (P.52)

Chese Swiss Cuisine (P.147)

Body Tune Wellness Massage & Spa (P.222)

Kuppa (P.149)

圖例

- 🛍 購物
- 📷 景點
- 🤚 Spa 及按摩
- 🍴 食肆
- 🏨 酒店
- 💅 美甲店
- 🚉 BTS 站
- ■ 大廈
- ❖ MRT 站
- ▦ Terminal 21
- 空鐵 BTS Sukhumvit 線
- — MRT 線
- ① BTS 站出口

100 米

機場主題商場 Terminal 21 Asok 地圖P.137

Terminal 21 跟 Asok 站相連，樓高六層的商場，設計帶點機場 feel，接待處職員以空姐造型示人，遊客指南亦是一本 passport，商場各層以地方城市命名，地中海層是超市小食檔和銀行、羅馬和巴黎是品牌商店和女裝、東京是女裝小店、倫敦是男裝專區、伊斯坦堡是家品精品飾物、三藩市是食店 food court，最高的荷里活是戲院和 spa；各有特色，拍照一流。

▲Terminal 21 在Asok站旁邊。

▲商場內的Gastro Bar。

▲商場樓高六層。

▲充滿異國風情。

info
- 🏠 88 Sukhumvit Soi 19, Wattana, Sukhumvit Road, Bangkok
- 🚇 乘搭 BTS 在 Asok 站，出 Exit 1 即可
- 🕙 10:00~22:00
- 📞 +66 21080888
- 🌐 www.terminal21.co.th

Terminal 21 吃喝購物攻略

> Terminal 21 土耳其「魔眼」Mavi Boncuk 地圖P.137

Mavi Boncuk 在土耳其文的意思是藍色的珠子。店主來自土耳其，在曼谷潮人主題商場 Terminal 21 開了這間小店，售賣一些富有中東色彩的飾物，如琉璃燈罩、瓷器，還有一些用藍色珠子製成的飾物。

據店主說，這些藍色珠子正確名稱叫「魔眼」，源自土耳其的神話傳說，據說可以消災解難、辟邪改運，土耳其人喜歡用這些魔眼製成飾物，並佩戴於身上。當然，「魔眼」能否消災解難、辟邪改運可能只是迷信，但這些充滿民族風情的飾物，當作是飾物、手信，也未嘗不可。

▲Mavi Boncuk內。

▲土耳其「魔眼」可帶來好運。

▲店內的飾物富有中東色彩。

info
- 🏠 Shop 3065, 3/F, Terminal 21 Shopping Mall
- 🕙 10:00~22:00

Siam

Chit Lom

Nana,
Phloen Chit

Asok

Phrom Phong
Thong Lo

On Nut,
Ekkamai

Mo Chit

Ratchathev

Phaya Thai

Terminal 21　走進金字塔 TUT's　地圖P.137

Terminal 21 商場的三樓被命名為伊斯坦堡，表示這層以中東風情作主題，除了前文介紹的土耳其精品店 (P.138) 外，還有一家值得一提的埃及主題商店 TUT's。這間店在同一層有兩間，分別 是 TUT'S HOME DÉCOR 和 TUT'S Jewelry，前者售賣充滿埃及風情的家居裝飾擺設，後者售賣首飾。TUT'S HOME DÉCOR 店又窄又長，中間鋪上了長長的紅地毯，牆上畫滿了埃及壁畫，更有法老王像及木乃伊作擺設，置身其間仿如置身金字塔。而 TUT'S Jewelry 則全店以黑色作主色，營造神秘感，主要售賣自家設計的手鍊、耳環、指環等，設計採用了一些埃及圖畫。

▲這家是TUT'S HOME DÉCOR。

▶金字塔擺設。

▲DÉCOR內的法老王像及其他擺設。

info
🏠 Shop 3059 & 3064, 3/F, Terminal 21 Shopping Mall
🕙 10:00~22:00　📞 +66 24056501-3
🌐 www.tuts.asia

Terminal 21　一Tie傍身 Vanzon Singthong　地圖P.137

Terminal 21 商場二樓以倫敦為主題，是男士的專用層。男士服飾、用品等都可在這裏找到。其中一間專賣領帶的小店 Vanzon Singthong，整間店鋪天蓋地都是領帶。除一般常見的領帶外，也有煲呔，款式繁多，雖然不算是浮誇出位的大膽設計，但平實中略帶花巧，顏色選擇頗多。男人總離不開領帶，小時候上學的校服有領帶，出來工作在寫字樓上班也要繫領帶，就算不用穿西裝上班，在一些喜慶或隆重場合也會用到領帶，因此，總要有一 Tie 傍身。

▲Vanzon Singthong專賣領帶。

info
🏠 Shop 2020, 2/F, Terminal 21 Shopping Mall
🕙 10:00~22:00
📞 +66 21080564
🌐 www.facebook.com/Vanzon Singthong
🌐 www.vanzon-singthong.com

◀▲領帶和煲呔款式繁多。

Terminal 21

醫肚的穩妥之選 Fuji Japanese Restaurant 地圖P.137

Fuji 是曼谷最常見的連鎖日式餐廳，提供的日式料理相當大眾化，有天婦羅、烤肉、燒魚、餃子、壽司等，全部都有一定水準。Terminal 21 內的這家分店全部座位都是卡位，坐得舒服自在，適合逛街逛得累的一家大小稍稍歇息一會兒。推介蒜茸烤蝦及烤肉定食，份量和味道都剛剛好。

▲ 位於 Terminal 21 四樓的 Fuji。

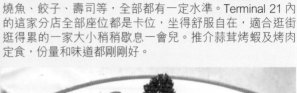

▲ 咖啡果凍(฿ 160、HKD 35)，微甜的花奶和有點苦味的咖啡果凍，剛好幫助解膩。

▲ 蒜茸烤蝦(฿ 320、HKD 70)，每隻蝦都厚肉鮮味。

▲ 烤肉壽司套餐 (฿ 320、HKD 70)，肉類可選豬或牛。

▲ 室內座位全是卡位。

info
🏠 4/F, Terminal 21 ⏰ 10:00~22:00
📞 +66 21080951-2 ✉ www.fuji.co.th

(圖文：嚴潔盈)

Terminal 21

圖案佔滿整件T恤 Bam Boy 地圖P.137

此店提供特大碼的圖案 T 恤，不但圖案獨一無二，還將夕陽無限好的主題印在 T 恤上，提醒大家好好把握現在。

▲ Bam Boy。

▲ 店內的 oversize 圖案 T 恤。

info
🏠 2nd Underground, London Zone, Terminal 21 Shopping Mall
📞 +66 909940204
✉ www.facebook.com/bamboyshop

新派泰味窩夫 Little Hut House Of Waffle

地圖P.137

普通的窩夫在世界各地也可吃到，如果你想吃一間有泰式口味的窩夫專門店，這間 Little Hut 可能是你的首選。開業十多年的 Little Hut，裝潢風格像小屋花園，所提供的窩夫超過 20 種口味！除了一般的蜜糖、香蕉等，還有泰式冬陰功和青咖喱雞等口味。餐廳還供應泰國菜，價錢相宜，附近有不少 spa 按摩店，遊客可考慮在附近享受完 spa 後，來一餐飽足的窩夫大餐。

Siam

Chit Lom

Nana, Phloen Chit

Asok

Phrom Phong, Thong Lo

On Nut, Ekkamai

Mo Chit

Ratchathewi

Phaya Thai

▶綠色那間便是Little Hut，外觀像鄉郊小屋。

▲可愛的企鵝窩夫฿ 50 (HKD 11)。

◀青咖喱雞窩夫฿ 120 (HKD 26)。

▲除了窩夫，店內也提供泰國菜。

info!
🏠 20/1 Sukhumvit Soi 23, Khlong Toei Nuea, Bangkok
🚇 乘搭 BTS 在 Asok 站下車，步行約 7 分鐘
🕙 10:00~21:00 📞 +66 22584224
🌐 www.facebook.com/LittleHutWaffle/

正宗巴黎風味甜點 Paris Mikki 地圖P.137

近年在曼谷人氣急升的法式甜點店 Paris Mikki，由泰國甜點師 Carol Boosaba 在 2014 年創立。Carol 曾在巴黎甜點兩大名店——Angelina 和 Laduree 工作超過 10 年，之後決定在曼谷開設 Paris Mikki，將正宗的法國甜點風味帶回國。店內佈置簡單典雅，甜點櫃內排着滿滿十多款糕點，有法式千層 (Mille-feuille)、檸檬撻、紅莓無花果焦糖蛋糕、閃電泡芙 (Éclair) 等，款款也像藝術品般精緻，食材搭配出來的味道更是令人驚喜！

◀戶外用餐區有點巴黎街頭風情。

▲店內佈置優雅。

▲左邊的是杏仁荔枝紅莓蛋糕(Lady Pinske，฿190，HKD 43)，右邊則是無花果撻(Tarte aux Figues，฿205，HKD 47)，兩款都用料新鮮，口味獨特清新。

▲此店的牛角酥曾在2015年獲得雜誌盲試比賽冠軍。

> **ℹ️ Tips!**
> Paris Mikki 在 Open House(P.130) 亦有設店，住在 BTS Phloen Chit 站附近的遊客可考慮前往該分店。

▲▼琳瑯滿目的十多款法式蛋糕，款款造型可愛，令人不知從何選起。

info
- 🏠 27 Metha Wattana Sukhumvit Soi 19, Bangkok
- 🚆 乘搭 BTS 在 Asok 站下車，步行約 5 分鐘
- 🕐 星期一至五 10:30-21:00，星期六及日 10:00-21:00
- 📞 +66 888700020
- 📧 facebook.com/ParisMikki

(圖文：嚴潔盈)

西班牙美食 Tapas Y Vino　地圖P.137

　　Pullman Bangkok Grande Sukhumvit 酒店內有多間餐廳，其中較有特色的是 Tapas Y Vino。這間酒吧兼西班牙餐廳裝潢色彩繽紛，座位寬敞舒適，藏酒量非常豐富。除了酒之外，還提供西班牙 Tapas，食物質素甚高，即使不喜歡喝酒，也可來這裏試試西班牙菜。

Siam

Chit Lom

Nana, Phloen Chit

Asok

Phrom Phong Thong Lo

On Nut, Ekkamai

Mo Chit

Ratchathew

Phaya Thai

▲Tapas Y Vino西班牙餐廳。

◀▶各式西班牙菜。

info
- 🏠 30 Sukhumvit 21 (Asoke) Road, Klongtoey Nua, Wattana, Bangkok (Pullman Bangkok Grande Sukhumvit 酒店內)
- 🚇 乘搭 BTS 在 Asok 站下車，在 BTS Asok 站對面
- 🕐 18:00~23:00　📞 +66 22044000
- 🌐 www.pullmanbangkokgrandesukhumvit.com/restaurants-bars/tapasvinorestaurant/

Hea 玩潮遊嘆世界 Easy Go!──曼谷

143

ASOK

專業醫師按摩 Health Land 地圖P.137

相信每個人在心裏各自有一張 spa center 清單，泰國人也不例外，他們最愛的按摩中心原來是地方大且價格相宜的 Health Land。Health Land 的分店越開越多，位於 Fusion 酒店對面的是較新的一間，內有超大水力按摩浴缸和為數不少的 treatment 房，

▲Health Land位於這間大屋內。

可請專業醫師替你按摩，保證穴位精準，兩小時泰式按摩 ฿ 650 (HKD 151)、腳底按摩 1 小時 ฿ 400 (HKD 93)。不過此店不接受 walk-in，想一試專業手勢，記得要預約。

▲服務櫃位像酒店大堂。

▲Health Land內。

info
📍 55/5 Sukhumvit 21 Rd. (Asoke), Khlongtoey Nua, Wattana Bangkok
🚇 乘搭 BTS 在 Asok 站下車，步行約 5 分鐘
🕐 09:00~23:00　📞 +66 22611110(必須預約)
🌐 www.healthlandspa.com

中下價位按摩新店 Raintree Spa 地圖P.137

近 Asok 站，客人不算多，有時二至三人光顧已可包下整間大房，環境十分舒適，價格屬中下價位，全身按摩只需 ฿ 400 (HKD 88) 左右，package 的話由 1 小時 50 分鐘 ฿ 1,900 (HKD 452) 起，到訪前記得上網看看，隨時有更優惠的 promotion！

▲Raintree Spa。

info
📍 20/4 Sukhumvit Soi 23, Wattana, Bangkok
🚇 乘搭 BTS 在 Asok 站下車，步行約 12 分鐘
🕐 10:00~18:00　📞 +66 6042744426
🌐 www.raintreespa.net

▲Spa環境十分舒適。

即點即製草藥球spa Lavana Massage 地圖P.137

前身為 Disco 的 Lavana Massage，以「禪」作設計主題，務求給人放鬆的感覺。這裏的護理房特別大，全部設獨立浴室，即使只來按腳也可使用獨立房間。另外店子還提供「即點即製」的泰式草藥球按摩，按照個別客人的喜好而製，可能因為「新鮮」的關係，草藥球的 refresh 效果更見成效。

▲ Lavana Massage的大門。

◀ 草藥球即叫即製。

▲ 富有禪味的按摩房。

▶店內的spa產品種類很多。

info
- 🏠 No. 4 Soi Sukhumvit 12, Sukhumvit Rd.,Klongtoey, Bangkok
- 🚌 乘搭 BTS 在 Asok 站下車，步行約 4 分鐘
- ⊙ 09:00~21:00 (20:00 停止接受預約)
- 📞 +66 22294510-12
- @ lavana.bangkok@gmail.com
- 🖥 www.lavanabangkok.com

一流位置 Urban Retreat Spa 地圖P.137

Urban Retreat Spa 的 Asok 分店比 Phrom Phong 店大，最多可服務 60 人！裝潢設計是一貫的簡潔舒適，位置方便，就在 BTS Asok 站的 4 號出口，一下樓梯便到。護理服務有全身按摩、磨砂以及 facial treatment。店家經常推出不同優惠，按摩套餐由 ฿ 1,300 (HKD 310) 起。

▲ Urban Retreat Spa。

▶店內裝潢簡潔舒適。

info
- 🏠 348/1 Sukhumvit Road, Bangkok
- 🚌 乘搭 BTS 在 Asok 站下車，走 Exit 4，步行約 1 分鐘
- ⊙ 10:00~22:00　📞 +66 22294701
- 🖥 www.urbanretreatspa.net

設備齊全 King And I Spa & Massage 地圖P.137

King And I Spa & Massage 分前座及後座，設美容部、水力按摩和浸浴設備，後座更有一層全私家房，而頂層的水療房設有私家按摩池，還有提供水力按摩以及售賣各種 spa 美容用品的 spa shop，是一間設施極齊全的水療中心。

◀ 技師手勢不俗。

▲ King And I Spa & Massage共五層。

info
🏠 1/F, Sukhumvit Plaza, 212 Soi 12, Sukhumvit Rd., Klongtoey, Bangkok
🚇 乘搭 BTS 在 Asok 站下車，步行約 4~8 分鐘
🕐 周一至四 12:00~21:00，周五至日 10:00~21:00
📞 +66 26530700
💻 www.facebook.com/kingandispa.st/

Lanna民族19世紀柚木屋
Kamthieng House Museum 地圖P.137

不少人口中的「泰國傳統文化」指泰北蘭那族的生活習俗，想認識泰北文化可到由 The Siam Society 管理的 Kamthieng House Museum 逛逛，在館內可看到 19 世紀中期北泰國蘭那 (Lanna) 族的生活模式和文化。參觀這柚木房屋及內裏展放的物件，便能窺看從前富戶的習俗和品味，那時期大概是後 Lanna 時期，是 Mae(即「母親」)Saed 和她孫女還在世的時候，孫女名叫 Mae Kamthieng，即木屋的名稱。進入木屋前要先脫鞋。

▲ Kamthieng House 原本在清邁，1963年木屋主人的後代將它贈送給組織The Siam Society，便移到曼谷，並於1966年打造成一所泰國民族學博物館。圖為Kamthieng House入口。

◀ 蘭那民族的生活用品。

▲ 柚木屋已有逾170年歷史。

info
🏠 131 Asoke Montri Road, (Sukhumvit 21), Bangkok
🚇 乘 BTS 在 Asok 站下車，於 3 號出口徒步 7 分鐘；或由 MRT Sukhumvit 站 1 號出口徒步 3 分鐘前往 (如果天氣熱，可由 Asok 站 3 號出口進入 MRT 站，左轉穿過 MetroMall 一直走到 MRT Sukhumvit 站，出 Exit 1，不過要上落樓梯)
🕐 09:30~16:30
🎫 門票 ฿ 100 (HKD 22)
📞 +66 26616470
@ info@siam-society.org
✉ The Siam Society：www.siam-society.org

(圖文：次女)

正宗瑞士芝士火鍋 Chesa Swiss Cuisine

地圖P.137

Siam

Chit Lom

Nana,
Phloen Chit

Asok

Phrom Phong,
Thong Lo

On Nut,
Ekkamai

Mo Chit

Ratchathewi

Phaya Thai

吃厭了泰菜想轉轉口味?可考慮到 Chesa 吃一頓平價正宗瑞士菜。Chesa 的大廚是瑞士人,菜式口味保證正宗,除了大受歡迎的芝士火鍋外,其他菜式的質素也極高,絕對能與酒店相比,但價錢相宜。餐廳裝潢設計走開揚雅緻路線,逢周一至周五會提供瑞士式午餐,不妨一試。

▶瑞士芝士火鍋。

info
- 🏠 5 Sukhumvit Soi 20,
  Klongtoey, Bangkok
- 🚇 乘搭 BTS 在 Asok 站下車,
  走約 10 分鐘
- 🕐 周一至周六 11:00~22:30,
  周日 11:00~21:30
- 📞 +66 22616650
- 🖥 www.chesa-swiss.com

▲朱古力火鍋是女生的至愛。

◀瑞士番茄沙拉非常精緻。

嘆一個醒晨早餐 chu 地圖P.137

chu 以供應西餐為主,包括 all day breakfast、意粉、窩夫、班戟等,而這裏的朱古力甜點很受歡迎,其中棉花糖熱朱古力是該店主打,喝一杯暖入心。不妨來這兒享用一份豐富早餐。

▶Big breakfast(฿ 280、HKD 62),
大大份的營養早餐。

▲這裏的朱古力甜品很受歡迎,包括松露黑朱古力、熱朱古力蛋糕、松露朱古力切餅等。

info
- 🏠 18/1 Sukhumvit 31, Watthana, Bangkok, Thailand,
  Bangkok
- 🚇 乘搭 BTS 在 Asok 站下車,步行約 15 分鐘
- 🕐 08:00~22:00   📞 +66 26634554
- 🖥 www.facebook.com/CHU.BKK

(圖文:嚴潔盈)

▲不少人過來享用早餐。

軟綿綿日式斑戟 Iwane Goes Natures 地圖P.137

Asok 區有許多日本人居住，所以區內有不少日式餐廳，Iwane Goes Natures 就是其中一家。它原本是日本人開設的麵包店，後來由兩位曾居日本的泰國人接手，在店內增設供應日式、泰式和西式餐飲，所以常見許多日本人在此用餐及買麵包。這裏的招牌菜是柔軟綿密的斑戟，配以焦糖香蕉，再以楓糖漿簡單調味已非常美味！配合店內營造的大自然風格裝潢和家具，非常推介遊客在早上或下午來光顧！

▲Iwane Goes Natures。

▲斑戟配焦糖香蕉和忌廉(Ricotta Dinner，฿200，HKD 45)。

▶筆者到訪當天，店內正售賣日本兒島牛仔品牌Betty Smith的產品。

▲食客大多以日本人為主。

▲餐廳空間寬敞，讓人坐一天也不會膩。

info
🏠 14 Sukumvit 23, Bangkok
🚇 乘搭 BTS 在 Asok 站下車，步行約 5 分鐘
🕐 08:30-22:00　📞 +66 818488838
📖 www.facebook.com/Iwane1975

▲店的一隅售賣新鮮日式麵包。

(圖文：嚴潔盈)

中價位正宗韓菜 Arirang `地圖 P.137`

吃厭了泰菜，想轉口味的話，可到位於 Sathorn 區的 Arirang 吃正宗韓菜。

老闆和廚師都是韓國人，食物是真正的韓國口味。餐廳獨立於一幢大廈內，裝修十足高級韓國菜館，也提供 lunch set 和韓國燒烤，當中人蔘雞湯的材料充足，味道正宗，值得一試。最重要是這裏的價錢只屬中價位，在香港吃正宗韓國菜有多貴，大家心中有數吧。

▲ 位於Sathorn區的韓國菜館Arirang。

▲ 多款菜式。

► 看來相當美味。

> **info**
> 🏠 1/F, Sukhumvit Plaza,212/4, 5, 8 Soi 12, Sukhumvit, Bangkok
> 🚇 乘搭 BTS 在 Asok 站下車，步行約 5 分鐘
> 🕐 約 11:00~22:00　📞 +66 26530177-9
> 💻 www.arirang.co.th

必吃烤鴨胸 Kuppa `地圖 P.137`

Kuppa 是一間由澳洲人主理的扒房，以開揚寬敞的環境吸引不少駐泰洋人光顧。除了環境吸引，食物質素亦高，咖啡一定要每天新鮮磨製，也供應製法較繁複的菜式，如炸鹹豬手和鴨肝多士，不過最受食客歡迎的招牌菜，要數烤鴨胸和烤牛肉，肉質細滑、味道濃郁，同時亦夠 Juicy 豐腴。

> **info**
> 🏠 39 Sukhumvit Soi 16 Road, Klongtoey, Bangkok
> 🚇 乘搭 BTS 在 Asok 站下車，步行約 10 分鐘
> 🕐 10:00~23:00
> 📞 +66 26630450
> 💻 www.instagram.com/kuppathailand/

▲Kuppa 就在這兒。

◄ 很多外國人光顧此店。

Siam

Chit Lom

Nana, Phloen Chit

Asok

Phrom Phong, Thong Lo

On Nut, Ekkamai

Mo Chit

Ratchathewi

Phaya Thai

Hea 玩潮遊嘆世界 Easy Go!──曼谷

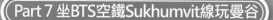

泰菜食堂 Je Ngor's Kitchen

地圖：大地圖背面(市中心景點)

Je Ngor 原本主攻本地人市場，以地道口味和價錢合理見稱，後來經遊客口耳相傳後，已漸漸成了香港自由行旅客的必到餐廳，且分店越開越多。眾多分店之中，以這間分店的環境最乾淨，也最多遊客光顧，食物水準一如既往的好味，也提供多款傳統泰菜，有時更會遇上 Je Ngor 巡店，確保食物質素。

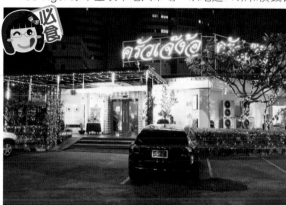

▲Je Ngor's Kitchen。

i Tips!
Je Ngo's Kitchen 在曼谷有5間分店，遍布曼谷及週邊地區，Asok 的分店雖已閉店，但從 Asok 站乘的士約11分鐘，在 Narathiwat Road 同樣能品嚐曼谷地道風味。

▲各式美食。人均消費約฿ 500 (HKD 110)。

▲餐廳裏面裝潢不錯。

info
🏠 18 Chan Kao 7 Alley, Chong Nonsi, Yan Nawa, Bangkok
🚌 BTS Saint Louis 站乘的士約7分鐘
🕐 08:00 - 23:00　📞 +66 80 517 4629
🌐 www.jengor-seafoods.com

Phrom Phong(發音：「蚌碰」)站連接貴氣的Emporium購物中心，而購物中心六樓就是Thailand Creative & Design Centre(TCDC)所在，在曼谷逛夠可上TCDC參觀美術館，欣賞一下藝術，餓了又可到附近找吃的，累了還可找間spa鬆弛一下。

在Thong Lo(發音：「湯囉」)可以找到很多特色及主題餐廳，這裏也有Spa店，享受完特別的美食，又可Relax一下。

🚆 BTS 站位置

Thailand Cultural Centre

Phra Ram 9

Ratchaprarop　Makkasan　Ramkhamhaeng　Hua Mak

Phaya Thai　　　　　　Phetchaburi　　Ban Thap Chang

N1

ℹ️ Siam

Phloen Chit

Chit Lom

E1　E2　**Phrom Phong**

Ratchadamri

S1

Asok　E4

Queen Sirikit National Convention Centre

Sala Daeng

S2

E5 Phrom Phong

Thong Lo

E6　Thong Lo

Ekkamai

E7

BTS Phrom Phong、Thong Lo 站景點地圖

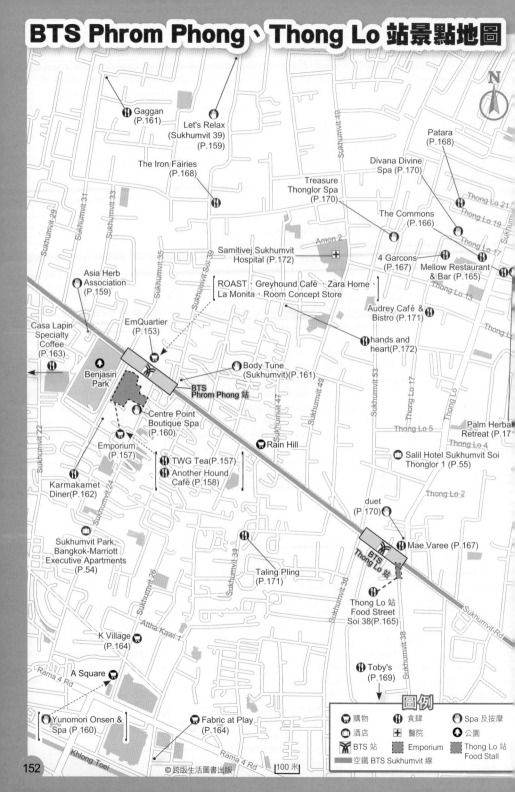

N

Gaggan (P.161)

Let's Relax (Sukhumvit 39) (P.159)

The Iron Fairies (P.168)

Patara (P.168)

Divana Divine Spa (P.170)

Treasure Thonglor Spa (P.170)

The Commons (P.166)

Thong Lo 21

Thong Lo 19

Thong Lo 17

Samitivej Sukhumvit Hospital (P.172)

4 Garcons (P.167)

Mellow Restaurant & Bar (P.165)

Thong Lo 13

Asia Herb Association (P.159)

ROAST、Greyhound Café、Zara Home、La Monita、Room Concept Store

Audrey Café & Bistro (P.171)

Casa Lapin Specialty Coffee (P.163)

EmQuartier (P.153)

hands and heart (P.172)

Benjasiri Park

Body Tune (Sukhumvit) (P.161)

BTS Phrom Phong 站

Palm Herbal Retreat (P.17

Centre Point Boutique Spa (P.160)

Rain Hill

Thong Lo 5

Thong Lo 4

Emporium (P.157)

Salil Hotel Sukhumvit Soi Thonglor 1 (P.55)

TWG Tea (P.157)

Another Hound Café (P.158)

Karmakamet Diner (P.162)

Thong Lo 2

duet (P.170)

Sukhumvit Park、Bangkok-Marriott Executive Apartments (P.54)

BTS Thong Lo 站

Mae Varee (P.167)

Taling Pling (P.171)

Thong Lo 站 Food Street Soi 38 (P.165)

K Village (P.164)

A Square

Toby's (P.169)

Yunomori Onsen & Spa (P.160)

Fabric at Play (P.164)

Khlong Toei

Rama 4 Rd

100 米

© 跨版生活圖書出版

圖例

🛒 購物	🍴 食肆	👐 Spa 及按摩
🏨 酒店	✚ 醫院	⛰ 公園
🚉 BTS 站	Emporium	Thong Lo 站 Food Stall
空鐵 BTS Sukhumvit 線		

Phrom Phong站

Siam

Chit Lom

Nana, Phloen Chit

Asok

Phrom Phong, Thong Lo

On Nut, Ekkamai

Mo Chit

Ratchathewi

Phaya Thai

美食大聚集與天空花園 EmQuartier 地圖P.152

BTS Phrom Phong 站本來已經是不少遊客的購物熱點，而自 2015 年 EmQuartier 開幕後，這區的人流更旺盛！ EmQuartier 十分大，主商場有三棟樓，有數大主題。EmQuartier 的重點是聚集了超過 100 間食肆，而且部分更是第一次在曼谷出現，美食種類多元化，價錢相宜，裝潢與氣派與眾不同。此外，EmQuartier 的六樓開設了曼谷首個商場室內天空花園，擺放了不同植物，相當美麗。

►來到BTS Phrom Phong站又多了一個吃喝玩樂的好去處。

▲Emquartier商場的用餐環境很不錯。

▲商場內。

►天空花園，吃飽不妨過來坐坐，休息一下。

info
🏠 689 Emquartier Shopping Center, Sukhumvit Road, Bangkok
🚇 乘搭 BTS Phrom Phong 站下車，走 Exit 1，有天橋連接
🕙 約 10:00~22:00
📞 +66 22691000
💻 emquartier.co.th

EmQuartier 美食購物攻略

EmQuartier 100分的輕食之選 ROAST

地圖P.152

ROAST 主要提供西式餐點,無論是 brunch(早午餐)、意粉、牛扒、甜品都是誠意之作。特別推介這裏的 brunch,除了常見的 Egg Benedict 或英式全份早餐外,還有墨西哥鄉村蛋餅 (Huevos Rancheros)、鹹牛肉薯仔 (Corned Beef Hash)、煙三文魚薯餅等。

▲ROAST位於商場1樓。

◀室內光線充足,窗外便是商場的綠色植物。

◀草莓窩夫(฿ 320、HKD 74),多到快要跌出來的草莓,配以自家製忌廉,實在美味!

◀筆者點了brunch,圖為上餐前的免費小吃:新鮮軟熟的法國麵包配牛油。

▲Brunch來囉!松子牛油果茸配黑麥麵包及烤小番茄(฿ 380、HKD 88),所有食材都非常新鮮,感覺清新!雖然份量十足,但吃後一點也不覺得膩。

info
🏠 1/F, The EmQuartier
🕐 10:00~22:00　📞 +66 954546978
💻 www.roastbkk.com

(圖文:嚴潔盈)

`EmQuartier` 長跪必吃餐廳No.1 Greyhound Café `地圖P.152`

　　提及曼谷必吃餐廳，Greyhound Café 必定長跪排行榜 No.1，而在 Emquartier 商場內就有一家分店。餐廳在港台旅客之間相當受歡迎，原因在於可以親民價位品嚐到精緻創意料理，及享受到時尚高雅的用餐環境。這裏提供泰式和西式餐點，從米紙春卷、泰式炸雞、芒果糯米飯，到烤鱸魚、牛排沙律、意大利粉等都應有盡有。此外，店內的特飲亦相當出色，大家必定不能錯過！

▲晚上繁忙時間，餐廳座無虛席。

▲Greyhound Café 位於Emquartier 2樓。

▲充滿時尚感的裝潢。

▲雜果乳酪沙冰(Fruity Shaky Yoghurt，฿135，HKD 31)，內有橙、蘋果、香蕉、菠蘿和酸乳酪，非常健康。

▲▼蟹肉意粉配鮮蝦忌廉醬(Spaghetti Crab Meat in Prawn Cream Sauce，฿350，HKD 81)是餐廳的推介菜色。鮮蝦醬汁濃郁，令整個意粉充滿鮮味。

info 🏠 2F, Waterfall Quartier, Emquartier
🕙 11:00-21:00　📞 +66 20036660
🌐 www.greyhoundcafe.co.th
(圖文：嚴潔盈)

右側索引：Siam / Chit Lom / Nana, Phloen Chit / Asok / Phrom Phong, Thong Lo / On Nut, Ekkamai / Mo Chit / Ratchathewi / Phaya Thai

Hea 玩潮遊嘆世界 Easy Go!──曼谷

155

EmQuartier 貴價優質家品 **Zara Home** 地圖P.152

　　售賣家具及擺設的 Zara Home 除了在香港設有分店，於曼谷也有，其中一家就在 EmQuartier 內，另一家在 Siam Paragon(P.87)。家具價錢比起一般的較貴，但非常有特色，無論是要精緻溫暖，還是型格新潮，都可找到。在這兒説不定可找到在香港分店找不到而又令你滿意的商品。

▲Zara Home。

▲店內以不同風格的家品作分區。

◀抱枕。

▲家居香薰套裝。

info
⊙ 1/F, The EmQuartier
⊙ 約 11:00~19:00
☏ +66 20036645
✉ www.zarahome.com/th

（圖文：嚴潔盈）

EmQuartier 追蹤墨西哥滋味 **La Monita** 地圖P.152

▲La Monita位於商場的7樓Helix飲食區。

　　曼谷不少商場為迎合外國遊客口味，都提供不同國家菜式的餐廳進駐，而供應墨西哥餐點的 La Monita 就是其中一家。餐廳提供 Fajita 烤肉、Taco 夾餅、Burrito 捲餅等多款充滿墨西哥風味的料理。這裏環境舒適，有落地玻璃，適合旅客一邊品味美食美酒，一邊欣賞曼谷夜景。

▲Guacamole(฿ 195、HKD 43)即是牛油果醬配墨西哥脆片，最適合與朋友點幾杯啤酒大啖品嘗。

◀Lengua Taco (฿ 165、HKD 36)，有汁煮牛舌粒配莎莎醬、芝士、芫茜(香菜)，滋味開胃，佐酒一流！

info
⌂ 7/F, Helix Quartier, The EmQuartier
⊙ 周一至四 10:00~22:00
　 周五至日 11:00~23:00
☏ +66 20036238
✉ www.lamonita.com

（圖文：嚴潔盈）

重裝貴氣 Emporium 　地圖P.152

跟名氣商場 Siam Paragon 同一集團，兩者同樣走高級商場路線。Emporium 豪華高貴，加上人流不算太多，逛得更舒適，場內除了國際大品牌，也有港人喜愛的 Greyhound、Propaganda、Mango Tango 甜品和 Swensen's 雪糕店等，另亦有泰國創意發展推廣局的創意展覽館 TCDC，加上連接 Phrom Phong BTS 站，值得一逛。

◀購物空間極大。

▶商場裝潢設華麗。

info
- 🏠 1-1/1 Sukhumvit Soi 24 Road, Klongtoey, Bangkok
- 🚇 乘搭 BTS 在 Phrom Phong 站下車，走 Exit 2，直達商場
- ⏰ 約 10:00~22:00　📞 +66 22691000
- 🖥 www.emporium.co.th

▲豪華高貴的Emporium。

Emporium美食攻略

> *Emporium* 嘆800種茶葉 TWG Tea 　地圖P.152

近年積極擴展業務的 TWG 在 Emporium 高級商場設了分店，招牌依然是款式多多的茶葉，共有 800 種。

貴為高檔次茶坊，消費當然不算便宜，最平的 tea set 也要 ฿410 (HKD 90)，另供應意大利粉和鵝肝等菜式，店內同時出售茶具，有些更售過萬銖！

話雖如此，店舖經常處於客滿狀態，有心歇腳嘆杯茶的，請耐心等候。

▶來個英式high tea吧！

◀TWG 的產品形象鮮明。

info
- 🏠 G/F, The Emporium Shopping Complex, Bangkok
- 🚇 乘搭 BTS 在 Phrom Phong 站下車，走 Exit 2，直達商場
- ⏰ 10:00~23:30　📞 +66 22599510
- 🖥 twgtea.com

PHROM PHONG, THONG LO, EKKA...

> Emporium | 創新的傳統味道 **Another Hound Café** 地圖P.152

　　貴為 Grey Hound Café 的姊妹品牌，Another Hound Café 的受歡迎程度絕不亞於其他曼谷熱門餐廳。分別位於 Siam Paragon 和 Emporium 商場的兩間分店每天都客似雲來，周末出現人龍更是見怪不怪。餐廳別緻有格調，吸引一班中產客捧場。菜式保持傳統口味之餘亦加入創新元素，如最普通一道泰式肉丸加酸辣汁，加入一些西芹，令味道變得清新。意粉和甜品亦是不少客人心目中的招牌菜。

▲ Spa Lobster價錢為B 1,290 (HKD 284)。

▲ Grilled Kurobuta Pork Strip Lion價錢為B 380 (HKD 84)。

▲ 雜菌意大利飯(Mixed Mushroom Risotto) B 280 (HKD 62)。

►門口有售各款甜點和麵包。

info
- 🏠 1/F, The Emporium Shopping Complex
- 🚇 乘搭 BTS 在 Phrom Phong 站下車，走 Exit 2，直達商場
- 🕐 11:00~22:00
- 📞 +66 26648663
- ✉️ www.anotherhoundcafe.com/emporium

營業至 00:00 Asia Herb Association 地圖P.152

Siam

Chit Lom

Nana, Phloen Chit

Asok

Phrom Phong, Thong Lo

On Nut, Ekkamai

Mo Chit

Ratchathewi

Phaya Thai

Asia Herb Association 是全曼谷最晚關門的按摩店之一，以泰式草藥球和泰式按摩聞名，泰式按摩一小時 ฿ 700 (HKD 162)，價格相宜。店主在泰北設有農場，用不含農藥或化肥有機耕作法，種植天然草藥，因此店內按摩的草藥球，都是自家生產。據説草藥球是根據泰國傳統醫學，用上有 18 種不同的天然草藥製成，對緩解酸痛、排毒都有幫助。

▲ Asia Herb Association。

▼ 店內出售的spa用品。

◀ 草藥球是自家產品。

▲ 店內環境簡潔。

info
🏠 598, 600 Sukhumvit Rd, Klongtoey, Khlong Toei, Bangkok
🚇 乘搭 BTS 在 Phrom Phong 站下車，步行約 5 分鐘
🕐 09:00~00:00   📞 +66 22617401
🖥 asiaherb.asia/en/shop/phrom-phong/

四手泰式全身按摩
Let's Relax (Sukhumvit 39) 地圖P.152

Let's Relax 在全國都有分店，質素毋庸置疑。在 Emporium 附近的三層樓分店，空間寬廣，地面層專為腳底和肩膀按摩、二樓是泰式按摩、頂層為 treatment 房。當中最特別的是「四手泰式全身按摩」，由兩位技師同時替你作泰式身按，即使拱橋和抱身等高難度動作，也一律玩四手，感覺奇妙，收費兩小時 ฿ 1,200 (HKD 279)。

▲ 服務員非常親切。

▲ 按摩座椅很舒服。

▲ 在Emporium附近的Let's Relax。

▲ 按摩後店家會提供小吃(圖片僅供參考)。

info
🏠 Sukhumvit Soi 39 Road, Klongtoey-nua, Bangkok
🚇 乘搭 BTS 在 Phrom Phong 站下車，步行約 20 分鐘，建議乘的士
🕐 10:00~24:00   📞 +66 26626935
🖥 letsrelaxspa.com/branch/phromphong/

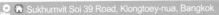

Hea 玩潮遊嘆世界 Easy Go!──曼谷

意式泰 spa Center Point Boutique Spa `地圖P.152`

不少朋友在逛過 Emporium 後想按摩鬆一鬆,商場旁邊的 Soi 24 按摩店林立。其中 Center Point Boutique Spa 位於街口,裝潢採意式風格,放置了不少雕花傢俱,按腳區每張椅還有通花木板相隔,增加私隱度。作為品牌的第五間分店,護理服務依然有質素,價錢中等,推薦泰式草藥球和香薰精油按摩等。

▶ 店內裝潢採意式風格。

▲ Center Point Boutique Spa。

info
🏠 2/16 Soi Sukhumvit 24, Sukhumvit Rd., Klongtoey, Bangkok
🚇 乘搭 BTS 在 Phrom Phong 站下車,步行約 3 分鐘
🕙 10:00~24:00 (10:45 停止接受預約) 📞 +66 26636696-7
📧 www.centerpointmassage.com

一站式和風溫泉 Yunomori Onsen & Spa `地圖P.152`

在熱辣辣的曼谷泡湯是怎樣的滋味?在 K Village (P.164) 附近有個 A square,全泰第一間日式溫泉 spa 就在裏面,內有 spa、massage、美容中心、café、居酒屋和溫泉。

溫泉地帶很有日式花園的味道,分為男女池,有基本的熱溫泉、冷泉、按摩溫泉和最特別的蘇打溫泉,浸泡時不斷有泡泡冒出來,浸完皮膚會更光滑。泡湯前要先洗澡,不喜歡裸浴的話可以用 spa 提供的紙內褲和紙內衣。至於 spa 房,每間有獨立洗浴間,裝修以原木為主題,環境清新優雅,泰式按摩一小時 ฿ 1,000 (HKD 233) 多。

▲ 環境清幽的Yunomori 提供經典日式一站式放鬆體驗。

▲ 享受按摩。

info
🏠 A-Square 120/5 Soi Sukhumvit 26 Klongton, Klongtoney, Bangkok
🚇 乘搭 BTS 在 Phrom Phong 站下車,步行約 15 分鐘   🕙 09:00~24:00   📞 +66 22595778
🎫 入場費 ฿ 550 (HKD 128),可全日泡湯   📧 www.yunomorionsen.com

分子印度料理 Gaggan 地圖P.152

地圖P.152

分子料理越來越火紅，雖然好像永遠吃不飽，有趣的賣相及令人驚喜的味道，總令人躍躍欲試，但價錢是一個令人卻步的因素，可是曼谷的 Gaggan 與別不同，The Gaggan Experience 提供 25 道菜，價錢為 ฿ 5,000 (HKD 1,190) 起，價錢尚可負擔得來，而且是新派印度分子料理，在香港吃不到，主廚 Gaggan 曾是印度總理御廚，跟分子料理大師學廚，功架一流，十道菜當中充滿起承轉合，像參加了一趟印度的味覺之旅。

▲這兒可以看到廚師炮製分子料理。

▲十道菜之中必定包括印度咖喱。

▲侍應正在替頭盤打氣，冒煙的頭盤真令人期待！

▲其他肉類。

info
🏠 68 Sukhumvit 31, Khlong Tan Nuea, Watthana, Bangkok
🚇 乘搭 BTS 在 Asok 站下車，步行約 10 分鐘
🕐 17:30-21:00 (周一至三休息) 📞 +66 98 883 1022

▲煙鵝肝。

Siam

Chit Lom

Nana, Phloen Chit

Asok

Phrom Phong, Thong Lo

On Nut, Ekkamai

Mo Chit

Ratchathew

Phaya Thai

香氛飄逸的氣質餐廳 Karmakamet Diner

地圖P.152

Karmakamet 是泰國有名的香氛品牌，其分店遍佈曼谷市內，但餐廳卻只有鄰近 BTS Phrom Phong 站的這家 Karmakamet Diner。位於巷內的餐廳，無論內外都散發出恬靜典雅的氣質，以大量植物和乾花佈置復古工業風的環境，室外的小庭園更充滿歐陸風情，令人彷彿走進秘密花園。這裏提供西式料理，雖然價位較高，但勝在環境別緻舒適，適合情侶或一眾女生到此享受下午茶時光。餐廳另一隅則有品牌的香氛產品，包括精油、潤唇膏、蠟燭、香皂、身體噴霧等，用過餐後不妨來選擇心水手信。

▲Karmakamet Diner。

◀餐廳外綠意盎然的小庭園很有歐洲情調。

▲以玻璃瓶罐和百子櫃佈置環境。

▲餐廳低調得來典雅復古，活像走進秘境。

▲在餐廳另一邊，則是貨品齊全的香氛店，有精油、潤唇膏、蠟燭、香皂等。

▲馬尼拉蜆意粉(Manila Clams，฿590，HKD 135)，材料有美國馬尼拉蜆、巴馬臣芝士、雅枝竹、煙肉等，以蒜頭和橄欖油炒香，味道不俗。

▲香氛蠟燭。

▲香氛身體噴霧(฿530，HKD 121)。

info
🏠 30, 1 Sukhumvit Rd, Khlong Tan, Khlong Toei, Bangkok
🚇 乘搭 BTS 在 Phrom Phong 站下車，步行約 5 分鐘
🕐 10:00-20:00　📞 +66 22620700

(圖文：嚴潔盈)

裝潢別樹一格
Casa Lapin Specialty Coffee 地圖P.152

Siam

Chit Lom

Nana,
Phloen Chit

Asok

**Phrom Phong,
Thong Lo**

On Nut,
Ekkamai

Mo Chit

Ratchathewi

Phaya Thai

曼谷市內咖啡店林立，想找一間無論裝潢講究、空間寬敞、咖啡質素有保證的，Casa Lapin 絕對是你的首選。這裏的老闆本身是一名建築師，因為想開設一間合乎自己標準的咖啡店，於是自學沖泡咖啡，再結合自身的建築設計知識，開設了 Casa Lapin，現時在曼谷已有多家分店。這裏提供 20 多款精緻咖啡及健康輕食，找個早上或下午來感受一下這間 100 分的 Café 吧！

▲咖啡師休閒地調製咖啡。

▲傍晚時分，可靜靜享受Café 的環境和美食。

▲喜歡他們的咖啡的話，還可以買走袋裝咖啡豆。

▶各款咖啡用具和濾杯。

▲▶濃縮咖啡雪糕(Affogato，฿200，HKD 45)。

▶焦糖瑪奇朵(Caramel Macchiato，฿140，HKD 32)。

▶玻璃瓶的Cold Brew咖啡很可愛。

info
🏠 66/4 Sukhumvit 20 Alley, Khlong Toei, Bangkok (Mille Malle 內)
🚇 乘搭 BTS 在 Asok 站下車，步行約 15 分鐘；或 Phrom Phong 站下車，步行約 18 分鐘
🕐 07:00-19:00 📞 +66 630787471
💻 facebook.com/CasaLapin

（圖文：嚴潔盈）

置裝小社區 K Village 地圖P.152

▲K Village內有不同的店舖。

曼谷市除了商場多，也越來越多一些小型 Complex，集「吃、買、玩」於一身，像個小社區，通常為該區居民而設。不過也有遊客愛到這些小社區消磨半天，K Village 算是交通較方便的一個。

面積達 24,000 呎，有上百間店舖，以特色食肆、女性服裝和精品店為主，還不時舉辦綠色生活節等活動，出發前可上網查看。

◀K Village。

info
🏠 93, 95 Sukhumvit 26, Klongtoey, Bangkok
🚇 乘搭 BTS 在 Phrom Phong 站下車，步行約 16 分鐘，或乘搭的士
🕙 10:00~22:00
📞 +66 22589919
💻 www.kvillagebkk.com

獨家布藝 Fabric at Play 地圖P.152

手作風在世界各地越吹越烈，連曼谷也一樣。Fabric at Play 主力賣布料，一匹匹的布根據顏色分門別類擺放，一目了然，店內還放着幾部衣車，有員工坐着開工，製作各類布製品，如手袋、背包、布偶、銀包、衣服和咕𠱸等，好些更用不同布碎 Patchwork 而成，又有合拼牛仔布的製品，保證全球獨家。

▲Fabric at Play售賣各式布料。

▲日用品。

info
🏠 336/4-5(Manorom Builidng 後), Rama 4 Road,Klongton, Khet Klongtoey, Bangkok
🚇 BTS Thong Lo 站步行約 30 分鐘
🕙 10:00~22:00
📞 +66 26716261-62
💻 www.fabricatplay.com

▲舒適的夏天衫。

Siam

Chit Lom

Nana,
Phloen Chit

Asok

Phrom Phong,
Thong Lo

On Nut,
Ekkamai

Mo Chit

Ratchathewi

Phaya Thai

Thong Lo站

創意Fusion菜 Mellow Restaurant & Bar

藏身於迷你商場 (Penny's Balcony) 內的 Mellow，就在 Thong Lo 區龍頭日系商場 J Avenue 對面。餐廳主打西式 fusion 菜，而且充滿驚喜，例如泰式 **地圖P.152** pizza 餃子、冬菇火腿芝士釀豬排等，味道創新但不失美味，加上環境舒適，是不錯的選擇。

▶ 大大塊肉伴脆薯條。

info
- 🏠 16 Thong Lo, Khlong Tan Nuea, Watthana, Bangkok
- 🚇 乘搭 BTS 在 Thong Lo 站下車，步行約 20 分鐘
- 🕐 11:30~01:00　📞 +66 23820065
- 🌐 www.facebook.com/mellowbangkok

最就腳美食大集合
Thong Lo站 Food Street Soi 38　地圖P.152

BTS Thong Lo 站旁邊的小巷內，每晚都有約 30 個小吃攤檔一起做生意，一直至凌晨 03:00 左右才打烊。

「夜市」面積不算大，味道也是中規中矩，不過食物款式齊備，有海鮮、小吃、粥粉麵和果汁等，而且採用中央結算制，只需在其中一檔坐下，即可點其他攤檔的食物，不必來回奔波。

info
- 🏠 Sukhumvit Soi 38, Prakanong, Bangkok
- 🚇 乘搭 BTS 在 Thong Lo 站下車即達
- 🕐 各攤檔都不相同，一般由傍晚至 03:00，周一至周五會較早休市

▲美食夜市。

花園美食商場 The Commons 地圖P.152

美食商場 The Commons，位於特色餐廳林立的 Thong Lo 區的小巷內。雖說是商場，但一點也不像百貨公司，充滿綠意的環境反而像個花園。商場內有餐廳、café、酒吧、麵包店及小型超市，可以邊逛邊選擇合適的餐廳。另外，商場內的 Little Pea Kids Commons，是一個有託兒服務的遊樂園(需收費)，帶了小孩旅遊的爸媽若想在酒吧小酌一杯，可善用這個服務。

◀The Commons的設計曾獲得當地的最佳設計金獎。

▲商場到處都是綠色植物和木造設施，猶如一個花園。

▲這間像溫室的黃色小店不是餐廳，而真是一家花店！

▲在地面層的餐廳區，有數間不同類型的食店。

▲有點像香港車仔麵檔的小店售賣中式美食。

info
- 335 Soi Thonglor 17, Klongton Nue,Wattana, Bangkok
- 乘搭 BTS 在 Thong Lo 站下車，轉乘的士，車程約 5 分鐘
- 約 08:00~01:00，各店營業時間不同
- +66 891522677
- thecommonsbkk.com

(圖文：嚴潔盈)

家具精品重現江湖 地圖P.152
Room Concept Store

Room Concept Store 是一間歷史悠久的家品店，售賣家具精品，門面不算大，但凡與家有關的一切用品都可在這裏買到，是設計家品的集中地。

◀Bra帶背袋設計大膽！

info
- 3F, Glass Quartier, EmQuartier, Sukhumvit Rd. Bangkok
- (見 P.153 EmQuartier)
- 10:00-21:00
- +66 02 003 6522
- www.room.co.th

(攝影：嚴潔盈)

Casual法國菜 4 Garcons 地圖P.152

　　4 Garcons 沒有名氣大廚，也沒有侷促的環境，由四位老闆中的一位負責做菜，以家常手法烹調，份量和質素都交足貨，價錢亦算合理。

　　四位老闆本是志同道合的朋友，選擇在一間 service apartment（酒店公寓）Oakwood Residence 的地面層開店，沒有超豪華的裝飾，反倒以裝飾畫營造法國氣氛。

Siam

Chit Lom

Nana,
Phloen Chit

Asok

Phrom Phong,
Thong Lo

On Nut,
Ekkamai

Mo Chit

Ratchathewi

Phaya Thai

info
🏠 Sukhumvit 31,
　 Khlong Toei
　 Nuea, Watthana,
　 Bangkok
🚇 乘搭 BTS 在 Asok
　 站下車，步行約
　 15 分鐘
🕐 11:30~23:30
📞 +66 21634648
🖥 4garconsbkk.com

人吃人讚芒果糯米飯 Mae Varee 地圖P.152

　　Mae Varee 的芒果糯米飯是蘇絲黃的強力推介，此店約有 30 年歷史，本行是水果店，順道賣芒果糯米飯，若來買芒果糯米飯的話，請謹記在晚上 11 點前來到。如錯過了的話，不妨買個芒果回酒店慢慢吃，有「橋掃妹」青芒果、大大個的「腩毒賣」和小而甜的「喔 Nong」，芒果迷不要錯過。

▼Mae Varee有30年歷史。

▶芒果糯米飯新鮮即製
（฿ 150、HKD 35）。

info
🏠 1 Soi Thonglor,
　 Sukhumvit 55
　 Road, Bangkok
🚇 乘搭 BTS 在 Thong
　 Lo 站下車，Exit
　 3，步行約 1 分鐘
🕐 06:00~22:00
　 (周日至 21:00)
📞 +66 23924804

礦工皮革餐廳 The Iron Fairies 地圖P.152

▶ 店內的Iron Fairy。

▲漢堡。

▶ 店內環境昏暗。

漆黑的門面、長期關閉的大門、昏暗的環境……這是 Thong Lo 區最火紅的型格多用途店。

店主是來自澳洲的漫畫家，以作品《Iron Fairies》作店名，以漫畫描述的 20 年代美國鐵匠礦工生活作設計主題。

日間時分，這裏是皮革工房，顧客可以參觀和購物；入夜後，即化身 pub &restaurant，不設訂座，只限 55 人，更設 dress code (衣着規則)，真 cool！

info
🏠 53, 1-2 Soi Sukhumvit 39, Khlong Tan Nuea, Watthana, Bangkok
🚇 乘搭 BTS 在 Phrom Phong 站下車，步行約 11 分鐘
🕐 19:00~02:00　　📞 +66 63 901 1115
💻 www.facebook.com/ironfairiesbkk

高級推廣泰菜 Patara 地圖P.152

▶ Patara提供正宗古舊泰菜。

▶ 餐廳環境舒適。

Patara 是泰國飲食集團旗下副線 S&P 和 Blue Cup 的高級版，提供正宗泰菜，老闆銳意把古舊泰菜保留下來，作推廣之用，不少菜式為獨家供應，價錢亦較 S&P 貴，一道菜約 ฿ 300~800 (HKD 66~190)。不過一分錢一分貨，餐廳環境異常舒適，裝潢精美，侍應也經特別訓練，用英語點菜毫無問題，而且餐廳設於兩層大屋內，格調高級。

info
🏠 375 Soi Thonglor 19, Sukhumvit 55, Bangkok
🚇 乘搭 BTS 在 Thong Lo 站下車，步行約 18 分鐘
🕐 11:30~14:30，17:30~22:30　　📞 +66 21852960-1
💻 www.patarathailand.com

PHROM PHONG、THONG LO

人氣爆燈小清新Café Toby's

地圖P.152

推介

Toby's 在曼谷 Café 界的人氣度一直居高不下，主要供應西式料理，有沙律、Pasta、以蛋和麵包為主食的 Brunch、甜點等，而飲品則有咖啡、冷壓果汁、紅白酒、奶昔等，相當多元。筆者點的煙三文魚水煮蛋配酸種麵包，每樣食材都新鮮又清新，味道配搭得宜。

除了餐點出色，Café 的環境亦非常舒適。餐廳以木材和紅磚修建和裝潢，桌椅則是木造或大理石，且室內採光充足，樓底挑高且空間寬敞，相當具設計感，令置身其中的食客心情放鬆，適合耗上一個下午靜坐聊天。

▲Toby's。

▲繁忙卻整潔的料理台。

▲室內環境和氣氛相當舒適。

▲戶外座位。

▲小小一瓶的手製冷壓果汁(฿ 180，HKD 43)。

▲果茶茶葉(一盒฿ 450，HKD 106、5盒禮盒裝฿ 1,900，HKD 449)。

info
- 75 Sukhumvit 38, Bangkok
- 乘搭 BTS 在 Thong Lo 站下車，步行約 10 分鐘
- 周一、二、六 09:00~16:30(其餘至 17:00)
- +66 27121774
- www.facebook.com/tobysk38

(圖文：嚴潔盈)

▲Egg Mikado(฿ 320，HKD 76)，即煙三文魚水煮蛋配酸種麵包，三文魚非常新鮮。

▲不同口味的馬卡龍。

▲No.1 Gym Junkie Smoothies (฿ 150，HKD 36)，內有士多啤梨、香蕉、乳酪、奇亞籽等。

Siam

Chit Lom

Nana, Phloen Chit

Asok

Phrom Phong, Thong Lo

On Nut, Ekkamai

Mo Chit

Ratchathewi

Phaya Thai

Hea 玩潮遊嘆世界 Easy Go!──曼谷

169

賓至如歸 Divana Divine Spa 地圖P.152

▲Spa位於獨立別墅內。

▲店內最美的一間spa房。

Divana 的姊妹店 Divana Divine Spa 位於 J Avenue 大街後的小巷的一所獨立別墅內，感覺比總店更寬敞。Spa 重新裝修後，裝潢走東方色彩路線，風格獨特，入夜亮燈後，環境更美麗。服務依然出色，使顧客有賓至如歸的感覺，因而港客不絕。預約的話，更有專車接送，相當貼心。

▲每間都有浴缸。

▲Spa重新裝修後走東方色彩，環境舒適。

▲內有七間房，每間裝潢都不同。

info
🏠 103, Thonglor 17, Sukhumvit 55, Bangkok
🚌 乘搭 BTS 在 Thong Lo 站下車，步行約 17 分鐘
🕐 平日 11:00~23:00，周六及日 10:00~23:00 (21:00 後停止預約)
📞 +66 27128986　🌐 www.divanaspa.com/branch/divinespa

落地玻璃水療花園 Treasure Spa Thonglor

Treasure Spa Thonglor 雖然位置遍遠，但是實力不容置疑。水療中 地圖P.152 心是兩層高的花園小屋，落地玻璃設計，光線明亮。屋內有七間 treatment 房，當中有四間擁有超大浴缸，即使兩人鴛鴦浴亦不覺擠迫。水療用品中做 facial 會選用德國的 Decleor，body scrub 則以天然物料，如檸檬、椰子、山竹、蜜糖和芝麻等每天新鮮製造，選料嚴謹，最近還推出曲奇餅 treatment。

▲Treasure Spa Thonglor位於兩層高的花園小屋。

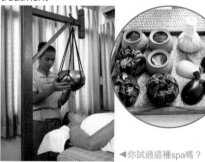

▲店裏用的spa工具。

◀你試過這種spa嗎？

ⓘ Tips!　Spa + duet　地圖P.154

在泰國做 spa，如果要排隊，等半小時也嫌長。Leyana 很體貼香港人，在港人喜歡光顧的芒果糯米飯 (Mae Varee，見 P.167) 旁開了一間名為 duet 的小店。小店只有兩間簡單的 Spa 按摩房，但最大賣點其實是預約了 Leyana Spa 的顧客可在 duet 等候專車接送，無需站在街上日曬雨淋。等車期間，可以順道到隔壁吃芒果糯米飯。

▲Leyana Spa專車。

Duet 地址：Sukhumvit Soi 55

info
🏠 33 Thonglor 13 Soi Torask, Wattana, Bangkok
🚌 乘搭 BTS 在 Thong Lo 站下車，步行約 21 分鐘，或在 BTS 站乘免費接駁專篤前往
🕐 10:00~22:00(周二至四 11:00~21:00)
📞 +66 23917694　🌐 www.treasurespa.com/thonglor

PHROM PHONG、THONG LO

Bangkok

Siam

Chit Lom

Nana, Phloen Chit

Asok

Phrom Phong, Thong Lo

On Nut, Ekkamai

Mo Chit

Ratchathewi

Phaya Thai

Café、Spa二合一 Palm Herbal Retreat

地圖P.152

已創業多年的 Palm Herbal Retreat Spa，一向甚具名氣，內有 coffee shop 和餐廳。Palm Cuisine 提供泰菜和西餐，環境優雅，招牌菜是香煎羊扒，肉汁鮮嫩、羊味羶嫩濃郁。後方和樓上則有 spa treatment 房，燈光明淨，環境舒適，做 spa 前後，不妨到 coffee shop 喝杯咖啡，享受片刻寧靜。

▲ 用餐區十分舒適。

◀ 樓上的 spa treatment 房明淨舒適。

info
- 🏠 522/2 Thonglor Soi 16, Sukhumvit 55, Bangkok
- 🚌 乘搭 BTS 在 Thong Lo 站下車，步行約 16 分鐘
- 🕐 10:00~20:00(19:00 停止接受預約)
- 📞 +66 23913254

柯德利夏萍概念餐廳 Audrey Café & Bistro

地圖P.152

Audrey Café & Bistro 的店主是泰國名人，喜愛已故影星柯德利夏萍，於是便給餐廳起用了相同的名字，餐廳設計裝潢也參照了「永遠的公主」柯德利夏萍那脫俗高貴的形象。餐廳是一間獨立小平房，店內裝潢洋溢着華麗的歐洲風格，連侍應的制服款式都帶點歐洲中古時期的的女僕 feel。

菜式主打歐洲菜及泰菜，價錢屬中價，人均消費約 ฿ 500 (HKD 110)，不算太貴。另外，餐廳自家出品的甜點及蛋糕也很有名，不少住在附近的富家太太，也愛來這裏下午茶。

▶ 歐洲風格。裝潢洋溢着華麗的

▶ 滋味的肉扒。

info
- 🏠 136/3 Soi Thonglor 11, Vaddhana, Sukhumvit 55, Bangkok
- 🚌 乘搭 BTS 在 Thong Lo 站下車，轉乘的士 5 分鐘即達
- 🕐 約 11:00~22:00 📞 +66 27126667-8
- 🌐 www.audreygroup.com

愛麗絲夢遊仙境餐廳 Taling Pling

地圖P.152

Taling Pling 在曼谷有 3 間分店，當中最有特色的，要數這間位於 Sukhumvit 區的分店了。餐廳樓底特高，落地玻璃的設計，營造開揚的感覺，灰色的牆身，加上桃紅色的裝飾櫃、黑白雙色磚地，很有殖民地風和童話 feel，好像置身愛麗絲夢遊仙境一般。食店供應傳統泰菜，青咖喱雞、冬蔭功等都很有水準，一道菜約 ฿ 100~200 (HKD 22~44)。泰國電影 Bangkok Traffic Love Story 的女主角也喜歡到這兒用餐。

info
- 🏠 25 Sukhumvit Soi 34 Bangkok
- 🚌 乘搭 BTS 在 Thong Lo 站下車，步行約 8 分鐘
- 🕐 11:00~22:00
- 📞 +66 22585308-9
- 🌐 www.instagram.com/talingplingrestaurant

▲ 餐廳甚有童話feel。

黑白極簡風Café hands and heart 地圖P.152

Hands and heart 是近年很受歡迎的黑白極簡風 Café！店主受日本直島的豐島美術館啟發，店內裝潢主要以白色及黑色為主，設計簡單俐落，天花板及四周安裝了許多大面積的玻璃窗，室內的食客可享受到自然灑落的陽光。hands and heart 提供的咖啡種類很多，有白咖啡、黑咖啡、濃縮咖啡、cold brew 等，餐點則只提供輕食，如三文治、蛋糕、麵包等。

▲hands and heart。

▲樽裝白咖啡（฿140，HKD 33）。

▲Nostalgic Red Sauce and Toast(฿160，HKD 38)——自家製番茄汁加雞丁及巴馬臣芝士配麥包多士。

▲以黑白色為主的室內空間。

info
🏠 2 Soi Santisuk intersection, Phra Khanong, Khlong Toei, Bangkok
🚇 乘搭 BTS 在 Thong Lo 站下車，步行約 18 分鐘
🕐 10:00~18:00
💻 www.instagram.com/handsandheart_coffeeroasters/

(圖文：嚴潔盈)

泰先進醫療 Samitivej Sukhumvit Hospital

地圖P.152

曼谷的三美泰醫院是歷史悠久的豪華私家醫院，在曼谷有三間分院，最方便的一間是在 Sukhumvit 區。醫院大堂的裝潢能與五星酒店媲美，連病房也很有酒店 feel。醫院內有 7-11、Starbucks、銀行、找換店、Asia Book Shop 及餐廳。

病房設備完善，LCD 電視可選播歌曲、上網、玩 game，甚至設有點選早、午、晚餐餐單，同時可在電視上看到有關病情的報告、X 光照片等。此外，醫療設備亦先進，提供如 MIS 手術、PET / CT / MRI 掃瞄等，即使只做簡單的 body check 也有很多選擇，฿ 6,500 (HKD 1,548) 的計劃，可檢驗 21 個項目，另外，整容科、婦科更是同類型醫院中最有名的。別擔心語言問題，醫院有專人提供多國語言翻譯。

▲醫院大堂像五星酒店。

◀由專人提供多國語言翻譯。

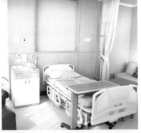
◀連病房也有酒店feel。

info
🏠 133 Sukhumvit 49, Klongtan Nua, Vadhana, Bangkok
🚇 乘搭 BTS 在 Thong Lo 站下車，轉乘的士約 5 分鐘
🕐 24 小時
📞 +66 20222222
💻 www.samitivejhospitals.com/sukhumvit

BTS On Nut、 Ekkamai站

一出BTS On Nut(發音：「岸努」)站就是Tesco Lotus超大型超級市場，而跟它兩站之隔的Ekkamai(發音：「益恰米」)就是東客運站(Eastern Bus Terminal)的所在地，要由曼谷去芭堤雅的遊客可於東運站乘坐巴士前往。

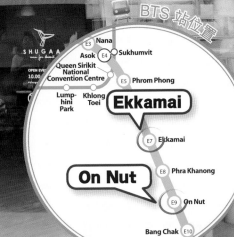

BTS站位置

E3 Nana

Asok E4 Sukhumvit

Queen Sirikit National Convention Centre

E5 Phrom Phong

Lumphini Park　Khlong Toei

Ekkamai

E7 Ekkamai

On Nut

E8 Phra Khanong

E9 On Nut

Bang Chak E10

BTS On Nut、Ekkamai 站景點地圖

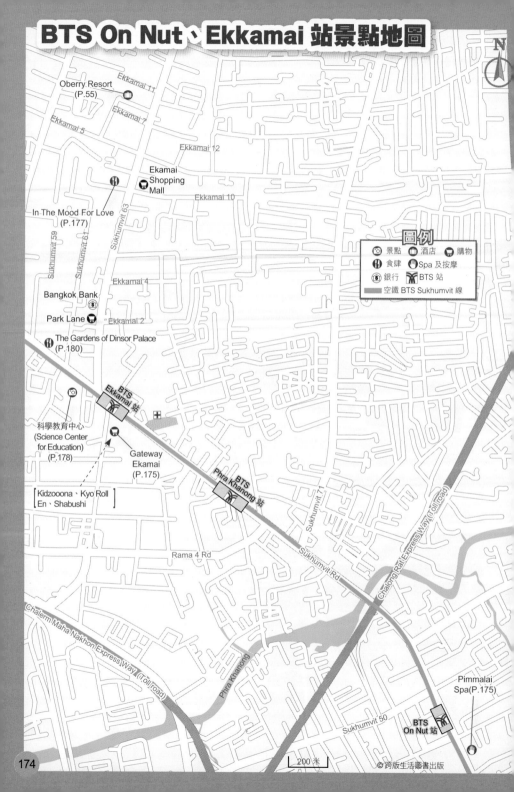

N

Oberry Resort (P.55)

Ekkamai 11
Ekkamai 7
Ekkamai 5
Ekkamai 12

Ekkamai Shopping Mall

Ekkamai 10

In The Mood For Love (P.177)

Sukhumvit 59
Sukhumvit 61
Sukhumvit 63

Ekkamai 4

Bangkok Bank
Park Lane
Ekkamai 2

The Gardens of Dinsor Palace (P.180)

圖例
- 景點
- 酒店
- 購物
- 食肆
- Spa 及按摩
- 銀行
- BTS 站
- 空鐵 BTS Sukhumvit 線

BTS Ekkamai 站

科學教育中心 (Science Center for Education) (P.178)

Gateway Ekamai (P.175)

[Kidzooona、Kyo Roll En、Shabushi]

BTS Phra Khanong 站

Sukhumvit 71

Phra Khanong

Rama 4 Rd

Sukhumvit Rd

Chalong Rat Express Way (Toll road)

Chalerm Maha Nakhon Express Way (Toll road)

Phra Khanong

Pimmalai Spa (P.175)

BTS On Nut 站

Sukhumvit 50

200 米

©跨版生活圖書出版

Siam

Chit Lom

Nana,
Phloen Chit

Asok

Phrom Phong,
Thong Lo

On Nut,
Ekkamai

Mo Chit

Ratchathewi

Phaya Thai

On Nut站

傳統木屋與正宗按摩 Pimmalai Spa 地圖P.174

在 On Nut 站的 night market 旁邊，有一間不太起眼的泰式傳統木屋，是傳統泰北蘭納風格的建築。這間古老大屋前身是間餐廳，現任店主購入後，加以修葺，保存原有的傳統懷舊風，便成了這間 spa 店。大木屋共有三層，環境開闊，空間感十足。地下是泰式按摩和腳底按摩，二、三樓是 treatment 房，treatment 收費也不太貴，一小時泰式草本按摩加一小時按腳及一小時瑞典按摩，收費約 ฿ 1,250 (HKD 291)。

info
- 2105/1 Sukhumvit Road (Between Soi 81 and 83) Bangchak, Phrakanong
- 乘搭 BTS 在 On Nut 站下車，步行約 5 分鐘　　+66 20646452
- 周一至周四 09:30~22:00 (21:00 停止接受預約)，周五至日 09:30~22:30
- www.pimmalai.com　　遲到 20 分鐘，預約會被取消

▲Pimmalai在這間傳統泰北蘭納風格的木屋內。

Ekkamai站

小日本商場 Gateway Ekamai 地圖P.174

泰國近年吹起日本熱潮，日本漫畫、時裝，甚至 lolita 也在泰國有捧場客。Gateway Ekamai 是以「日本」為主題的大型商場，不單裝潢富日本風，連店舖也是如此，日本品牌超級市場、日式時裝 outlet、美容 spa 和電器品牌等相繼進駐這裏。另外，還有數家日本著名餐廳首度登陸泰國，真正貫徹日本主題。

▲ Gateway Ekamai。

info
- 982/22 Prakanong, Klongtoey, Bangkok
- 乘搭 BTS 在 Ekkamai 站下車即達　　10:00~22:00
- +66 21082888　　www.facebook.com/gatewayekamai

Gateway Ekamai 美食購物攻略

Gateway Ekamai 一人任食打邊爐 Shabushi 地圖P.174

Shabushi 是日式自助火鍋料理 Oishi 的新品牌，食店以自助餐為主，一小時內任食，包括壽司、天婦羅等，而主力是 Shabu Shabu 日式打邊爐。火鍋食材像迴轉壽司一樣，放在輸送帶上，想吃甚麼就拿甚麼，打破了打邊爐要一群人圍着吃的習慣，一人一電鍋，喜歡吃甚麼以及怎麼煮都可以，既自在又衛生。日式打邊爐每位 ฿ 300 (HKD 66)，限時 75 分鐘，相當經濟。這間餐廳在泰國眾多地方都有分店，當中 Gateway Ekamai 的分店較大。

▲店內座位眾多。

info
- G/F, Gateway Ekamai
- 10:00~22:00
- www.oishifood.com/restaurant/shabushi/

Gateway Ekamai 曼谷最大兒童遊樂場 Kidzooona 地圖P.174

曼谷有哪些地方適合小朋友呢？Gateway Ekamai 內有一個全泰國最大的室內兒童遊樂場，裏面有很多遊戲都適合三至八歲的兒童，如波波池、滾動膠輪等等，小朋友可以在這兒盡情玩耍。成人帶小朋友入場的話，除了付費外，記得要穿襪子。如果小朋友年紀較大，可以玩電子遊戲、電動遊戲。一家大小親子日，來 Kidzooona 可以滿足不同的需要。

▲ 波波池。

▲ Kidzooona 在 Gateway Ekamai 五樓。

▲ 巨型充氣滑梯。

▲ 休憩區。

i Tips!
成人和小孩都要穿着襪子進場，如果事前沒有準備，可即場購買，價格一律 ฿ 30 (HKD 7)。

info
🏠 4/F, Gateway Ekamai 　🕐 08:00~17:00
📞 +66 21082650 　🌐 www.aeonfantasy.co.th

票價	平日	周末及公眾假期
兒童（身高105cm以下）	฿ 220 (HKD 48)	฿ 260 (HKD 57)
兒童（身高105cm以上）	฿ 340 (HKD 75)	฿ 390 (HKD 86)
成人	฿ 100 (HKD 22)	

Gateway Ekamai 日本京都式甜品店 Kyo Roll En 地圖P.174

Gateway Ekamai 商場有不少日式商店，有些更是第一次落戶泰國，如 Kyo Roll En 京都甜品店。甜品店本身不是來自日本，而是泰國某大牌子旗下的一個新嘗試，暫時只有這間分店。售賣的甜品是一些心思日式甜品。食店環境蠻特別，甜品的造型巧妙。由於全店主題是竹與木，同場亦發售日本木製產品。

▶ 店內座位十分舒服。

▲ 日本蛋卷很好吃。

▲ 充滿層次感。

i Tips!
留意在這裏吃甜品，可以拍照，但最好不要拍餐牌，以免員工遭管理層怪責，任客人拍下餐牌放上網。

info
🏠 M/F, Gateway Ekamai
🕐 10:00~22:00
📞 +66 657179002
🌐 www.kyorollen.com

王家衛情懷 In The Mood For Love `地圖P.174`

　　店主既愛日本菜，又愛王家衛，特別鍾愛電影《花樣年華》，故開設一間以電影命名的日本菜館，主打新派日菜，例如把奇異果壽司弄成可愛毛毛蟲的樣子；又創作士多啤梨壽司等，口味創新和獨特，可能在日本也找不到。餐廳裝潢沒有硬銷的電影海報，也沒有播放電影配樂，反而以「品味」出發。

Siam

Chit Lom

Nana,
Phloen Chit

Asok

Phrom Phong,
Thong Lo

**On Nut,
Ekkamai**

Mo Chit

Ratchathewi

Phaya Thai

▶ 可愛毛毛蟲牛油果壽司。

▲ 刺身。

▲ 士多啤梨壽司。

▲ 美味壽司。

info
- Ekkamai 1, Bangkok
- 乘搭 BTS 在 Ekkamai 站下車，步行約 15 分鐘
- 11:30~14:30，17:00~22:30
- +66 23928477
- www.facebook.com/InTheMood.Bangkok

小朋友放電之選 科學教育中心
(Science Center for Education) 地圖P.174

位於 BTS Ekkamai 站旁邊的科學教育中心，類似香港的科學館或台北的科學教育館，是一個讓小朋友寓學習於娛樂的地方，非常適合一家大小造訪。教育中心內的展區分不同的科學主題，如電力、天文、生物、環境、地質、機械人等，還有許多讓參觀者測試手眼反應的小遊戲。此外，中心外的公園佔地廣闊，不同遊樂設施和小展覽坐落其中，如果在曼谷逛累了百貨公司，可考慮帶小朋友來此放放電！

▲科學教育中心。

▲免費的無重力體驗。

▲中心佔地廣大，共有4層。

▲遊客可以從室內的天橋通往不同展區。

◀館內有不同考驗小朋友眼力和反應的遊戲。

▲帶小朋友認識太陽系行星。

▲在DIY工作坊可以製作紙模型。

Siam

Chit Lom

Nana, Phloen Chit

Asok

Phrom Phong, Thong Lo

On Nut, Ekkamai

Mo Chit

Ratchathew

Phaya Thai

▲機械人科技體驗館。

▲生物展館。

▲講述時間原理的展區。

◀▲電力知識中心。

▲戶外還有一些設施，像踏單車發電機、節能展覽等。

◀可愛的恐龍模型。

Tips!
大部份展出內容都有英文解釋，但某些則只有泰文。

info
🏠 928 Sukhumvit Road, Khwaeng Phra Khanong, Khet Khlong Toei, Bangkok
🚇 乘搭 BTS 在 Ekkamai 站下車，步行約 3 分鐘
💰 成人 B 50 (HKD 12)；小童 B 30 (HKD 7)
🕐 周二至日 09:00~16:00，逢周一及公眾假期休息
📞 +66 23910544　　✉ sciplanet.org

(圖文：嚴潔盈)

Hea 玩潮遊嘆世界 Easy Go!──曼谷

白孔雀法國餐廳 The Gardens of Dinsor Palace

地圖P.174

The Gardens 旁邊有條河道，那裏住了數隻白天鵝，門口噴水池有天鵝裝飾，更有趣的是在落地玻璃後面有兩隻罕見的白孔雀，是從國外引進回來的，食客可以一邊吃法國餐，一邊欣賞白孔雀、白天鵝。餐廳是小木屋式建築，上層是 vip 房，下層是餐廳，提供正宗的法國菜，價錢中等；午餐有 set lunch，供應至 17:00。

▲「別緻」可謂法國菜的代名詞。

▲伴碟的配菜相當精緻。

▲上層是vip房，下層是餐廳。

▲一道菜可以吃到不同的美食。

▲在這兒可看到白天鵝。

◀大飽口福！

info
🏠 1217/2 Sukhumvit Road, between Soi 59 and 61, Wattana, Bangkok
🚇 乘搭 BTS 在 Ekkamai 站下車，步行約 15 分鐘
🕐 10:00~23:00，周末 09:00~23:00
📞 +66 27142112
💻 www.thegardenspalace.com
可網上預約座位

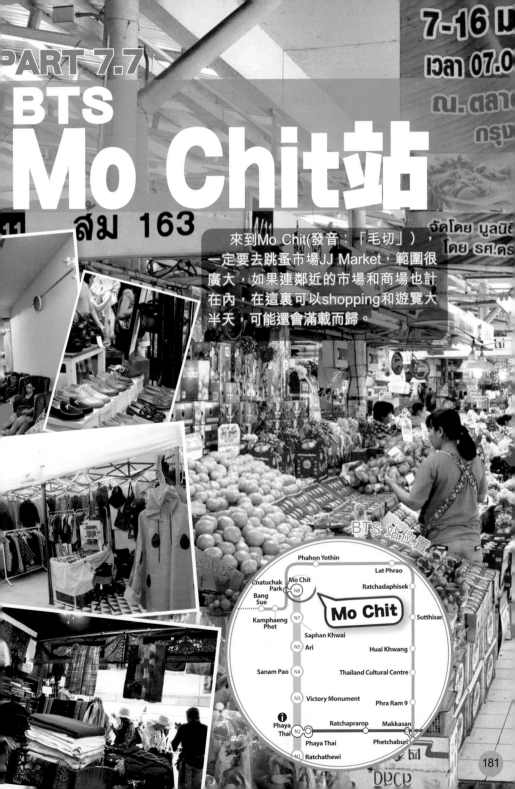

PART 7.7
BTS
Mo Chit站

來到Mo Chit(發音：「毛切」)，一定要去跳蚤市場JJ Market，範圍很廣大，如果連鄰近的市場和商場也計在內，在這裏可以shopping和遊覽大半天，可能還會滿載而歸。

BTS 站位置

Phahon Yothin
Lat Phrao
Chatuchak Park
Mo Chit N8
Ratchadaphisek
Bang Sue
Mo Chit
Kamphaeng Phet N7
Sutthisan
Saphan Khwai
Ari N5
Huai Khwang
Sanam Pao N4
Thailand Cultural Centre
Victory Monument N3
Phra Ram 9
Phaya Thai
Ratchaprarop
Makkasan
Phaya Thai N2
Phetchaburi
Ratchathewi N1

181

精緻花意餐點 Flower in Hand By P. 地圖P.192

Flower in Hand By P. 本來是 Ari 區一條小巷內的花店，開業兩年後決定擴充店面搬到現址，開設以鮮花為主題的 Café，自此便成為女生們最愛的花意咖啡店之一！甫進店，看見簡約精緻的裝潢佈置，及四周的鮮花或植物擺設，心情就自然放鬆起來。Café 供應的輕食餐點和飲品都以食用花入饌，如小花曲奇、玫瑰啫喱奶凍、薰衣草檸檬梳打、洋甘菊牛奶咖啡等，口味清新獨特，值得一試。

▲Café 空間寬敞舒適，四周都以真花或其他植物裝飾。

▲Flower in Hand By P. 。

◀迷你玫瑰鬆餅(Mini Rose Scone，฿40，HKD 9)和玫瑰之夢特飲(Dream of Rose，฿110，HKD 25)。特飲由果茶、玫瑰、士多啤梨製成。

▲室內環境充滿花意，令人感覺置身大自然。

▲手作乾花裝飾(฿89，HKD 20)。

▲用粉筆畫成的各種花兒。

▲小花曲奇(Edible Flower Cookies，一塊฿35/45，HKD 8/10)。

info
🏠 1032, 67 Soi Phahon Yothin 18/1, Chom Phon, Bangkok
🚇 乘搭 BTS 在 Mo Chit 站步行約 12 分鐘
🕐 09:00-18:00 📞 +66 627582233
📘 facebook.com/flowerinhandbyp

(圖文：嚴潔盈)

JJ Market周邊市場 Or Tor Kor Market

Or Tor Kor 市場就在 JJ Market 對面，由於是高級街市，環境較大而且乾淨。場內有不少乾貨和濕貨攤檔，價錢公道，在此買水果，如榴槤和芒果等都比較便宜。另場內也有不少值得推薦的食物手信和熟食，例如即食大頭蝦、泰式油炸鬼、清邁炸豬皮、芒果糯米飯和即烤豬肉乾等。

地圖P.192

▲Or Tor Kor市場在JJ Plaza對面。

▲這兒又大又乾淨。

▲各式水果和熟食。

info
🏠 Kamphaeng Phet Road, Bangkok
🚇 乘搭 BTS 在 Mo Chit 站下車，步行約 8 分鐘
🕐 06:00~20:00

亞洲最大跳蚤市集 JJ Market

地圖P.192

港人最愛的 JJ Market(翟道翟，又名 Chatuchak Weekend Market)，佔地廣大，分成 27 區，多達 15,000 個攤檔。貨品種類繁多，包括服飾、小吃、古董、寵物用品等。把這裏當日間景點或夜市來逛都適合。

貨品種類多不勝數。

市場內有各式各樣的店舖。

info
🏠 Chatuchak Weekend Market (Jatujak Market), Bangkok
🚇 乘搭 BTS 在 Mo Chit 站下車，步行約 1 分鐘
🕐 星期三及四 07:00-18:00(只開花市)，星期五 18:00-00:00(只開批發店)，星期六及日 09:00-18:00(全部開放)
🌐 chatuchakmarket.org

Hea 玩潮遊嘆世界 Easy Go!──曼谷

JJ Market美食購物攻略

JJ Market 多國民族風情 All About Ethnic 地圖P.192

喜歡民族服飾的人，一定要去 All About Ethnic。這間民族服裝店專賣一些極具特色的時裝和飾品，例如五彩格子布長裙。店舖兩旁掛滿五顏六色的民族服裝，店內集合了各國民族的特色，有泰國的剪裁、中國少數民族的圖騰、印第安人的印花等，有些是當地人親手縫製；

鞋子則以高筒草底靴為主，加上刺繡圖案後，入型入格。此外，店內還可找到民族飾品，不妨買手機吊飾或者鑰匙扣留念吧。

◀◀貨品甚有特色。

info
🏠 No.138, Soi 2, Zone B, Chatuchak Weekend Market (Jatujak Market), Bangkok
🕐 11:00~18:00
📞 +66 889453642

JJ Market 香薰茶店 Anyadharu Scent Library 地圖P.192

Anyadharu Scent Library 像圖書館一樣，把香薰和精油分門別類陳列，不只售賣香薰，還在店後走廊一塊空地設立茶座，取名 Lann CHA，讓顧客坐下來喝茶休息。這裏用來沖茶的材料都放在茶色玻璃瓶內，並貼上標籤，像 17 世紀的歐洲茶店。店內的招牌飲品是薄荷茶和石榴茶，喝完茶後，再慢慢挑香薰吧！

◀這兒像不像圖書館？

▲店後有茶座。

▶來一杯飲品。

info
🏠 Section 3, Soi 3, Chatuchak Weekend Market (Jatujak Market), Bangkok
🕐 10:00~19:00　📞 +66 25130145-6
📧 www.facebook.com/ANYADHARU/

JJ Market 度身訂造涼鞋 Bigfoot Sandal 地圖P.192

Bigfoot 主要售賣泰國特色涼鞋，涼鞋以皮為原料，全手工製造，做工細緻，質量不俗，顏色以棕黑色為多，不同款式的涼鞋或拖鞋，任君選擇。如沒有合心水的涼鞋，可以訂造，訂造與陳列的價錢一樣，每對 ฿ 350 (HKD 77)。如訂造的款式較簡單，約兩至三小時可取貨，如款式較複雜，約兩至三天可取貨，每對須付訂金 ฿ 50~100 (HKD 11~22)，取貨時才付尾數。

◀◀各款泰國特色涼鞋。

info
🏠 Section 4, Soi 1, Chatuchak Weekend Market (Jatujak Market), Bangkok
🕐 10:00~19:00　📞 +66 814009540

錬錬相扣首飾店 Din Bangkok `JJ Market` 地圖P.192

除了 T 恤外，JJ Weekend Market 的首飾也是遊客的最愛，其中 Din Bangkok 值得介紹。小店表面看似簡陋，原來內有乾坤，貨品掛在牆上、架子上，有手鍊、腳鍊、頸鍊等千多條首飾，價錢為 ฿ 100 (HKD 22) 左右任揀。首飾由店員人手製作，利用不同的材料，如海螺、木材、珠片等，經店員妙手生花，只需幾分鐘就可製成一條條漂亮的鍊。木製手鐲售 ฿ 120 (HKD 26)，海螺戒指售 ฿ 80 (HKD 18)。此外，可以要求店員按你的喜好給你串一條個性化的鍊。

▶店舖雖小，但錬錬俱存。

▶所有飾物都由人手製作。

info
- No.117, Section 1, Chatuchak Weekend Market (Jatujak Market), Bangkok
- 10:00~19:00 +66 29542844
- @ dinshop25@hotmail.com

動物園時裝店 How many t-shirt `JJ Market` 地圖P.192

JJ Market 的 T-shirt 款式多得令你眼花繚亂，有街頭風、歐美風、田園風等。How many t-shirt 的店主希望將保護環境的理念傳遞出去。店內掛着許多動物擺設，T 恤設計都以動物為主體，大部分的 T 恤都經過店主精心改良，有短袖、背心和長裙。透過將動物擬人化，告誡世人應該愛護動物、愛護大自然，此店的 T 恤最貴的不到 ฿ 400 (HKD 88)，好便宜啊！

▲透過T-shirt傳遞保護環境的理念。

▲How many t-shirt 的各式T恤。

info
- Room 036, Section 4, Soi 47/2 and Room 083-084, Section 3, Soi 44, Chatuchak Weekend Market (Jatujak Market), Bangkok
- 10:00~19:00 +66 899285656
- facebook.com/howmanytshirt

Siam / Chit Lom / Nana, Phloen Chit / Asok / Phrom Phong, Thong Lo / On Nut, Ekkamai / Mo Chit / Ratchathewi / Phaya Thai

JJ Market 零下30度的甜蜜 Ice Manias 地圖P.192

　　將甜甜的朱古力汁、雲呢拿汁等倒進一個鑊狀的製冰機，以零下30度的溫度不斷翻炒，並製成雪糕，加上少許點綴，這就是泰國流行的炒冰。Ice Manias進駐了JJ Market，連明星也光顧。落單後，先從雲呢拿、乳酪、咖啡、朱古力綠茶等口味的雪糕中選其一，師傅將它炒好捲起來後，就可以選擇topping，有朱古力豆、水果等，最後淋上各式jam，一個炒冰只需฿59 (HKD 13)，實在是炎炎夏日最消暑的甜品！

▲店員在「炒冰」。

info
🏠 JJ Market 內
📞 +66 811001081
✉ www.itimpad.com

▲Ice Manias。

JJ Market 白蝴蝶 INTENT 地圖P.192

▲各式風鈴及香薰座。

INTENT以白蝴蝶作標誌，專門售賣別出心裁的spa用品、家具製品，有用來盛載香薰的木製小罐，可吊起作裝飾。Spa產品之中精油就有水果味、花香，香味清新怡人，使人身心放鬆，一支只需฿350 (HKD 83)，經濟實惠。香薰座種類繁多，有大象造型、彩杯造型、手掌造型、木托造型和傳統陶瓷圓碗型，令人愛不釋手。此外，還有洗浴用品、手工皂等出售。

◀店內的spa用品種類繁多。

info
🏠 Room 034-035, Section 4, Soi 47/2, Gate 25, Chatuchak Weekend Market (Jatujak Market), Bangkok
🕐 08:00~18:30　📞 +66 25103964
💻 www.intent.in.th

Siam

Chit Lom

Nana, Phloen Chit

Asok

Phrom Phong, Thong Lo

On Nut, Ekkamai

Mo Chit

Ratchathewi

Phaya Thai

JJ Market 泰絲一條龍 White Silk 地圖P.192

　　泰絲經過數百年的發展，在泰國的地位就如國寶一樣，在各大小商場都可以找到泰絲店的蹤影，JJ Market 就有一間純正泰絲專門店 White Silk。這間店的產品採用 100% 真絲織成，有圍巾、地毯、紙巾盒、靠墊等家居用品，手工精製，光滑的絲質表面一點瑕疵也沒有。除了絲質品，店內還有羊絨和面料的披肩。有興趣的話，買件絲質唐裝回家，一定神采飛揚。

▲ 遊客爭相購買泰絲產品。

info
- No. 365-366, Section 8, Soi 16/1, Chatuchak Weekend Market(Jatujak Market), Bangkok
- 11:00~19:00
- +66 891204521/+66 897133419
- www.whitesilkshop.com

JJ Market 日式街頭風 Oldskull 地圖P.192

　　Oldskull 創立於 1982 年，Facebook 上有超過 40 萬個 Like，只因其街頭風的 T 恤很受歡迎。T 恤款式和顏色眾多，潮感十足，每件 T 恤都有一個帶着懷舊色彩的 logo，以城市、風景、經典卡通或者舊事物作為創作藍本。透過 logo T 恤，將日式街頭風發揚光大。喜歡日式街頭風的人，不要錯過。

▶Oldskull。

▶ 此店的日式街頭風T恤很受歡迎。

info
- Soi 4, Chatuchak Weekend Market (Jatujak Market), Bangkok
- 10:00~19:00
- +66 838821109
- www.oldskullstore.com

JJ Market 年輕人潮皮袋 Per Sempre 地圖P.192

真皮袋既簡潔休閒又大方高雅，深受大家喜愛。Per Sempre 皮具店有多間分店，將皮具產品變得年輕化，無論上班，還是外出玩樂都適合。皮袋顏色不單調，每款都有黑色、藍色、黃色、棕色等，size 分為大、中、小，產品由手袋、電腦袋到書包、鞋子，種類頗多。真皮袋各款數量不多，售完即止，但價錢相宜，฿ 1,539 (HKD 366) 就可以擁有一個設計特別的皮袋。何不對自己好一點，買一個呢？

▲ Per Sempre的皮具種類頗多。

> **info**
> 🏠 Section 3, Soi 45/2, Chatuchak Weekend Market (Jatujak Market), Bangkok
> 🕙 10:00~19:00
> 📞 +66 29417779/+66 863180818

JJ Market 型男軍用品專賣店 TUK 地圖P.192

▲ TUK售賣美式軍用背包和野外用品。

TUK 主要售賣各種美式軍用背包和野外用品，有各式迷彩背包和飛虎隊面罩，甚至連仿製的避彈衣也有。大的迷彩登山背包、小腰包，售價 ฿ 300 (HKD 66) 起。想製作一件屬於自己的型格軍裝，可以買 tag 印在軍裝上，一個 ฿ 150 (HKD 33)。店內還有手機吊飾，上面有 Army、Police 等字樣，讓手機更型格。野外用品有登山用的繩索、繩扣、望遠鏡、應急燈、軍刀等，一應俱全，喜歡登山的朋友，不妨到這裏選購質量好及價錢便宜的心頭好。

> **info**
> 🏠 Section 14, No.252, Soi 22/1, Chatuchak Weekend Market (Jatujak Market), Bangkok
> 🕙 10:00~19:00

JJ Market JJ Market內最大 手信專門店 地圖P.192

JJ Market是買手信的好地方，這兒有間全 JJ 最大型的手信專門店，單是魷魚絲，已經有六種之多，還有泰國經典手信林真香，以及各類乾果，店舖門口懸掛着林真香的標誌，貨品都懸掛在貨架上，讓顧客一目了然。所有貨品明碼實價，童叟無欺，可節省周圍買手信的時間。

▲此店是JJ Market內最大型的手信專門店。

▲ WOW，各式手信應有盡有！

> **info**
> 🏠 Section 12, No. 229, Soi 21/2, Chatuchak Weekend Market (Jatujak Market), Bangkok
> 🕙 09:00~19:00

Siam

Chit Lom

Nana,
Phloen Chit

Asok

Phrom Phong,
Thong Lo

On Nut,
Ekkamai

Mo Chit

Ratchathewi

Phaya Thai

JJ Market 粉紅腳底按摩店 Foot Massage 地圖P.192

逛完 JJ Market，想讓雙腳放鬆，可到位於 Section 2 的「粉紅腳底按摩店」。按摩店不大，有六個技師，包括老闆，各人都穿着粉紅色 T 恤，用粉紅色的毛巾。老闆十分熱情，英文雖不太好，仍盡心盡意回答客人的問題。店內採用自家牌子的按摩油，雖沒有冷氣，但只需 ฿ 150 (HKD 33) 就可以買到 30 分鐘的舒適，細心的服務保證令你感到滿意。

info
🏠 No. 172, Section 2,
Soi 39/2, Chatuchak
Weekend Market
(Jatujak Market),
Bangkok
🕐 10:00~19:00

▲粉紅腳底按摩店。

店員都穿着粉紅色T恤。

JJ Market 帽世界 Chowvychows 地圖P.192

一頂帽可以遮陽擋雨，也可以用來裝飾，Chowvychows 是一間帽子專賣店，貨品種類繁多，有太陽帽、草帽、鴨舌帽，以及泰國年輕人最近流行的小禮帽，可愛中不失大雅。草帽 ฿ 100 (HKD 22) 起。據說帽子均由手工編織，紋路工整，相比起 JJ Market 外的路邊攤子所賣的帽子，一分錢一分貨，這裏的更為光滑，質量有保證，買頂帽去海邊玩更是不錯的選擇。店內還有泰國人用來綁在頭上裝飾的頭巾，四條只需 ฿ 100 (HKD 22)，十分超值，而且顏色眾多，吸引了不少年輕女士購買。

▲
頭巾有多種顏色。

▶
好一個「帽世界」！

info
🏠 Section 21, Soi 30, Chatuchak Weekend Market
(Jatujak Market), Bangkok
🕐 10:00~19:00

JJ Market 二手潮男服飾 無名號鞋店 地圖P.192

JJ Market 二手專區 Section 2 入口處，有一間專賣街頭風的二手男裝店舖。雖然在二手專區內，但店內並非所有貨品都是二手的，也有全新的，而且保證是正品。店內有各式街頭風 T-shirt，還有年輕一代追捧的時尚潮流品牌鞋款，如馬丁鞋、帆布鞋等，有些甚至是限量版的。店內的二手物品大部分都很新，價錢便宜，留意所有貨品都不議價。

▲認住這個鞋櫃及這堆鞋啦！

> info 🏠 Gate No. 2, Entrance of Section 2, Chatuchak
> Weekend Market(Jatujak Market), Bangkok
> ⏰ 10:00~19:00

JJ Market 美味小食 轉角小食店 地圖P.192

在 JJ Market 血拼購物，肚餓的話，可到市場轉角處的小食店醫肚及休息。

▲泰國公主也曾光顧此攤檔。

> Mr.丁烤肉店，泰國公主也曾光顧，攤檔小小的，一串長長的烤肉淋上酸酸甜甜的蕃茄汁，搭上幾片青椒和小蕃茄，只需 B 20 (HKD 4)，新鮮熱辣。

▲此攤檔有煎焗鵪鶉蛋和墨魚，阿姨用大平底鑊不斷翻炒小墨魚。

> 煎焗鵪鶉蛋和墨魚，阿姨用大平底鑊不斷翻炒小墨魚，加上佐料，把生菜鋪在店前，即煎即食，酥嫩香口，分別 B 30 (HKD 7)、B 40 (HKD 9) 和 B 60 (HKD 13)。

▲這是 JJ Market 內最受歡迎的消暑小食椰子雪糕攤檔。

> JJ Market 內最受歡迎的是消暑小食——椰子雪糕。雪糕店露天經營，但提供了白色遮陽傘和幾張桌椅，旁邊還掛着幾個椰子模型。店員將椰子劈開一半，把肉刮出來，椰子汁倒進杯中，再掏出兩個椰子雪糕球，放入椰子殼中，加上一些甜品配料，例如海底椰、粟米等，一個椰子雪糕便大功告成。雪糕入口即溶，齒牙間還留着椰子的清香，沁人心肺。

> info 🏠 Chatuchak Weekend Market
> (Jatujak Market), Bangkok

型格懷舊跳蚤市場 地圖P.192
The Camp Vintage Flea Market 推介

Siam

Chit Lom

Nana,
Phloen Chit

Asok

Phrom Phong,
Thong Lo

On Nut,
Ekkamai

Mo Chit

Ratchathewi

Phaya Thai

位於 JJ Market 對面的 The Camp Vintage Flea Market 於 2018 年 3 月開幕，是一個懷舊主題夜市，有 20 多個攤檔和店鋪，售賣民族風時裝、首飾、皮革、黑膠碟等，不只貨品有格調，就連店員都打扮得入型入格。即使你並非喜好懷舊物品的人，市場內亦有多個影相打卡位，無論男女都能拍出型格照片！想醫肚的話，也可到飲食攤檔或戶外 Café 買點食物，在戶外坐着靜靜品嚐，感受這個夜市的活力。

▶ 看到這部懷舊卡車和鯊魚魚雷，就知道到達夜市了！

▶ 這條走廊內的店鋪較有規模，逛得比較舒服。

◀ 這間叫 Smiths 的大型店鋪，有許多型格男士時裝。

▲ 1958 Café。

▲ 黑膠碟店。

▲ Smiths店內就連電單車也有售！

▲ 夜市的logo。

▲ 這些懷舊海報和招牌，很適合喜歡自拍的遊客！

▲ 夜市內有許多這些懷舊擺設，如收銀機、玩偶頭、燈泡。

▲ 女裝服飾攤檔。

info
🏠 530 Kamphaeng Phet 1 Alley, Khwaeng Chatuchak, Bangkok
🚇 乘搭 MRT 在 Kamphaeng Phet 站下車，從 1 號出口步行約 1 分鐘；或乘搭 BTS 在 Mo Chit 站下車，步行約 15 分鐘
🕐 周二至四 18:00~22:00；周五至日 18:00~23:45，逢週一休息
🌐 www.facebook.com/TheCampVintageFleaMarket

◀◀ 美國風男士古着。

（圖文：嚴潔盈）

室內JJ Market JJ Mall 地圖P.192

JJ Market 後面有個逢周二至周日營業的 JJ Plaza，再往後走便有個 JJ Mall，一星期七天都經營，可說是冷氣版的小 JJ Market。這裏的店舖數量也不少，有珍珠店、家居用品店和時裝店等，當中以藝術家品居多，跟已關閉的 Suan Lum Night Bazzar 有點相似。下次行 JJ Market 時，天氣太熱，不妨到此嘆嘆冷氣，到 food court 休息一下再血拼。

▲JJ Mall有很多藝術家品店舖。

info
🏠 588 Kamphaeng Phet II Road, Chatuchak, Bangkok
🚌 乘搭 BTS 在 Mo Chit 站下車，步行約 6 分鐘
🕐 平日 10:00~19:00，周末 10:00~20:00
📞 +66 26183333   🌐 www.jjmall.co.th

BTS Mo Chit 站景點地圖

圖例
- 🛍 購物
- 🍴 食肆
- 🌳 公園
- 🚋 BTS 站
- ◆◆ MRT 站
- JJ Market
- 🚌 巴士站
- 🚂 火車站
- ⊂▥▥⊃ BTS 可轉換至 MRT
- ▬▬ 火車鐵道
- 空鐵 BTS Sukhumvit 線
- MRT 線

All About Ethnic、Anyadharu Scent Library、Bigfoot、Din Bangkok、How many t-shirt、Ice Manias、INTENT、White Silk、Oldskull、Per Sempre、TUK、手信專門店、Foot Massage、Chowyvchows、無名號鞋店、轉角小食店

Northern Bus Terminal

Phahon Yothin 站

Chatuchak Park

Strait Express Way (Toll road)

Phahonyothin Rd

Kamphaeng Phet 3

MRT Chatuchak Park 站

JJ Mall (P.192)

BTS Mo Chit 站

Yasup-1

MRT Bang Sue 站

Bang Sue 站

The Camp Vintage Flea Market(P.191)

Kamphaeng Phet 2

JJ Plaza

Ruam Sua MRT

Flower in Hand by P. (P.182)

JJ Market (P.183)

MRT Kamphaeng Phet 站

Vibhavadi Rangsit-3

Kamphaeng Phet

Or Tor Kor (P.183)

250 米

© 跨版生活圖書出版

PART 7.8
BTS
Ratchathewi站

雖然Ratchathewi站不像Siam或Chit Lom站般百貨公司林立，但Ratchathewi(發音：「啦嚓Te Ri」)站附近隱藏了不少美食小店或可愛café。如果想感受一下較地道寧靜的曼谷生活，這一帶絕對適合！

(本章圖文：嚴潔盈)

BTS 站位置

Ratchathewi

- N4 Sanam Pao
- N3 Victory Monument
- N2 Phaya Thai
- Ratchaprarop
- Makkasan
- Phaya Thai
- N1 Ratchathewi
- Siam
- Chit Lom
- Phloen Chit
- E1
- E2
- E3 Nana
- National Stadium W1
- Ratchadamri
- Asok E4
- S1
- Queen Sirikit National Convention Centre
- Hua Lamphong
- Sam Yan
- Sala Daeng
- S2
- Si Lom
- Lumphini Park
- Chong Nonsi S3
- Sathorn

BTS Ratchathewi 站景點地圖

Pe Aor
(P.195)

Phetchaburi 7 Alley

Phetchaburi 7 Alley

BTS Phaya Thai 站

Kolit Alley

Thanon Phaya Thai Rd

Sena Kit Alley

Phetchaburi Rd

Phetchaburi 12 Alley

Soi Phakdi 2

BTS Ratchathewi 站

Hungry Nerd
(P.195)

Caturday Cafe
(P.196)

Si Surut Alley

Evergreen Place
Bangkok

圖例

| | 景點 | | 酒店 |
| | 食肆 | | BTS 站 |
| 空鐵 BTS Sukhumvit 線 |

100 米

©跨版生活圖書

地道海鮮冬蔭公 Pe Aor 地圖P.194

如果有留意曼谷旅遊節目，應該知道這家隱藏在 BTS Ratchathewi 站或 Phaya Thai 附近的海鮮冬蔭公餐廳 Pe Aor(讀音：P All)。這一帶有多間餐廳小店，但以這家最受歡迎。Pe Aor 有名的是原隻大龍蝦海鮮冬蔭功和蟹粉撈飯，可點一個，再配一份蟹粉撈飯。

▼ Pe Aor。

▶ 店面尚算整潔，但衛生情況一般。

▲大蝦冬蔭功(฿ 120、HKD 28)。大蝦不算很新鮮，但冬蔭功湯頭很出色，夠辣夠濃味，配以金邊粉吃一流！

info
- 🏠 68/51 Soi Petchaburi 5, Between Soi 5-7, Phaya Thai, Ratchathewi, Bangkok
- 🚍 乘搭 BTS 在 Phaya Thai 站下車，步行約 6 分鐘；或由 BTS Ratchathewi 站步行約 10 分鐘
- 🕐 周二至周日 10:00~20:00(逢周一休息)
- 📞 +66 026129013

份量驚人的抵食雜扒 Hungry Nerd 地圖P.194 推介

如果與朋友同遊，又非常餓的話，可考慮這間 Hungry Nerd。這裏最有名的是大大份的雜扒，雜扒包括牛扒、豬扒、雞扒，還有吉列魚柳、香腸、沙律和薯條，兩個人也吃不完，價錢只需 ฿ 469 (HKD 109)，相當「抵食」！如果怕份量太多，可單點扒餐或意粉，不過兩份的價錢可能比雜扒還要貴。

▲食物價錢親民，份量充足。

▲位於BTS站旁的Hungry Nerd。

▲雜扒(฿ 469、HKD 109)，筆者一個人沒法吃完便沒有點，真可惜！

▲澳洲西冷牛扒(230g)配薯條及牛油多士(฿ 339、HKD 79)，牛肉軟嫩，煮得半生熟剛剛好。

info
- 🏠 Coco walk, BTS Rajthevee, Bangkok
- 🚍 乘搭 BTS 在 Ratchathewi 站下車，步行約 1 分鐘
- 🕐 11:00~21:00
- 📞 +66 26565550
- 🌐 hungrynerdbangkok.com
- 📧 www.facebook.com/hungrynerdbangkok

Siam
Chit Lom
Nana, Phloen Chit
Asok
Phrom Phong, Thong Lo
On Nut, Ekkamai
Mo Chit
Ratchathewi
Phaya Thai

親親各種可愛貓咪 Caturday Cafe 地圖P.194

▲Caturday Cafe。

在曼谷除了 shopping，還可到貓 café 坐坐，與貓咪輕鬆嬉戲一番。在 Caturday Cafe，有許多不同品種的小貓在小小的空間內跑來跑去，任客人盡情撫摸。最特別的是，客人除了可點自己吃的餐點，還可以點貓小吃請貓咪吃，不過，幾乎所有客人都顧着逗貓玩或自拍，忘了吃餐點，小心別讓貓咪碰跌飲料啊！

◀貓咪坐在客人旁邊。

◀這隻貓咪在幫小貓抱枕按摩，很可愛！

▲貓咪正面

▶大家都在逗貓咪玩，根本沒人專注在食物上。

▶▼看似生氣，其實是「任摸唔嬲」的溫馴小貓。

▲下午時間，貓貓都開始打盹了。

▲小貓杯墊(฿ 68、HKD 15)及其他精品，準備「打劫」各位貓奴的錢包。

info
🏠 89/70 Cocowalk Avenue, BTS Ratchathewi Station, Phaya Thai, Bangkok
🚆 乘搭 BTS 在 Ratchathewi 站下車，步行約 3 分鐘
🕐 周二至周五 12:00~20:00，周六及日 11:00~20:00，逢周一休息　　☎ +66 26565247
💻 www.facebook.com/Caturdaycatcafe

PART 7.9
BTS
Phaya Thai站

BTS 站位置

- N5 Ari
- Sanam Pao N4
- Victory Monument N3
- **Phaya Thai** N2 → Ratchaprarop
- Phaya Thai
- Phaya Thai
- N1 Ratchathewi
- Siam
- E1 Chit Lom

Phaya Thai(發音:「拍也剃」)由於有機場鐵路直接到達,所以有最少八間酒店聚集在這兒附近,包括東南亞地區最高的酒店Baiyoke Sky Hotel。

本章所介紹的景點,比較適合由Phaya Thai站轉乘的士或乘搭穿梭巴士前往。

BTS Phaya Thai 站景點地圖

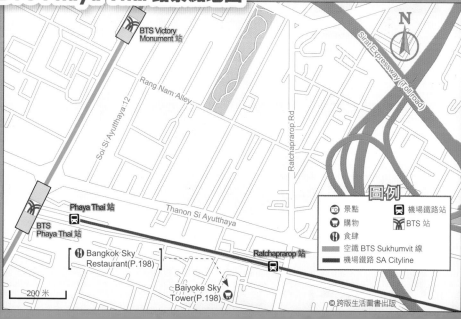

- BTS Victory Monument 站
- Rang Nam Alley
- Soi Si Ayutthaya 12
- Ratchaprarop Rd.
- Shell Expressway (Toll road)
- N
- Phaya Thai 站
- BTS Phaya Thai 站
- Thanon Si Ayutthaya
- Ratchaprarop 站
- Bangkok Sky Restaurant(P.198)
- Baiyoke Sky Tower(P.198)
- 200 米

圖例
- 景點
- 機場鐵路站
- 購物
- BTS 站
- 食肆
- 空鐵 BTS Sukhumvit 線
- 機場鐵路 SA Cityline

© 跨版生活圖書出版

東南亞最高 Baiyoke Sky Tower 地圖P.197

Baiyoke Sky Tower 又稱作 Baiyoke Tower II，是全泰國最高的建築，共有 85 層，77 樓及 84 樓為觀景台。裏面有全東南亞最高的 Baiyoke Sky Hotel，即使不入住，也可考慮在裏面用餐，例如位於 76 及 78 樓的 Bangkok Sky，提供自助午餐及晚餐，可邊俯瞰曼谷景色邊用餐。Baiyake Sky Tower 還有一個四層高的購物廣場，以賣 T 裇的店舖為主，很有市集感覺。

info
- 222 Ratchaprarop Road, Ratchathewi, Bangkok 10400 Thailand
- 1. 乘坐 BTS 到 Phya Thai 站，在 Exit 5 轉乘機場線到 Ratchaprarop 站，在 Exit 3 徒步 10 分鐘前往 (在 Exit 3 過馬路後，直走到天橋過馬路，在天橋的商場入口穿過商場，落扶手電梯右轉就是了)
- 2. 乘坐 BTS 到 Phya Thai 或 Ratchathewi 或 Stam Square，再轉乘 Baiyoke 酒店的穿梭巴士 (shuttle bus) 前往
- +66 26563000
- Baiyoke Sky Hotel：baiyokesky.baiyokehotel.com
- 77 樓及 84 樓入場券：10:00~02:00 ฿ 450 (HKD 105)，包 83 樓酒吧飲料一杯

▲遠眺Baiyoke Sky Tower。

(圖文：次女)

Baiyoke Sky Tower 美食攻略

Baiyoke Sky Tower 美景伴嘆自助餐 Bangkok Sky Restaurant 地圖P.197

Bangkok Sky Restaurant 位於 76 及 78 層，往上還有兩間位處更高樓層的餐廳。餐廳內的自助餐的質素不俗，而且價錢比起香港的自助餐相宜，港元 200 多的價格已有香港 400、500 元的自助餐質素，十分超值。位於曼谷最高樓層，可邊品嚐美食邊欣賞美景，吃過自助餐後還可以免費到 83 樓的旋轉露天觀景台，圓形的觀景台會緩慢地自動旋轉，讓遊客不需移動也可欣賞到 360 度的美景。

▲餐廳入口。

▲可以在品嚐自助餐的同時欣賞市景，可惜到訪當天大霧瀰漫。

▶自助餐質素不俗。

◀有多款甜品，愛吃甜品的話不能錯過。

info
- 76/F & 78/F, Baiyoke Sky Tower
- 17:00~19:00，19:00~21:00
- +66 26563939
- 成 人 ฿950 (HKD 221)，兒 童 ฿465 (HKD 108)
- baiyokesky.baiyokehotel.co m/dinner-buffet-bangkok.html

(文字：IKiC、攝影：蘇飛)

坐 BTS 空鐵 Silom 線 玩曼谷

BTS
National Stadium站

National Stadium(發音：「殺腩 gee喇輕測」)顧名思義就是這個BTS站有座體育館，而且National Stadium 與Siam只是一站之隔，在這兒也能感受到鄰近的人氣沸騰。

BTS 站位置

BTS National Stadium 站景點地圖

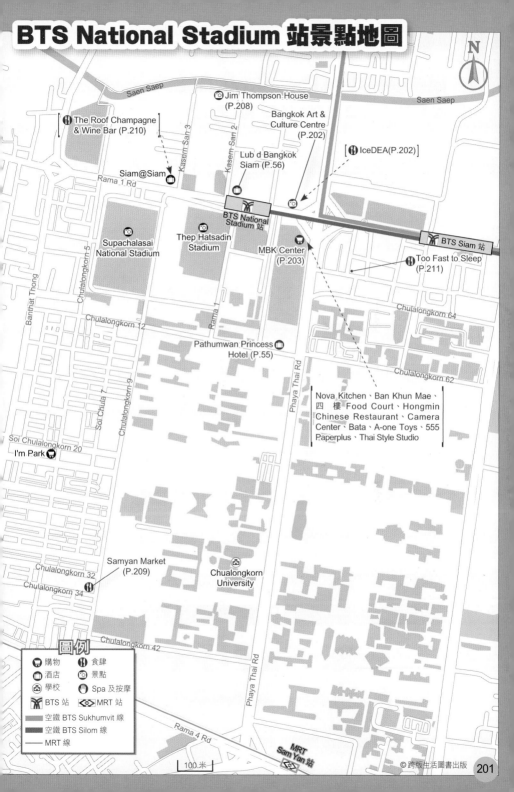

Saen Saep

Jim Thompson House (P.208)

Bangkok Art & Culture Centre (P.202)

The Roof Champagne & Wine Bar (P.210)

IceDEA(P.202)

Lub d Bangkok Siam (P.56)

Kasem San 3

Kasem San 2

Siam@Siam

Rama 1 Rd

BTS National Stadium 站

BTS Siam 站

Supachalasai National Stadium

Thep Hatsadin Stadium

MBK Center (P.203)

Too Fast to Sleep (P.211)

Banthat Thong

Chulalongkorn 5

Chulalongkorn 64

Chulalongkorn 12

Rama 1

Chulalongkorn 62

Pathumwan Princess Hotel (P.55)

Phaya Thai Rd

Soi Chula 7

Chulalongkorn 9

Nova Kitchen、Ban Khun Mae、四 樓 Food Court、Hongmin Chinese Restaurant、Camera Center、Bata、A-one Toys、555 Paperplus、Thai Style Studio

Soi Chulalongkorn 20

I'm Park

Samyan Market (P.209)

Chulalongkorn 32

Chualongkorn University

Chulalongkorn 34

Chulalongkorn 42

Phaya Thai Rd

圖例

購物		食肆	
酒店		景點	
學校		Spa 及按摩	
BTS 站		MRT 站	

空鐵 BTS Sukhumvit 線
空鐵 BTS Silom 線
MRT 線

Rama 4 Rd

MRT Sam Yan 站

100 米

© 跨版生活圖書出版

創意藝術中心 Bangkok Art & Culture Centre 地圖P.201

▲中心位於MBK對面。

從曼谷最新的藝術中心 Bangkok Art & Culture Centre 能夠建立在最旺最繁盛的中央地區，就知道泰國有多重視藝術創意的發展。這棟全白色的大樓，樓高 11 層，有展覽場地、藝術畫廊、表演場地，以及圖書中心。中心沒有把展覽搞得高高在上，與人有距離，而是把日常生活混入藝術之中，除了展覽外，也有創意小店進駐，令文化中心更具年輕力量。

◀不少展覽都免費入場。

▲頂層的迴廊畫滿街頭風塗鴉。

這裏定期有不同主題的展覽。

info
- 939 Rama 1 Road, Wangmai, Bangkok
- 乘搭 BTS 在 National Stadium 站下車，步行約 1 分鐘
- 10:00~20:00(逢周一休息)
- +66 22146630-8
- www.bacc.or.th

Bangkok Art & Culture Centre 美食攻略

> Bangkok Art & Culture Centre　古怪雪糕店 IceDEA 地圖P.201

▲像草皮一樣的朱古力Brownie。

創意的確無限制，即使在食物上也可以表現出非凡創意。這家 IceDEA 雪糕店，名字充滿 idea，雪糕口味獨特，有泰式凍檸茶、益力多、咖喱炒蟹等，還提供奇趣的食物，如外形像吉列豬扒的炸雪糕，像草皮一樣的朱古力 Brownie(฿ 109、HKD 24)，所有概念都來自店主，只此一家，值得一試。

▲店裏店外均座無虛席。

▲吉列豬扒裏面是雪糕。

info
- 4/F, 939 Rama 1 Road, Wangmai, Bangkok (Bangkok Art & Culture Centre 內)
- 11:00~18:00(逢周一休息)
- +66 898345950
- www.icedea.com

乜都有商場 MBK Center 地圖P.201

如果説曼谷有個商場叫 Mahboonkrong 可能未必有人識，不過它的簡稱就人人皆知。無錯，就是 MBK。MBK 位於 BTS 站旁邊，已開業多年，樓高七層，商店近千，走中低價大眾化路線，在這裏可能找到不少冒牌貨，但細意行逛，或會發掘到得意小店，例如把 Converse 改頭換面的藝術家、為你拍寫真的攝影館等，其 food court 亦值得推介。

▲ 商場人氣極旺。

▲ 內有很多特色小店。

▲MBK位於BTS旁邊。

> 🏠 444 Phayathai Road, Pathumwan, Bangkok
> 🚇 乘搭 BTS 在 National Stadium 站下車，步行約 1 分鐘
> 🕐 10:00~22:00
> 📞 +66 28539000
> 🌐 www.mbk-center.co.th

MBK美食購物攻略

MBK 泰式素菜 Nova Kitchen 地圖P.201

假如你是素食者，或者信佛，想在曼谷吃素菜，推介到 MBK 地下的 Nova Kitchen。這家餐廳雖然似食堂，不過素菜味道不錯，食物有素叉燒包、素湯麵等，其中充滿泰國風味的煲仔素翅、素冬蔭功等值得一吃，吃素也吃得特別滋味。

▲ 餐廳面積頗大！

▲ 素翅(B 180，HKD 40)。

▲ 炸豆卜(B 75，HKD 17)。

▲ 素叉燒(B 140，HKD 31)。

> 🏠 G/F, MBK, 444 Phayathai Road, Pathumwan, Bangkok (TOPS Supermarket 附近)
> 🕐 10:00~21:00 📞 +66 852273792
> 💰 點心 B 60 (HKD 13) 起，人均消費約 HKD 80
> 🌐 www.facebook.com/novakitchenmbk/

National Stadium

Ratchadam

Sala Daeng
Chong Nons

Surasak
Saphan Taksir

Hea 玩潮遊嘆世界 Easy Go!─曼谷

> MBK

唐人街的中菜 Hongmin Chinese Restaurant 地圖P.201

◀炒米粉相當足料。

「和成豐」這間唐人街有名的中菜館，應該很多人都有印象，而 Hongmin Chinese Restaurant 就是源自和成豐，同氣連枝，算是和成豐的分店。

店家主打魚翅，還有點心、中式小炒、炒粉麵，甚至碟頭飯。整體價錢不太貴，而且選擇多，可說是豐儉由人。想食中菜，不用跑到老遠的唐人街。

◀皮蛋瘦肉粥相當到家。

▶Hongmin Chinese Restaurant。

▶大堂中間寫着「香味」二字，非常港式。

info
- 🏠 Shop 3AM-09-11, 3/F, MBK & Shop 1B-00/1, G/F, MBK, 444 Phayathai Road, Pathumwan, Bangkok
- 🚇 乘搭 BTS 在 National Stadium 站下車，從天橋直達商場
- 🕐 11:00~22:00
- 📞 +66 26115643 (3/F)/+66 26209492 (G/F)
- 🌐 www.hongminrestaurant.net

> MBK

MBK中鮮為人知 四樓Food Court 地圖P.201

MBK 六樓有個大型 food court，人山人海，點菜、找座位等是一大問題。不用擔心！MBK 四樓有一個較小的 food court，那兒的食客以當地人居多。雖然攤檔不多，但都算應有盡有，大家喜愛的海南雞飯、豬手飯等都不難找到，而且座位充足，吃得舒服自在。

▲Food court專用的食物Coupon超懷舊！

▲炸雞扒飯還附送熱湯。

▲食堂不算大，但一家有座位！

> ℹ️ Tips!
>
> 在這兒吃飯需要使用餐券，可到 Food Court 櫃枱購買，用不完的話可以換回現金。

▲฿40 (HKD 9)一碗魚蛋麵，份量十足。

info
- 🏠 4/F, MBK, 444 Phayathai Road, Pathumwan, Bangkok
- 🚇 乘搭 BTS 在 National Stadium 站下車，步行約 1 分鐘

MBK 正宗泰菜 Ban Khun Mae 地圖P.201

Ban Khun Mae 的意思是老媽的家，店裏的環境極具泰式古情懷，內有許多泰國舊式的家具，譬如其中一部舊衣車就用作桌子。

食店以正宗泰國菜作招徠，但菜式不會因為遊客的口味而更改，價錢尚算合理。每晚 19:00~21:00 還有傳統泰國音樂表演，一邊吃正宗泰菜，一邊聽泰國傳統音樂表演，真是一流享受。別以為食店只會吸引遊客，其實很多泰國人也喜歡來光顧，尤其假日，店裏有半數以上的客人都是泰國人。

▶ 令人開胃的泰式海鮮糕。

▲ 燒鱸魚 (฿ 390、HKD 91)。

▶ 芒果糯米飯 (฿ 150、HKD 35)。

info
🏠 2/F, MBK, 444 Phayathai Road, Wang Mai,Patumwan District, Bangkok
🕐 11:00~22:00(2樓) / 23:00(1樓)
📞 +66 809884756
　　+66 020484593
🖥 www.bankhunmae.com

▶ 蟹肉粉絲煲 (฿ 420、HKD 98)。

Hea 玩潮遊嘆世界 Easy Go!──曼谷

> MBK **專業攝影中心 Camera Center** 地圖P.201

　　MBK 裏面有很多專業的商店，如 Camara Center 地帶內的店舖，貨品都是專業的相機器材，連拍電影的器材也可以找到。雖然部分產品香港有售，不過這裏貨品種類齊全，價錢便宜，有關副產品更包羅萬有。值得一提的是，其中一間店的櫥窗放了很多 Canon 貴價相機和爺爺年代的相機，不妨參觀一下。

▲Camera Center內有多家專業相機店。

▲這間店展出了多台老爺相機。

▲單是腳架已有很多選擇。

◀除了器材，也有很多售賣周邊產品的店舖。

info
- 🏠 5/F, MBK, 444 Phayathai Road, Pathumwan, Bangkok
- 🚇 乘搭 BTS 在 National Stadium 站下車，從天橋直達商場
- ⏰ 10:00~22:00

> MBK **正牌憤怒鳥 Bata** 地圖P.201

▲門面光鮮，一看就知是正版貨。

　　在泰國售賣的憤怒鳥 Angry Bird 產品很多都不是正版授權的，但在 MBK 的 Bata 鞋店，最新售賣的憤怒鳥鞋子和小童用品，肯定是正版貨，款式很多，包括上學鞋、襪子、童鞋、休閒鞋，以及書包等等，全是正版授權的商品。Bata 是泰國一個頗為出名的鞋品牌，如果你支持正版，又喜歡 Angry Bird，不妨到這兒看看。

info
- 🏠 2/F, MBK, 444 Phayathai Road, Pathumwan, Bangkok
- 🚇 乘搭 BTS 在 National Stadium 站下車，從天橋直達商場
- ⏰ 10:00~22:00
- 📞 +66 889805597
- 🌐 www.bata.com/th/en/

▲印上Angry Bird圖案的童鞋。

▲Angry Bird真酷！

National
Stadium

Ratchadamri

Sala Daeng,
Chong Nonsi

Surasak
Saphan Taksin

曼谷超人玩具 A-one Toys 地圖P.201

MBK

　　A-one 不是麵包店，而是人形玩偶店舖，售賣不同類型的 figure。麥記的玩偶，要吃幾次套餐加錢，才可換到整套，但在這間店裏，你無需光顧麥記就可一次過用錢買到整套 figure。除了麥記，還有一些日系人形玩偶，如果你是 figure 發燒友，一定要來這兒。

▲幪面超人面具由 ฿ 250 (HKD 55)起。

▲這兒是玩具迷必逛的店舖。

各款figure ฿ 280 (HKD 62)起。

info
- 🏠 6/F, MBK, 444 Phayathai Road, Pathumwan, Bangkok
- 🚇 乘搭 BTS 在 National Stadium 站下車，從天橋直達商場
- 🕐 10:00~20:00　　📞 +66 946295946/+66 89145044
- 🖥 www.facebook.com/AOneToys

哈哈哈紙品店 555 Paperplus 地圖P.201

MBK

　　哈哈哈是泰文「555」的發音，這間紙品店是當年泰國第一間紙品店，歷史相當悠久，至今依然屹立不倒，在 MBK 三樓有專門店。555 Papaerplus 有自家設計的人物、自家紙品的賀卡、貼紙和不同種類的包裝紙，甚至有有趣的 memo 紙，價錢不貴。除售賣紙品外，還提供卡片、請柬、月曆等印製服務，有興趣不妨查詢。

◄好一個美麗的紙世界。

◄自家設計的人物。

info
- 🏠 3/F, MBK, 444 Phayathai Road, Pathumwan, Bangkok
- 🚇 乘搭 BTS 在 National Stadium 站下車，從天橋直達商場
- 🕐 10:00~21:00　　📞 +66 26209448
- 🖥 www.555paperplus.com

▲這些活動式紙偶好可愛啊！

MBK 專業影樓 Thai Style Studio 地圖P.201

在 MBK 之內有數家影樓，而當中最專業的要數 Thai Style Studio。影樓除了提供淨色背景外，還有不同的泰式風情場景，顧客亦可租用影樓內的服飾，有不同特色的民族服裝，如泰式、日式、韓式等。價錢視乎不同的套餐，由數千至萬多銖也有，視乎你需要的相片尺寸及數量。

◀ 攝影師會教你擺姿勢。

▲ Thai Style Studio可拍任何泰國服裝造型。

◀ 攝影師好專業啊！

info
🏠 Shop 3C.09, 3/F, MBK, 444 Phayathai Road, Pathumwan, Bangkok
🚇 乘搭 BTS 在 National Stadium 站下車，從天橋直達商場
🕐 10:00~20:30   📞 +66 26117136
📧 thaistylestudio1984.com
🌐 www.facebook.com/thaistylestudio1984/

泰絲第一家 Jim Thompson House 地圖P.201

▲ Jim Thompson的昔日大宅華麗不凡。

Jim Thompson 是泰國著名的絲綢品牌，Jim Thompson House 泰絲店即以 Jim Thompson 這位美國人的名字命名，原來他曾是美國軍人，戰後移居泰國開設泰絲廠，當年他住在 National Stadium 站附近，舊居現在變成了博物館。可參加博物館的導賞團，40 分鐘帶你遊大宅，了解這位因泰絲而富起來的大宅主人。

◀ 博物館內售賣的泰絲產品。

▲ 屋內仍保留了當時的擺設。

ℹ️ Tips!
留意博物館當日最後一團導賞團在 17:00 出發。

info
🏠 6 Soi Kasemsan 2, Rama 1 Road, Bangkok
🚇 乘搭 BTS 在 National Stadium 站下車，步行約 5 分鐘
🕐 10:00~18:00   📞 +66 22167368
💰 成人 ฿ 200 (HKD 33)，22 歲以下 ฿ 100 (HKD 22)
🌐 jimthompsonhouse.org

草根街市鋸肉排 Samyan Market

地圖P.201

在 MBK 後面有個 Samyan Market，像香港的市政大廈一樣，下面是普通街市，乾淨衛生；上面是大排檔。大排檔可以容納千人，主要提供肉排類食品，有超過十個攤檔，每個攤檔都貼上店主的照片和食物圖片，以及電視台採訪的照片。泰國人喜歡來這裏吃扒餐，價錢便宜，選擇多，尤其到傍晚，人潮幾乎擠滿整層樓，與接近一千人一起鋸扒的感覺真爽，也富有草根味。

▲ 街市樓上的食堂又光猛又衛生。

◀ 吃水果當然不能錯過榴槤。

▲ Samyan Market正門。

◀ 各式攤檔應有盡有。

▲ 以優惠價錢「鋸扒」。

info
🏠 Chula soi 34, Bangkok
🚇 乘搭 BTS 在 National Stadium 站下車，步行約 5 分鐘；或乘 MRT 在 Sam Yan 站下車後乘的士前往，大約 ฿ 35~40 (HKD 8~9)
🕐 地下街市 05:00~17:00
　　樓上大排檔 05:00~24:00

▲ 足量的豬柳和炸魚只需฿ 100 (HKD 22)，好便宜啊！

浪漫燈光效果
The Roof Champagne & Wine Bar 地圖P.201

▲露天酒吧景色開揚！

曼谷的酒店流行天台餐廳，Siam@Siam 也不例外。在 National Stadium 站附近的 Siam@Siam 酒店內，有數間天台餐廳，讓食客在坐擁一流環境之中進食。餐廳價格走高檔路線。(不過餐廳對客人沒有特定衣着標準要求)。The Roof Champagne & Wine Bar 入型入格，這裏環境開揚，晚上配上不同的燈光效果，真是又型又 hip。留意露天酒吧可能受天氣影響而暫停營業，最好先致電查詢，以免摸門釘。人均消費約 HKD 200。

◀更上一層樓，更好風光。

info **Siam@Siam 酒店**
🏠 865 Rama 1 Road, Opposite National Stadium, Wang Mai, Patumwan, Bangkok
🚇 乘搭 BTS 在 National Stadium 站下車，步行約 5 分鐘
☎ +66 22173000
🖥 餐廳：www.siamatsiam.com

info **The Roof Champagne & Wine Bar**
🏠 25/F, Siam@Siam 酒店內
🕐 18:30~24:00

人氣咖央包 Mont Nom Sod 地圖：大地圖背面(市中心景點)

▲店內店外都人頭湧湧。

Mont Nom Sod 是家名不經傳的麵包店，總店位於 Backpacker 區 Khao San 路附近，以自家農場的牛奶製作麵包，份外香醇軟熟，令麵包店成為泰國人的最愛。麵包店早前終於在曼谷開設分店，選址 MBK，比起 Khao San 更加方便，經常出現排隊人龍，最受歡迎的是牛油麵包、砂糖包以及咖央包，值得一試。

▶麵包新鮮出爐香噴噴。

▲自家農場奶類飲品種類繁多。

info 🏠 160 1-3 Dinso Rd, Sao Chingcha, Phra Nakhon, Bangkok
🚇 地鐵站 Sam Yot 站下車，步行約 12 分鐘
🕐 14:00 - 23:00　📞 02-224-1147, 02-224-1989
🖥 www.mont-nomsod.com

不眠文青café Too Fast To Sleep 地圖P.201

National Stadium

Ratchada

Sala Daeng Chong No

Surasak Saphan Tak

Too Fast To Sleep 是一家 24 小時營業的 café，由於鄰近朱拉隆功大學，所以每時每刻都吸引了不少大學生在此溫習或討論功課。Café 供應的飲品種類很多，價錢也相當便宜，如果想吃正餐，可到門外的熟食檔（非 24 小時）買一客雞飯。另外，下機後來到曼谷市中心，但未到酒店 check-in 時間的話，可考慮來這兒稍作歇息。

▲Café 只供應最簡單的蛋糕和小食，但飲品種類卻很多。

▲由BTS步行前往會較由MRT前往遠；Café就在MRT站外。

▲Café環境很舒適，還有席地而坐的座位。

▶雖然是在café內，不過仍然充滿綠意。

info
🏠 762 Rama 4 Road, Si Phraya, Bang Rak, Bangkok
🚇 乘搭 MRT 在 Sam Yan 站下車，步行約 2 分鐘；或由 Sala Daeng 站步行約 15 分鐘或乘計程車前往
🕐 09:00 - 20:00　📞 +66 863009944
💻 www.facebook.com/toofasttosleep

（圖文：嚴潔盈）

PART 8.2
BTS
Ratchadamri站

Ratchadamri(發音：「喇dum烈」)
有一所皇家體育俱樂部，除了有賽馬，
還有人在俱樂部的草地打哥爾夫球，在
俱樂部附近有不少商場和餐廳。

BTS 站位置

N4 Sanam Pao

N3 Victory Monument

ℹ️ Phaya Thai N2   Ratchaprarop   Makkasan
            Phaya Thai   Phetchaburi

Ratchadamri
            Siam   Chit Lom   Phloen Chit   Nana
National   E1   E2   E3   Nana
Stadium W1   Ratchadamri   Asok   E4
        Sala   S1   Queen Sirikit
    Sam Daeng   S2   National
    Yan   Si Lom   Convention Centre
Hua   Lump-   Khlong
Lamphong   hini   Toei
            Chong Nonsi S3   Park
                    Sathorn
                    Arkhan
                    Songkhro
            S5   Surasak

周日飲飽食醉 Sunday Brunch 地圖P.213

位於 Anantara Siam Bangkok Hotel 的 4 間主要餐廳：意菜 Biscotti、壽司吧 Shintaro、泰菜 Spice Market 及美式 Guillty，曾獲獎無數，每逢周日都會集合 3 間餐廳供應 Sunday Brunch，各自提供即煮食物，用料保證優質，多次被選為曼谷最佳的 Sunday Brunch，經常滿座！推介其中源源不絕供應的燒鵝肝、魚子醬及即叫即燒的肉類海鮮，還有無限香檳及雞尾酒，要回本毫不困難！食物價錢一位含稅 ฿ 2,600 (HKD 605) 起，需提前一星期預約。

▶3間餐廳都傾巢而出，製作不同美食。

▲多年來每個周末都必定爆場。

▲廚師即場炮製美食。

info
🏠 G/F, 155 Rajadamri Road, Bangkok (Anantara Siam Bangkok Hotel 內，P.47)
🚇 乘搭 BTS 在 Ratchadamri 站下車，步行約 2 分鐘
🕐 逢周日 12:00~15:30　📞 +66 21268866
🌐 www.anantara.com.cn/siam-bangkok/restaurants/sunday-brunch

BTS Ratchadamri 站 景點地圖

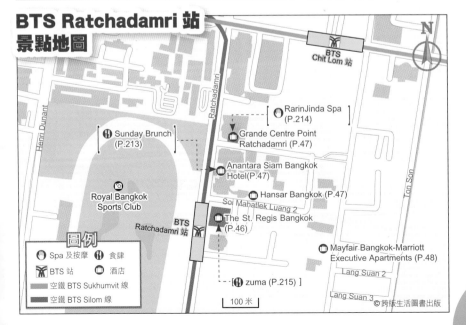

泰式水療 RarinJinda Spa

地圖P.213

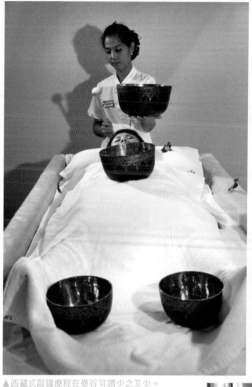

RarinJinda 是大家熟識的 Let's Relax 按摩的高級版，位於曼谷 Grande Centre Point Ratchadamri 裏面，共佔兩層，設有 17 間水療房間，以高端科技及先進設施備受推崇，多次被評為最佳水療中心，有智能式浴缸、腳底按摩椅、熱沙按摩床等等，不少五星級酒店內的水療中心也不及這兒齊全。

療程除了一般泰式按摩及 Day Spa，還引入印度式滴油 Shirodhara Treatment 及四手按摩等，價錢實惠。2 小時香薰油按摩 ฿ 3,000 (HKD 714)，必須預約。

▲RarinJinda位於酒店內，共佔兩層。

▲西藏式敲鐘療程在曼谷可謂少之又少。

▲中心環境悠閒優雅。

▲泰式按摩房有空間感。

info
🏠 8/F, 153/2 Soi Mahatlek Luang 1, Ratchadamri Road, Lumpini, Pathumwan, Bangkok (Grande Centre Point Ratchadamri 酒店內，P.47)
🚇 乘搭 BTS 在 Ratchadamri 站下車，步行約 5 分鐘
🕙 約 10:00~24:00
📞 +66 20919088
🌐 www.rarinjinda.com

本地新派日本菜 zuma 地圖P.213

除了正宗意菜，St. Regis 酒店也帶來了由倫敦紅遍全球的新派日本餐廳 zuma。zuma 當年在倫敦甫開張即獲選為年度餐廳，短短十年間已開了六間分店，其最新的餐廳則落戶曼谷的 St. Regis，招牌名菜如薄切鱸魚刺身、麻香辣汁燒牛柳等已成為曼谷話題菜式，雖然香港也有 zuma，但菜單則全不相同，因為每家店都有各自的特色，配合當地的味道而創，所以在曼谷要吃日本菜的話，這間是不二之選。

National Stadium

Ratchadamri

Sala Daeng, Chong Nonsi

Saphan Taksin, Surasak

餐廳內用了大塊岩石裝飾，別樹一格。

▶zuma dragon maki (฿ 145、HKD 32)。

▲餐廳在曼谷比較親民，感覺自在。

info

🏠 G/F, 159 Rajadamri Road, Bangkok
(St. Regis Bangkok 酒店內，P.46)
🚇 乘搭 BTS 在 Ratchadamri 站下車，步行約 1 分鐘
🕐 餐廳 12:00~15:00、18:00~23:00
酒吧周日至周四 12:00~24:00、周五至周六 12:00~01:00
📞 +66 22524707
@ reservations@zumarestaurant.co.th
🖥 www.zumarestaurant.com

▲suzuki no osashimi (฿ 145、HKD 32)。

Hea 玩潮遊嘆世界 Easy Go!——曼谷

BTS Sala Daeng、Chong Nonsi 站

Sala Daeng(發音：「沙喇掟」)有很多餐廳和酒吧，還有夜市集，故晚上特別多姿多采。這裏有很多不同國家的餐廳，日本餐廳尤其多。此外，這區有些街巷看似小型紅燈區，盡顯Sala Daeng是個不夜區的一面。

Chong Nonsi(發音：「倉弄是」)是銀行區，有很多銀行總行都設於這區，此外還有多間酒店及醫院。不知是否這原因，在這裏問路時所得到的回答，都是發音準確又清楚的英語，在這裏不怕迷路啊。

BTS 站位置

- N3 Victory Monument
- N2 Phaya Thai / Phaya Thai / Ratchaprarop
- **Sala Daeng**
- Siam
- W1 National Stadium
- E1 Chit Lom
- E2 Phloen Chit
- E3 Asok / Nana
- E4
- Ratchadamri
- S1 Queen Sirikit National Convention Centre
- Sam Yan
- Sala Daeng / S2 Si Lom / Lumphini Park / Khlong Toei
- Hua Lamphong
- Chong Nonsi / S3 Sathorn
- Surasak
- Saphan Taksin / S5
- S6
- **Chong Nonsi**

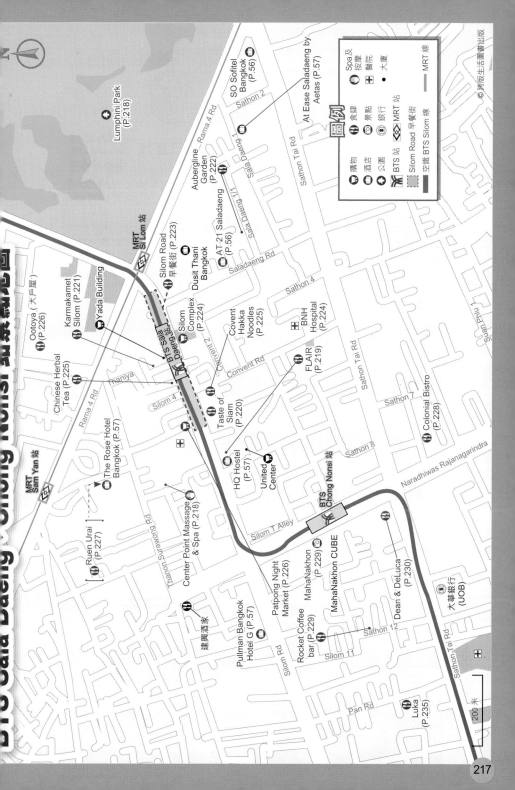

Sala Daeng站

昔日泰王御花園 Lumphini Park 地圖P.217

▲公園入口，那個雕像是已故泰王拉瑪六世。

▲入口有數個小食攤檔，可買些食物在園內野餐，但記得清理垃圾。

位於曼谷市中心的 Lumphini Park(倫披尼公園)，從前是泰王六世的御花園，後來改建成公共公園，有點像是曼谷版的紐約中央公園。約 58 公頃的公園內，隨處可見人們騎單車、野餐、跑步或散步，實在是鬧市中難得的自然休憩處。最特別的是，園內有水巨蜥出沒，看到的話，不要嚇倒牠們！

▲在湖邊坐下，感受一下曼谷難得的寧靜空間。

公園範圍頗大，不少當地人以單車代步，旅客則可徒步悠閒地看風景。

info
- Rama 4 Road, Pathumwan, Bangkok
- 乘搭 BTS 在 Sala Daeng 站下車，步行約 5 分鐘；或乘搭 MRT 在 Si Lom 站下車即達
- 04:30~21:00

(圖文：嚴潔盈)

廉價揼骨天堂 Center Point Massage & Spa

地圖P.217

在曼谷有 4 間分店的 Center Point Massage & Spa，以 Silom 區的分店規模最大，按摩房間和走廊通道都放滿了不同的泰國藝術擺設，使人放鬆，盡情享受按摩。作為旗艦店，這裏的房間亦較大，可容納更多人同時按腳或做泰式按摩，即使一班朋友來揼骨，無論多少人都可以包房，一邊按一邊聊天，實在暢快。1.5 小時泰式按摩 ฿ 1,050 (HKD 224)。

▼Center Point Massage & Spa。

▲技師手勢不錯。

info
- 128/4~5 Silom Soi 6, Silom Road, Suriyawongse, Bangrak, Bangkok
- 乘搭 BTS 在 Sala Daeng 站下車，步行約 3 分鐘
- 10:00~24:00 (23:00 後停止預約)
- +66 26340341-2
- www.centerpointmassage.com

回頭率極高的紫藍咖啡 FLAIR 地圖P.217

位於 BTS Sala Daeng 站附近的 FLAIR，以充滿夢幻感的手沖紫藍咖啡成名，其實所謂紫藍咖啡，即是以蝶豆花製作的飲料，成分天然健康。較受歡迎的藍飲款式，包括 Blue Cloud 和 Blue Marble，前者以蝶豆花茶和牛奶沖泡而成，後者則是以蝶豆花茶、椰汁、牛奶、斑蘭葉混合而成。剛沖泡完成的時候，看着牛奶在深藍色調的冷茶中如雲霧般緩緩墜下，感覺如像看着星空！除了藍飲系列，FLAIR 還供應如蜂蜜伯爵茶、抹茶豆奶、薄荷朱古力咖啡、泰式杏仁奶茶等多款特飲。

National Stadium

Ratchadamri

Sala Daeng, Chong Nonsi

Saphan Taksin, Surasak

▲FLAIR的外賣櫃位在Thaniya Plaza內。

▲餐牌有建議飲品。

▶ Blue Marble(฿70、HKD 16)以蝶豆花茶、椰汁、牛奶、斑蘭葉沖泡而成，是FLAIR最受歡迎的飲品。

Hea 玩潮遊嘆世界 Easy Go!——曼谷

info
🏠 323 Si Lom, Silom, Bang Rak, Bangkok（United Center 內）
🚇 乘搭 BTS 在 Sala Daeng 站下車，步行約 13 分鐘
🕐 07:30-17:00；星期六及日休息　📞 +66 926142639
💻 facebook.com/flairbkk

（圖文：嚴潔盈）

商廈內฿16抵食船河 Taste of Siam 地圖P.217

　　來到曼谷，許多人都會躍躍欲試細細碗的船河，貪其美味又便宜。想試船河不一定要坐在炎熱的街頭攤檔，在 BTS Sala Daeng 站附近的商廈 CP Tower 內的 Taste of Siam，就讓大家可以歎住冷氣吃船河。Taste of Siam 的船河湯底多達 7 款，麵底亦有 6 款，每小碗只是 ฿16(HKD 3.6)。除了船河，店員還推介排骨酸湯 (Super Lang)，果然美味！因此亦建議遊客點一些店內的泰式小吃、湯品、甜品，應該同樣出色。

◀ 店員非常親切，會介紹不同湯底和麵底有何分別，上菜速度亦非常快。

▲中午開始，店門外已經人頭湧湧！

▲上：濃湯豬肉粉絲(Thicken Soup Glass Noodles with Pork)；左：雞肉乾拌寬河粉(Dried Wide Rice Noodles with Chicken)；右：冬陰公湯米粉(Tom Yam Soup Rice Vermicelli)，每碗都只是฿16(HKD 3.6)！

▲食完船河要疊起碗子，方便店員最後結算。

i Tips!
餐廳位於商業區，所以星期一至五都非常繁忙，常常要排半小時至一小時輪候入座，建議遊客於周末或假期前往光顧，避開人潮。

▲店員推介的排骨酸湯(Super Lang，฿79，HKD 18)。湯底微酸又夠熱，排骨燉得軟稔，大推！

info
🏠 Silom Road Bang Rak, Bangkok (CP Tower 內 2F)
🚇 乘搭 BTS 在 Sala Daeng 站下車，步行約 5 分鐘
🕐 11:00-19:00
📞 +66 879180344

（圖文：嚴潔盈）

無印風香薰品牌 Karmakamet Silom

地圖 P.217

Karmakamet Silom 原本只是 JJ Market 的小店，現已變成較有規模的香薰店。這裏售賣各式各樣的香氣產品，如蠟燭、香薰、香薰膏、精油、沐浴用品等，也有售配合此店風格的 Tee、Tote bag(手提袋)、文具等，頗有無印良品的味道。一進店，左邊是提供輕食的 café，右邊則是佔據了整面牆的大書櫃，讓你可在香氣中邊閱讀邊悠閒享用咖啡。

▶入口處有一整面牆放了許多書本，而枱上的燈被客人所寫的卡紙「攻陷」。

▲含羞草香皂(฿ 210、HKD 46)。

▲店有20多款香薰蠟燭(฿ 1,200、HKD 284)。

▲洗髮露(฿ 750、HKD 179)，味道名稱很特別，有Café in Paris、December等。

info

🏠 G/F, Yada Building, Silom Road, Bangkok
🚇 乘搭 BTS 在 Sala Daeng 站 3 號出口下車，步行約 2 分鐘
🕐 10:00~22:00　📞 +66 22371148
💻 www.everydaykmkm.com

(圖文：嚴潔盈)

得獎法國菜 Aubergine Garden 地圖P.217

Aubergine 是不少港人最愛的法國餐廳，一到晚上總是人頭湧湧，非常熱鬧。餐廳由法籍大廚主理，曾獲得最佳餐廳獎項，食物口味正宗，無論是油封鴨腿、焗法國蝸牛或是煎鵝肝，都色香味俱全，價錢亦公道，平均每人約 ฿ 1,000 (HKD 220)，午餐可試 set lunch，฿ 650 (HKD 143) 起。

▲店內總是人頭湧湧。

▼蛋糕甜而不膩。

愛吃肉類的朋友不容錯過這道菜！

> 🏠 Sala Daeng Soi 1/1 Silom, Bangrak, Bangkok
> 🚇 乘搭 BTS 在 Sala Daeng 站下車，步行約 5 分鐘
> 🕐 11:30~14:30，18:00~22:30　📞 +66 22342226
> 🌐 www.instagram.com/auberginegardenrestaurant/

享受放鬆的時光 Body Tune Wellness Massage and Spa(Sukhumvit Soi 16) 地圖P.137

Body Tune 最新的店家於 2023 年 11 月開幕，鄰近班嘉奇蒂公園，內部裝潢簡約時尚，卡其色與白色的配合提供客人一個乾淨、舒適的空間，可以在店內放鬆身心。服務包括泰式按摩、香氛精油按摩、足部按摩。

▲目前位於Silom站的分店已關閉。

> 🏠 39 Sukhumvit Soi 16, Khwaeng Khlong Toei, Khlong Toei, Bangkok
> 🚇 BTS Skytrain Asok 站下車，步行約 12 分鐘
> 🕐 11:00-22:00
> 📞 +66 02 106 3899
> 🌐 www.bodytune.co.th

滿街美食 Silom Road早餐街 地圖P.217

地圖P.217

到底泰國人吃甚麼早餐呢？泰國人吃的早餐都是一些不太 heavy 的食物。如果想試試在地的早餐，不妨到 Silom 路，每日早上10:00 前，很多攤檔都會在 Dusit 酒店門前營業，提供飯、多士、餅、三文治和小塊的油炸鬼等早餐，種類繁多，泰式、西式、中式等一應俱全，連海南雞飯也可當作早餐。食物價錢 ฿ 35~40 (約 HKD 8~9) 起。

National Stadium

Ratchadamri

Sala Daeng, Chong Nonsi

Saphan Taksin Surasak

► 香辣的餸菜。

◄ 早餐選擇種類多。

▲ 以大鑊炮製一份份早餐。　　　　▲ 大家都來這兒買早餐。

▲ 各式大包。

一排的攤檔別有風味。

info
- Silom Rd, Silom Bangrak, Bangkok
- 乘搭 BTS 在 Sala Daeng 站下車
- 10:00 前

一站式體檢 BNH Hospital 地圖P.217

如果想在曼谷做身體檢查，可考慮到曼谷 BNH Hospital。BNH Hospital 可算是歷史最悠久的私家醫院，設備先進齊全，感覺像酒店多過醫院。這裏有專為遊客而設的體檢服務，價錢相宜，由 ฿ 2,490 (HKD 593) 的簡單檢查至 ฿ 17,900 (HKD 4,262) 的全面分析都有，更提供不同套餐，切合男女和不同年齡人士所需，一般兩小時可取驗身報告，而且預約方便，全程上網安排，方便妥當。

▲ 就算不看病，也可把醫院當景點參觀。

▲ 醫院建於1897年，為最早的泰國私家醫院。

▶ 2樓有來自新加坡的餐廳餅店。

info
🏠 9/1, Convent Road, Silom, Bangkok
🚇 乘搭 BTS 在 Sala Daeng 站下車，步行約 8 分鐘
🕐 全身檢查：平日 07:00~17:00，周末 07:00~16:00
📞 +66 20220700   🌐 www.bnhhospital.com

驚喜滿載 Silom Complex 地圖P.217

Silom Complex 是曼谷另一間緊貼 BTS 站的百貨公司，共有地面五層及地庫，內有不同商店及食店。地庫有各式餐廳，一樓以化妝品為主，其餘各層售賣時裝、電子產品、首飾及書籍。Silom Complex 在 Sala Daeng 站一出就到，很適合想在短時間內買較多物品，又不想花太多時間逛商場的旅客。

◀ Silom Complex。

▲ 家品用具。

◀ 各式時裝。

▲ 各式各樣的貨品應有盡有。

info
🏠 191, Silom Road, Silom, Bangrak, Bangkok
🚇 乘搭 BTS 在 Sala Deang 站下車，步行約 1 分鐘
🕐 10:30~21:00   📞 +66 26321199   🌐 www.silomcomplex.net

悠久中式涼茶 Chinese Herbal Tea 地圖P.217

　　泰國曼谷是一個中國氣氛頗為濃厚的國家，每年的農曆新年在唐人街的氣氛比香港還要熱烈。中式飲食文化也在曼谷隨處可見，譬如 BTS Sala Daeng 站內有一間超過 60 年歷史的中式涼茶店。中式涼茶由早期中國移民引入泰國，店舖的涼茶種類繁多，一支 ฿ 25 (HKD6)，別有一番風味。如你住在 Silom 的話，不妨來喝杯中式涼茶！

▲涼茶種類繁多。

▲涼茶店就在BTS站外面。

info
🏠 BTS 站 Sala Daeng 站內
🕐 10:00~18:00

另類廣東麵 Convent Hakka Noodles 地圖P.217

　　Silom 上的 Soi Convent，可說是美食街，其中 7-11 旁的 Convent Hakka Noodles，可以吃到另類廣東麵。這兒的廣東麵做法和配料都很特別，雲吞和叉燒與港式的不同，而且較袖珍。麵店每日從早到晚都座無虛席，一碗麵 ฿ 30 (HKD 7) 起。

► 大家都吃得津津有味。

▲叉燒雲吞麵。

info
🏠 Silom Road, soi Convent, Bangkok (7-11 附近)
🚆 乘搭 BTS 在 Sala Daeng 站下車，步行約 5~8 分鐘
🕐 07:00~23:00　　🔗 bit.ly/3Ibjduk

夜百貨 Patpong Night Market 地圖P.217

夜百貨夜市集售賣各式各樣產品。

Patpong 夜市有點像香港的女人街，不過店舖較集中，很多遊客愛到這裏逛街和買東西。這個夜市賣的有絲巾、絲裙、領帶、裝飾、內衣、手錶、牛仔褲等，而這裏的老闆已經習慣了「篤」計數機開價和講價。在 Patpong 夜市鄰近的街道有不少路邊攤，有些更是賣情趣用品的，例如假陽具。

▲夜百貨市集(Patpong Night Market)，吸引了不少遊客前來。

Tips!

1. 絲質長裙 A 店：老闆娘開價 ฿ 450，我講價 ฿ 250，但睇睇吓都係唔鍾意，說要離開，老闆娘即再減到 ฿150，不過因不喜歡款式，最後沒買。(慳 HKD 66)
2. 絲質長裙 B 店：因已有 A 店經驗，今次老闆娘開價 ฿ 850，我減到 ฿ 200，即刻成交。(慳 HKD 143)
3. 絲巾店：老闆開價 ฿ 380，我減到 ฿ 200，成交。(慳 HKD 40)
4. 波鞋店：老闆開價 ฿ 1,450，我減到 ฿ 800，但最後沒我碼數，但我覺得減到 ฿ 700 都買得過。(慳 HKD 165)

info
🏠 61, Soi Thanon Patpong 1, Suriya Wong, Bang Rak, Bangkok
🚇 乘坐 BTS 到 Sala Daeng 站，出 1 號出口，步行約 5 分鐘
🕐 約 18:00~01:00

相宜日食 Ootoya(大戶屋) 地圖P.217

味道鮮甜的帶子蒸飯。

Ootoya(大戶屋) 餐廳分布全球，要數分店最多的肯定是泰國，幾乎各大商場都有分店。食物之中有個特別的帶子蒸飯定食，味道鮮甜，฿ 280 (HKD 62) 不算貴，雖然香港也有分店，但這裏肯定比香港便宜。人均消費 ฿ 380 (HKD 84) 起。

◀美味炸物。

▼Ootoya餐廳曾經坐落在Silom Thaniya Plaza。

info
🏠 CIMB Thai, 1873 4 road 10330 Bangkok
🚇 乘搭 BTS 在 Sala Daeng 站下車，步行約 15 分鐘
🕐 09:00—20:30　　☎ +66 89 923 4195
🌐 www.ootoya.co.th

SALA DAENG CHONG NONSI NATIONAL STADIUM

隱蔽泰式木屋餐廳 Ruen Urai 地圖P.217

提起 Patpong 夜市 (P.226)，就會想起酒吧和夜生活，不過在這個夜夜笙歌的地帶對面，有一間很有特色的中古泰式木屋餐廳 Ruen Urai。這間餐廳原來屬於 Rose Hotel 的，樓高兩層，放置了不少古董擺設，地下部分靠着酒店泳池，除了供應傳統泰菜，也有一些創意新派菜。在這兒吃飽後去「蒲」也不遲！食物價錢一道 ฿ 250~600 (HKD 58~139) 起。

National
Stadium

Ratchadamri

Sala Daeng,
Chong Nonsi

Saphan Taksin,
Surasak

▲餐廳內古色古香。

▲開了邊的蝦，味道獨特。

▶泰式魚。

▶清新開胃。

▲以「船」來盛載這道惹味的咖喱。

ℹ️ 🏠 118 Surawongse Road, Bangrak, Bangkok
(The Rose Hotel Bangkok 內，P.56)
🚇 乘搭 BTS 在 Sala Daeng 站下車，步行約 10 分鐘
🕐 12:00~22:00 📞 +66 22668268-72
🌐 www.ruen-urai.com

Chong Nonsi站

殖民地法菜 Colonial Bistro 地圖P.217

Colonial Bistro 是一間鮮為人知的法國餐廳。餐廳藏身於銀行旁邊的小巷內，佈置充滿殖民地色彩，環境優雅，以白色為主調。餐廳由店主及其男朋友經營，下層售賣蛋糕，上層是餐廳。食物以帶有 fusion 成分的法國菜和泰菜為主，午飯時多為本地人光顧，菜式價錢一點也不貴。如果來吃晚餐，最好預先訂位。人均消費 ฿ 200 (HKD 44) 起。

▲Colonial Bistro以白色為主調。

▲肉塊好juicy。

▲各式菇類配上一塊魚乾和蛋，配搭特別。

▲雞翼。

info
📍 167/2 Sathorn 7, South Sathorn Road, Bangkok
🚇 乘搭 BTS 在 Chong Nonsi 站下車前往，步行約 5 分鐘
🕐 周一至周六 11:00~14:30，17:00~22:00，逢周日休息
📞 +66 26790799
🌐 www.facebook.com/p/Colonial-Bistro-Bangkok-100054212274671/

曼谷最新skywalk地標 MahaNakhon 地圖P.217

National Stadium

Ratchadamri

Sala Daeng, Chong Nons

Saphan Taksir Surasak

MahaNakhon 在 2016 年落成，是曼谷最高的摩天大廈，共有 78 層，採複合式用途，其名稱擁有「偉大都市」的意思。

大廈由德國建築師設計，外觀獨特，由玻璃幕牆組成的幾何方塊造型帶有馬賽克風格，預計將成為遊客心目中的曼谷新地標。大廈分成高級住宅層、Ritz Carlton 酒店、高級餐廳及活動廣場。

在 74、75 有室內觀景台，78 層更設有高 314 米的 MahaNakhon SkyWalk 戶外透明觀景台，可 360 度觀賞曼谷美景，亦是現時全泰國最高的戶外觀景區！觀景台的玻璃地板能供遊人 360 度欣賞曼谷。推介夜晚來，其夜景美得令人著迷。

▶共有78層的MahaNakhon是曼谷的摩天大廈。

info
- 📍 114 Narathiwat Road, Silom, Bangrak, Bangkok
- 🚇 乘搭 BTS 在 Chong Nonsi 站下車，步行約 1 分鐘
- 🕐 觀景台開放時間 10:00~19:00，18:30 停止入場
- 💲 網上購票成人 ฿ 880(HKD 205)，兒童及長者 ฿ 250 (HKD 58)
- 📞 +66 22341414
- ✉️ kingpowermahanakhon.co.th

（圖文：嚴潔盈）

時尚café 嘆手沖咖啡
Rocket Coffeebar 5.12 地圖P.217、233

Rocket是近年迅速竄紅的café，招牌是手沖咖啡，寧靜型格的店內常常飄散怡人的咖啡香。Café提供簡單輕食，如all day breakfast、意粉、窩夫等。遊客不妨找個早上前來，聽著咖啡機發出的聲音，坐在寬敞舒適的木製桌椅品嚐手沖咖啡，絕對是旅程中一個good morning！

info
- 📍 149 Soi Sathon 12, Khwaeng Silom, Khet Bang Rak,Krung Thep Maha Nakhon
- 🚇 乘搭 BTS 在 Chong Nonsi 站下車，步行約 5~7 分鐘
- 🕐 07:00~20:0
- 📞 +66 26350404
- ✉️ www.rocketbkk.com

▲Maiden Breakfast Plate(฿ 370、HKD 81)，有油漬三文魚配裸麥麵包、四季豆、水煮蛋、沙律等。

（圖文：嚴潔盈）

追求優質生活 Dean & DeLuca 地圖P.217

Dean & DeLuca 是來自紐約的生活雜貨超級市場,首度進軍泰國,不但將優質生活雜貨帶到曼谷,還帶來悠閒舒適的 café 及超市,吸引不少曼谷潮人來 hea,不到一年便開了多家分店。在這裏除了可吃蛋糕、喝咖啡,還可以把 Dean & DeLuca 出品的優質陳醋、松露鹽帶回家。普通三文治 ฿ 170 (HKD 37) 起。

▲三文治。

(攝影:嚴潔盈)

▲比利時朱古力曲奇 (฿ 695、HKD 153)。

威士忌酒心朱古力

松露黑朱古力

(攝影:嚴潔盈)

◀中兩款每粒 B35(HKD 8)。在凍櫃可買到精級的朱古力,圖

info
🏠 98 Sathorn Square Office Tower N Sathon Rd, Silom, Bang Rak, Bangkok
🚇 乘搭 BTS 在 Chong Nonsi 站下車,步行約 3 分鐘
🕐 (周一至五)7:00-18:00 (周六日)7:00-17:00
📞 +66 02 108 1414
💻 www.deandeluca.co.th

老牌泰式美食 地圖P.233
Silom Village (Folclore Tailandés)

Silom Village 是一間集食肆、酒店、購物於一身的大型綜合園區,已經有近 40 年的歷史,是一個老牌的觀光景點。園內的餐廳劃分成數個區域,有室內餐廳,亦有半露天、露天茶座,提供海鮮、傳統泰式小食等料理,菜式十分具有風味,味道亦不錯,但價錢略貴。由於園區內有商店街,就算不進餐,也可進內逛逛,看看內裏的佈置、環境等。

▲Silom Village。
▲餐廳的佈置令人十分舒適。

info
🏠 286 Silom Road, Bangkok
🚇 乘搭 BTS 在 Surasak 站或 Chong Nonsi 站下車,步行約 10 分鐘
🕐 10:30~23:00
📞 +66 2234 4448

▲▶具有泰式風味的菜式。

(文字:IKiC、攝影:蘇飛)

PART 8.4
BTS Surasak、
Saphan Taksin站

Saphan Taksin(發音：「十盼達先」)很近昭拍耶河(Chao Phraya River)的Central碼頭(Sathorn Pier)，很多遊客都會在這碼頭乘接駁渡輪往黎明寺、臥佛寺、博物館等等，因為這些景點就在昭拍耶河的兩岸，而河畔市集Asiatique也在Saphan Taksin。

Surasak(發音：「素那實」)與Saphan Taksin只隔一個站，離昭拍耶河遠一點，附近都是商業大廈。

BTS 站位置

Phaya Thai	N2 Phaya Thai
	N1 Ratchathewi
	Siam Chit Lom
National Stadium W1	E1 E2 Ratchadamri
	S1
Saphan Taksin	Sala Daeng S2 Si Lom Lumphini Park
Chong Nonsi S3 Sathorn
Pho Nimit S9 Wongwian Yai S8 S7 S6 S5 Surasak Arkhan Songkhro Yen Arkart
Krung Thon Buri Saphan Taksin
Sathorn 碼頭

Surasak

231

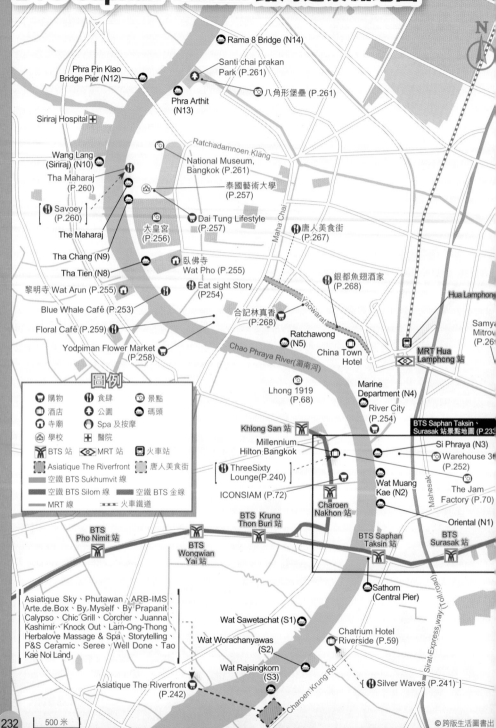

N

Rama 8 Bridge (N14)

Santi chai prakan Park (P.261)

Phra Pin Klao Bridge Pier (N12)

八角形堡壘 (P.261)

Phra Arthit (N13)

Siriraj Hospital

Ratchadamnoen Klang

Wang Lang (Siriraj) (N10)

National Museum, Bangkok (P.261)

Tha Maharaj (P.260)

泰國藝術大學 (P.257)

Savoey (P.260)

Dai Tung Lifestyle (P.257)

The Maharaj

大皇宮 (P.256)

唐人美食街 (P.267)

Tha Chang (N9)

臥佛寺 Wat Pho (P.255)

Tha Tien (N8)

銀都魚翅酒家 (P.268)

黎明寺 Wat Arun (P.255)

Hua Lamphong

Eat sight Story (P254)

Blue Whale Café (P.253)

合記林真香 (P.268)

Samya Mitrov (P.26

Floral Café (P.259)

Ratchawong (N5)

Yodpiman Flower Market (P.258)

China Town Hotel

MRT Hua Lamphong 站

Chao Phraya River(湄南河)

Lhong 1919 (P.68)

Marine Department (N4)

River City (P.254)

圖例

🛍 購物	🍴 食肆	🏛 景點
🏨 酒店	🌳 公園	⚓ 碼頭
🛕 寺廟	✋ Spa 及按摩	➕ 醫院
🏫 學校		

🚈 BTS 站   🚇 MRT 站   🚉 火車站

Asiatique The Riverfront   唐人美食街

空鐵 BTS Sukhumvit 線

空鐵 BTS Silom 線   空鐵 BTS 金線

MRT 線   ⋯⋯ 火車鐵道

Khlong San 站

BTS Saphan Taksin、 Surasak 站景點地圖 (P.233

Millennium Hilton Bangkok

Si Phraya (N3)

Warehouse 3 (P.252)

ThreeSixty Lounge(P.240)

Wat Muang Kae (N2)

The Jam Factory (P.70)

ICONSIAM (P.72)

Charoen Nakhon 站

Oriental (N1)

BTS Krung Thon Buri 站

BTS Saphan Taksin 站

BTS Surasak 站

BTS Pho Nimit 站

BTS Wongwian Yai 站

Sathorn (Central Pier)

Asiatique Sky、Phutawan、ARB-IMS、 Arte.de.Box、By Myself、By Prapanit、 Calypso、Chic Grill、Corcher、Juanna、 Kashimir、Knock Out、Lam-Ong-Thong、 Herbalove Massage & Spa、Storytelling、 P&S Ceramic、Seree、Well Done、Tao Kae Noi Land

Wat Sawetachat (S1)

Chatrium Hotel Riverside (P.59)

Wat Worachanyawas (S2)

Wat Rajsingkorn (S3)

Silver Waves (P.241)

Asiatique The Riverfront (P.242)

Charoen Krung Rd

Sirat Express way (Toll road)

©跨版生活圖書出

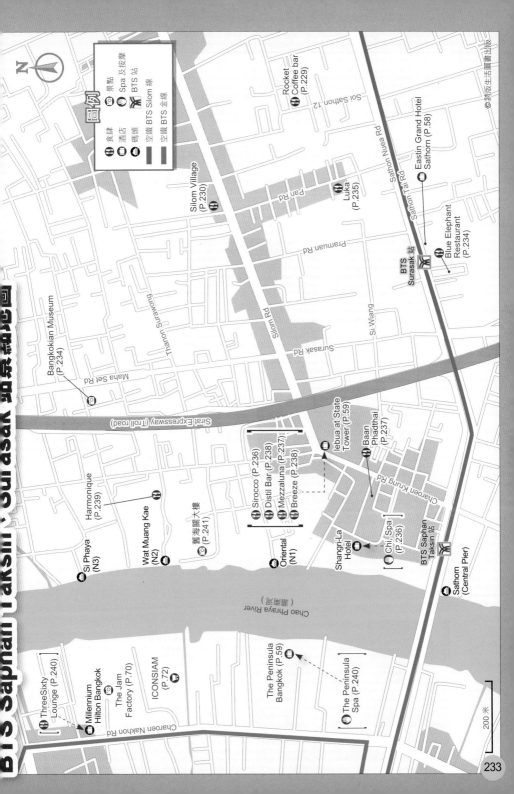

N

圖例

食肆 | 酒店 | 碼頭
景點 | Spa 及按摩 | BTS 站
空鐵 BTS Silom 線
空鐵 BTS 金線

Rocket Coffee bar (P.229)

Sol Sathon 12

Eastin Grand Hotel Sathorn (P.58)

Sathon Nuea Rd

Sathon Tai Rd

Silom Village (P.230)

Luka (P.235)

Pan Rd

Blue Elephant Restaurant (P.234)

Pramuan Rd

BTS Surasak 站

Bangkokian Museum (P.234)

Maha Set Rd

Silom Rd

Si Wiang

Thanon Surawong

Surasak Rd

Sirat Expressway (Toll road)

lebua at State Tower (P.59)

Harmonique (P.239)

Baan Phadthai (P.237)

Wat Muang Kae (N2)

Sirocco (P.236)
Distil Bar (P.238)
Mezzaluna (P.237)
Breeze (P.238)

舊海關大樓 (P.241)

Charoen Krung Rd

Si Phaya (N3)

Oriental (N1)

Shangri-La Hotel

Chi, Spa (P.236)

BTS Saphan Taksin 站

Sathorn (Central Pier)

Chao Phraya River (湄南河)

ThreeSixty Lounge (P.240)

Millennium Hilton Bangkok

The Jam Factory (P.70)

ICONSIAM (P.72)

Charoen Nakhon Rd

The Peninsula Bangkok (P.59)

The Peninsula Spa (P.240)

200 米

©跨版生活圖書出版

233

Surasak站

曼谷人家 Bangkokian Museum 地圖P.233

到外地旅遊，除了購物和飲飲食食外，逛逛當地的博物館也不錯，若然可參觀當地人的房間，真的很有趣。

▲大宅內的庭院環境不錯。

Bangkokian Museum 原是一間屬於 Ajarn Waraporn Surawadi 所擁有的私人物業，這所近百年的古老大宅面積約2,000多呎，屋內保留了很多1937-1957年的物品，甚有歷史價值，業主於1992年起開放予公眾免費參觀，展出當年屋主家族所用過的傢俱、器皿、文具等，讓你窺探當時曼谷中產家庭的真實生活面貌，就像走進真實的家庭一樣。

▲Bangkokian Museum的古老大宅有近百年歷史。

▲博物館內的展覽和展品。

info
- 273, Soi 43, Charoen Krung Road, Bangkok
- 乘搭 BTS 在 Surasak 站下車，乘的士約 5 分鐘即達
- 周三至周日 10:00~16:00(逢周一休息)
- 免費入場
- +66 22337027
- www.facebook.com/BkkMuseum

高級宮廷料理 Blue Elephant Restaurant 地圖P.233

Blue Elephant Restaurant(藍象餐廳) 是泰國高級料理的代名詞，提供精緻講究的宮廷菜，曾獲米芝蓮一星認證，在比利時布魯塞爾及倫敦都有分店。這兒同時是一所料理學校，遊客可參加烹飪課程，體驗炮製宮廷菜的樂趣。建議無論是用餐還是報名參加料理課程，都先在網上預約。

▲藍象餐廳。

info
- 41 South Sathorn Road, BTS Surasak, Bangkok
- 乘搭 BTS 在 Surasak 站下車，步行約 2 分鐘
- 午餐 11:30~14:30，晚餐 18:00~22:30
- +66 26739353
- blueelephant.com/restaurant/bangkok/
- 設有服裝要求 (smart causal)，不可穿短褲或短裙

(圖文：嚴潔盈)

悠閒地享受早餐 Luka 地圖P.217、233

位於寧靜小巷內的 Luka，是一家低調且有質素的 café，主打咖啡和不同輕食。客人多數是獨自前來的外國人，邊喝咖啡邊閱讀新聞，度過一個寧靜的早上。另外，café 的另一邊是一家叫 Paragon Casa 的家品店，吃完早餐可在店內看看家品。

◀ 餐廳內瀰漫着醉人咖啡香。

▲Luka位於寧靜的小巷內。

◀ 杏仁檸檬蛋糕(฿ 120、HKD 26)。

▶ 焦糖海鹽Latte(฿ 130、HKD 27)，甜味與苦味形成完美的平衡。

◀ 吃完早餐可看一下家具。

◀ 餡料豐富。

▲ 墨西哥捲餅(฿ 310、HKD 68)，內有車打芝士、炒蛋、香腸、Salsa醬、牛油果和火箭菜，口感豐富，每樣食材都很搭配。

info
🏠 64/3 Thanon Pan, Silom, Bangrak, Bangkok
🚇 乘搭 BTS 在 Surasak 站下車，步行約 10 分鐘
🕐 08:00~18:00
📞 +66 26378558
💻 lukabangkok.com

(圖文：嚴潔盈)

Hea 玩潮遊嘆世界 Easy Go!——曼谷

Saphan Taksin站

建議由 Saphan Taksin站步行前往的景點：

五行 Spa Chi, Spa 地圖P.233

Chi, Spa 由香格里拉酒店經營，多年來獲獎無數。Chi 即是中文譯音的「氣」，Chi, Spa 以五行搭配陰陽來進行療程。治療師會先了解你的氣場偏向，按各人的狀況來調配精油。這裏的治療師都經過專業培訓，手勢不錯。此外，店內的浴袍是 KASHWERE 品牌的，質地特別柔軟舒服，很多人一穿就愛上，故這裏也有浴袍出售。60 分鐘按摩 ฿ 2,700 (HKD 628) 起。

◀▼Chi, Spa 的治療房
環境讓人身心放鬆。

<dl>
info

🏠 89 Soi Wat Suan Plu, New Road, Bangrak, Bangkok
(Shangri-La Hotel 內)

🚇 乘搭 BTS 在 Saphan Taksin 站下車，步行約 5 分鐘

🕙 10:00~22:00　　📞 +66 22367777

🌐 www.shangri-la.com/bangkok/shangrila/health-leisure/chi-the-spa/
</dl>

醉爆天邊潮吧 Sirocco 地圖P.233

夜景很美。

Sirocco 經營已經多年，依然是曼谷最靚 view 的天台酒吧。從天台圓頂體走出來，沿奢華的樓梯向下走，那兒有一個在天台邊緣顏色漸變的圓形吧枱，後面就是令人目眩的無敵曼谷景色，加上《醉爆伴郎團》電影的推波助瀾，令 Sirocco 名聲響遍全球。除了要一睹這裏的景色，還要一嚐為電影而創的 Hangovertini 雞尾酒。

▶ 大大隻、肉汁不斷流出來的蝦。

▲圓頂體相當華美。

◀Sirocco是曼谷最靚View的天台酒吧。

info

🏠 64/F, 1055 Silom Road, Bangrak, Bangkok (lebua at State Tower 酒店內，P.57)

🚇 乘搭 BTS 在 Saphan Taksin 站下車，步行約 10 分鐘

🕙 18:00~01:00

📞 +66 26249555

🌐 lebua.com/restaurants/sirocco/

👔 設有 dress code

▲魚肉好肥美！

星級炒金邊粉 Baan Phadthai 地圖P.233

地圖P.233

炒金邊粉 (Phadthai) 是經典的泰菜菜色，在 BTS Saphan Taksin 站附近一條巷子中的 Baan Phadthai，就以這款深入民心的平民美食作為餐廳的招牌菜，提供多款配以不同肉類的炒金邊粉，如烤豬、雞胸、大頭蝦、藍蟹肉等。想吃得更高級的話，更可選擇配以珍寶泥蟹肉 (฿1,800，HKD 418)！

此外，店內裝潢仿傚舊古民宅，無論桌椅擺設都透出一股古色古香的情調。食物和環境都同樣出色，難怪深受當地人和遊客喜愛，筆者到訪當天，許多座上客都是特意前來的外國遊客。

National Stadium

Ratchadamri

Sala Daeng, Chong Nonsi

Surasak, Saphan Taksin

▶ Baan Phadthai位於小巷中，全藍外觀令人印象深刻。

◀ 消暑的新鮮椰青 (Coconut - ฿150，HKD 34)。

▲ 室內環境仿古民宅裝潢，充滿懷舊氣息。

info
🏠 21-23 Soi Charoen Krung 44, North Sathorn, Bangkok
🚇 乘搭 BTS 在 Saphan Taksin 站下車，步行約 5 分鐘
🕐 11:00-22:00　📞 +66 20605553 / +6620605554
💻 www.baanphadthai.com

(圖文：嚴潔盈)

▲ 烤豬肉炒金邊粉 (Phad Thai Moo Yang，฿240，HKD 56)。烤豬肉烤得香脆，金邊粉拌以大豆芽、花生粉、檸檬汁，味道不錯，但麵身略嫌過濕。

天空之門 Mezzaluna 地圖P.233

地圖P.233

位於 lebua 酒店最頂層、金色圓拱形裏面的是意大利餐廳 Mezzaluna。電梯到達 65 樓，像打開天空的大門一樣。在這兒可品嚐到最高級的意大利味道，構成意菜最基本的橄欖油、陳醋等經過特別挑選，而且有獨門的煙燻、醃製、風乾技術，不少食材都是自家製造，質素甚高。這裏提供兩款晚餐套餐，分別提供四至七道菜，菜餚的起承轉合都有故事作依據，絕對是一趟天堂上的味蕾之旅。四道菜的價錢為 ฿ 8,000 (HKD 1,860)，七道菜則為 ฿ 9,600 (HKD 2,233)。如想套餐可配酒，價錢會較貴。

▶ 餐廳內裝潢典雅。

info
🏠 65/F, 1055 Silom Road, Bangrak,Bangkok (lebua at State Tower 酒店內，P.57)
🚇 乘搭 BTS 在 Saphan Taksin 站下車，步行約 10 分鐘
🕐 周二至周日 18:00~01:00 (22:30 截單) (逢周一休息)
📞 +66 26249555
💻 lebua.com/restaurants/mezzaluna/
🔖 設有 dress code

▲ 這兒的菜，除了選材嚴謹外，連酒、醋等都是經過精心挑選，做出一道道賣相精美又好吃的佳餚。

▲ 可透過落地玻璃窗飽覽夜景。

Hea 玩潮遊嘆世界 Easy Go!——曼谷

高高在上歎亞洲菜 Breeze 地圖P.233

因為 The Dome 的餐廳和酒吧開業以來都極受歡迎，為了迎合更多人的口味，lebua 酒店繼 The Dome 之後再開設了露天餐廳 Breeze，位於酒店 52 樓的平台，步入餐廳前，會經過一道劃破半空的藍色玻璃天橋，極之迷人。這裏景色同樣開揚遼闊，食物主打亞洲口味，更適合香港人。除了海鮮和亞洲各地菜式外，還提供素菜。Main Course 由 ฿ 2,500 (HKD 581) 起。

▲Breeze位於酒店52樓。

▲天台有一面大大的玻璃牆。

▲這道菜的「尾巴」高高的，相當特別。該從何入「口」去吃呢？

▲在曼谷經常可以吃到蝦，大大隻又不會很貴，而Breeze烹調的蝦更是惹味。

▲玻璃天橋，走在上面如模特兒走catwalk。

info
- 52/F, 1055 Silom Rd., Bangrak,Bangkok (lebua at State Tower 酒店內，P.57)
- 乘搭 BTS 在 Saphan Taksin 站下車，步行約 10 分鐘
- 18:00~24:00 (食物 23:00 截單，飲料 23:30 截單)
- +66 26249555
- lebua.com/restaurants/breeze/

天台瞓沙發 Distil Bar 地圖P.233

位於 lebua at State Tower 64 樓的 Distil 酒吧，與 Sirocco 的熱鬧成了對比。Distil 酒吧低調、寧靜而舒適的環境，適合情侶甜言蜜語。酒吧供應威士忌、干邑等醇酒及雪茄，其室內用餐區設有生蠔 oyster bar，來自世界各地的生蠔、魚子醬及刺身都有。即使不用餐，也可以點一杯飲品在室外的沙發大床上一邊躺下一邊談天，氣氛絕不遜於 Sirocco。

▶新鮮的生蠔。

▲Distil酒吧環境寧靜舒適。

info
- 64/F, 1055 Silom Road, Bangrak, Bangkok (lebua at State Tower 酒店內，P.57)
- 乘搭 BTS 在 Saphan Taksin 站下車，步行約 10 分鐘
- 17:00~01:00
- +66 26249555
- lebua.com/restaurants/distil/
- 設有 dress code

30年私房泰菜 Harmonique 地圖P.233

位於 Wat Muang Khae 佛寺附近的 Harmonique，由三姊妹經營 30 多年，很受外籍遊客歡迎，其餐廳由舊祖屋改建而成，裏面有個帶點 60 年代中國風情的小花園，可選擇在客廳內用餐，頗有吃私房菜的感覺。Harmonique 主打泰國家常菜，例如泰式拼盤、蟹肉炒飯套餐，連炸芝士及紅咖喱等，菜式不花巧，味道住家樸實，吃得窩心。

National Stadium

Ratchadamri

Sala Daeng,
Chong Nonsi

Surasak,
Saphan Taksin

▲ Harmonique私房菜。

◀ 在客廳用餐也不錯啊！

◀ 露天和室內座位各有境界。

Hea 玩潮遊嘆世界 Easy Go！——曼谷

info
🏠 22 Soi Charoen Krung 34 (Wat Muang Khae),
　　Charoen Kung, Bangrak, Bangkok
🚇 乘搭 BTS 在 Saphan Taksin 站下車，步行約 15 分鐘
🕐 11:00~20:00(逢周日休息)　　📞 +66 22378175
💻 www.facebook.com/harmoniqueth

SURASAK SAPHAN TAKSIN NIT...

建議由 Central碼頭(Sathorn)或附近乘船前往的景點：

最尊貴的水療 The Peninsula Spa　地圖P.233

▲ 酒店旁的三層高泰式大宅內。The Peninsula Spa位於半島

半島酒店內的 spa 可謂 spa 界的高級品牌，位於酒店旁的三層高泰式大宅，共 18 間治療套房，不但可觀賞河景，而且療程也特別高級、矜貴，非一般的按腳、泰式按摩所能及。當中的 Peninsula Sleep Ceremony 套餐，內容包括 ESPA 沐浴油、面部和頭皮按摩，2 小時 ฿ 5,650 (HKD 1,314) 起。

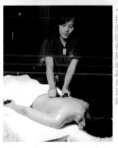

▲ 按摩師都經過專業訓練。

◀ Spa環境清幽。

info
- 🏠 333 Charoennakorn Rd, Klongsan, Bangkok (Garden Level, The Peninsula Bangkok 酒店內，P.57)
- 🚇 乘搭 BTS 在 Saphan Taksin 站下車，步行至酒店專用碼頭，乘搭免費接駁船，約 5 分鐘即達
- 🕐 09:00~23:00　　📞 +66 20202888
- 🖥 www.peninsula.com/en/bangkok/wellness/luxury-hotel-spa-thailand

無敵靚景天台餐廳野餐 ThreeSixty Lounge

地圖P.232、233

現在曼谷的酒店很多都設置天台餐廳，但由於是露天，遇上雨季的話便很掃興。在曼谷河邊另一面有間 Millennium Hilton Bangkok 酒店，32 樓之上有間餐廳 ThreeSixty Lounge(360 Bar)，它擁有 360 度景觀，所吃的是 fusion 西菜，純喝飲品也可以。

▲ 較新的室外空間。

喜歡靚景的話可以選擇靠近落地大窗的座位，曼谷河的景色一覽無遺。逢週四至六，餐廳會供應一個 picnic(野餐) 套餐，提供八款小吃 (兩位 ฿ 1,800、HKD 429)，大家可睡在大梳化上看着星空放鬆，其他時候會有普通的小吃和酒水供應。這間餐廳酒吧其實已開業一段時間，較新的是室外地帶，順着曼谷河的流向分為兩邊，黃昏時開放，環境優雅。

▲ 即使不坐室外，在餐廳室內也可飽覽曼谷夜景。

info
- 🏠 32/F, 123 Charoennakorn Road, Klongsan, Klongtonsai, Bangkok
- 🚇 乘搭 BTS 在 Saphan Taksin 站，出 Exit 2，步行至酒店碼頭，酒店提供免費船接送 (服務時間 06:50~24:05)
- 🕐 17:00~01:00
- 📞 +66 24422062
- 🖥 www.hilton.com/en/hotels/bkkhitw-millennium-hilton-bangkok/dining/
- 🚫 餐廳設有 dress code，不可穿着背心短褲

一睹岸邊古舊建築 舊海關大樓 地圖P.233

這棟舊海關大樓 (Old Customs House) 就在岸邊，離 N1 碼頭很近，乘坐渡輪時很容易看到，因為外表古老，相比起兩岸的摩登酒店，這古舊大樓就更明顯了。舊海關大樓建於 1880 年，現時是廢棄的，屬於消防局的範圍，遊客可進入消防局範圍近距離觀看它，而這裏也成為了拍結婚照的地點。

(圖文：次女)

▲乘坐渡輪時可看到舊海關大樓。

◀近距離觀看舊海關大樓，感受古舊的味道。

info
- Soi 36, Charoen Krung, Bangkok, Thailand
- 乘坐 BTS 到 Saphan Taksin 站，徒步到 Central 碼頭 (Sathorn)，在碼頭買船票坐渡輪到 N1 碼頭 (Oriental)，由出口左轉徒步 7 分鐘可達

河景中菜 Silver Waves 地圖P.233

提起曼谷河邊靚景中菜廳，一定要説説 Chatrium Hotel Riverside 酒店的 Silver Waves。中菜廳位於酒店的 36 樓，全落地玻璃設計，可居高臨下飽覽昭拍耶河景色。食物以粵菜為主，廣東點心、燒味、北京填鴨都是這裏的招牌菜式。每道點心 ฿ 120 (HKD 26) 起。

◀Silver Waves 位於酒店的36樓，餐廳內每個角落都可看到美麗的河景。

▶乳豬好脆啊！

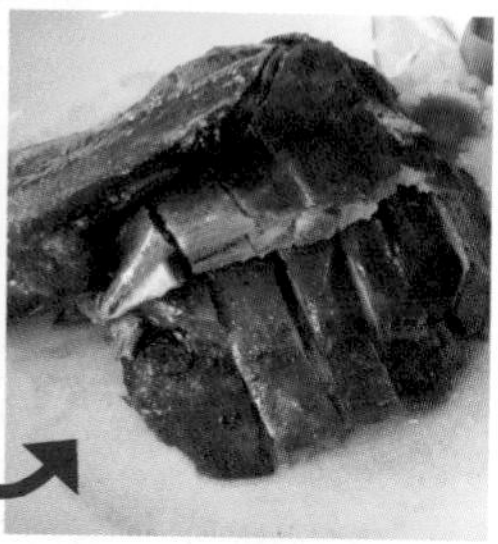

info
- 36/F, 28 Charoenkrung Soi 70, Bangkholame, Bangkok (Chatrium Riverside Hotel 內，P.57)
- 乘搭 BTS 在 Saphan Taksin 站下車，步行至碼頭，乘搭免費接駁船，約 10 分鐘即達
- 午餐 11:30~14:30，晚餐 18:00~22:30
- +66 23078888 (分機：1948)
- www.chatrium.com/chatrium_hotel/dining-specials/silver-waves-en.html

◀廣東點心好美味。

河畔市集 Asiatique The Riverfront

地圖P.232

去曼谷購物絕對少不了行市集，位於 Chao Phraya 河畔有個超大型

的 market：Asiatique The Riverfront (紅磚屋倉庫)。紅磚屋倉庫佔地28.8英畝，即200多個球場大小，分為十個倉庫，雲集了土炮家品潮店、手作家品飾物等等，又有室外露天酒吧及餐廳。留意這裏有過千間店舖，要有足夠腳力及議價技巧，才能掃盡這個商場。

◀2016年增加的URBANO區域，引入更多小攤檔和商店，令這個夜市更熱鬧。(攝影：嚴潔盈)

◀市集內也有露天食肆，累了餓了可到此醫肚。(攝影：蘇飛)

▲市集內可找到不少美麗的小物，如手繩、手鏈等等。(攝影：蘇飛)

▲充滿泰式風情的裝飾及擺設，是個不錯的手信選擇，而且價錢十分便宜！(攝影：蘇飛)

各倉庫(Warehouse)簡介：

1號倉 (家品最集中)	有不少家品小店，由小型座枱燈飾、燭台、佛像擺設，到豆袋沙發都有，還有曼谷袋Naraya的專門店，款式齊全。
2號倉 (民族風潮物)	較多小飾物店舖，款式精美，適合年輕潮人。
3號倉 (手信最齊全)	內有大量泰國手信及零食。
4號倉 (木偶劇團長駐)	內有Joe Louis Theatre的木偶戲表演劇團，由多位布偶師以傳統的泰國布偶表演，曾於布拉格獲得布偶藝術比賽冠軍。
5號倉 (手作潮物區)	內有皮革店。
6號倉 (飲飲食食)	面對露天廣場Town Square，主要是美食廣場及餐廳區域，提供多國美食。
7號倉 (時裝街)	內有不同風格的時裝店。
8號倉 (本土設計薈萃)	內有本土設計師的小店及產品。
9號倉 (「禾稈冚珍珠」)	擁有不少人氣Blogger和Stylist的秘店。
10號倉 (杯酒交錯)	有多間較高級餐廳和酒吧，猶如置身蘭桂芳，並可欣賞河邊景色。

i Tips! 交通方便

前往 Asiatique 夜市的交通十分方便，乘搭BTS到 Saphan Taksin 站，在碼頭乘坐免費接駁船，由於船速不快，可慢慢欣賞河邊美景。留意免費接駁船至23:30；或從Siam乘的士只需 ฿ 85 (HKD 19) 左右，需時約 20 分鐘。

info
🏠 2194 Charoenkrung Road, Wat Prayakrai, Bankor Laem, Bangkok, 10120
🚇 乘搭 BTS 在 Saphan Taksin 站下車，步行至碼頭，乘免費接駁船約 10 分鐘即達
🕐 11:00～24:00(Zone S 10:00～24:00)
📞 +66 21084488
💻 www.asiatiquethailand.com

▲Asiatique紅磚屋倉庫。

▲在URBANO內的各式雜貨。(攝影：嚴潔盈)

(文字：IKiC、攝影：蘇飛)

▲大家都湧到Asiatique吃喝玩樂。

Asiatique市集美食購物攻略

> Asiatique 光影美景交錯 **Asiatique Sky** `地圖P.232`

　　有人說過每一個城市都應該要有一座屬於他的摩天輪，倫敦有 London Eye、新加坡有 Singapore Flyer，而曼谷也有 Asiatique Sky。Asiatique Sky 於 2012 年開始營運。由於臨近湄南河，坐於上面就可眺望河川風光。如在夜晚乘搭，光影映照在河川上，更有獨特的美態。

▲近看摩天輪。

info
- 194 Charoenkrung Road, Wat Prayakrai District, Bangkok Laem, Bangkok
- 17:00~00:00
- www.asiatique-sky.com
- 成人 ฿ 500 (HKD 116)；120cm 或以下小童฿ 200 (HKD 47)；60歲或以฿ 300 (HKD 70)；私人艙 (五人)฿ 5,000 (HKD 1,163)

▲夜色下的摩天輪與周圍的光影交錯，美得十分獨特。

›Asiatique 天然手工香皂 Phutawan 地圖P.232

在 Asiatique 內有多檔售賣香皂的店鋪，但清一色是水果造型，氣味也較濃及俗。Phutawan 的香皂產品則明顯較天然，味道也較有特色，如蜂蜜泰國米、竹炭、蠶絲、太陽花等，價錢親民，且店員會熱心講解每款香皂的不同功效，多買幾塊當手信吧！

▲Phutawan在Warehouse 1和4都有分店。

▼裝在迷你紙袋的潔面皂一個B 80（HKD 18），三個B 200（HKD 44），送禮最適合！

▲有機堅果油。

▼顏色可愛的手工皂一個B 80（HKD 18），三個B 200（HKD 44）。

▲香皂(每塊B 90，HKD 21)。

▲店內有洗髮水、沐浴露、潤膚露、護髮油等多款個人護理產品。

info 🏠 Warehouse 1、Warehouse 4
🕓 16:00~22:00　📞 +66 27567170
🖥 www.phutawanshop.com

(圖文：嚴潔盈)

›Asiatique 專門店買限定口味 Tao Kae Noi Land Asiatique 地圖P.232

泰國零食新經典 Tao Kae Noi Land(小老闆紫菜的專門店)在曼谷不多分店，當中有些口味只在當地限定發售，如 pizza 味和冬蔭功味的脆紫菜，還有韓國正宗口味，紫菜較軟身也更薄。另有脆餅乾、花生糖，甚至布偶出售，是 fans 的話要逛。

▶除了紫菜外，還有各式零食和小老闆玩偶。

必買

▲小老闆紫菜專門店。

info 🏠 Asiatique 內
🕓 10:00~22:00　📞 +66 955142296

Bangkok

National
Stadium

Ratchadamri

Sala Daeng,
Chong Nonsi

Surasak,
Saphan Taksin

> Asiatique　**呵護你肌膚 ARB-IMS**　地圖P.232

此店售賣的產品，無論在家中或美容中心使用都適合，店內的人氣產品 Silk Cocoon，是具清理與修復作用的潔面產品，各個年齡層及各種膚質均適用。此外，很多女性喜歡購買此店的身體磨砂膏，在去除死皮的同時又滋潤皮膚。男性顧客可使用含薄荷香味的沐浴液和按摩油。另外，還有多種香氣的精油、香皂產品等。

▲ Silk Cocoon是此店的人氣產品。

▲ ARB-IMS。

info
- 🏠 Warehouse 4&2, Trok 12, No.156-157 (Charoenkrung District)
- 🕐 16:00~23:00
- 📞 +66 898138698
- 🖥 www.arbims.com

> Asiatique　**自作業專門店 Arte. de. Box**　地圖P.232

Arte.de.Box 是一間極具創意的小店，意念來自一間孤兒院，誰有產品但又不夠錢開店的話，可以來這裏賣。店裏的產品連 Chatuchak 周末市場也沒有，獨一無二，由手提電話架，到相架都是心思之作，幫人之餘，也有收穫，何樂而不為呢？如果你是設計家品的愛好者，這裏最適合你。

▲ Arte.de.Box像香港的格仔舖。

◀▲店裏的產品全都是獨一無二。

info
- 🏠 Warehouse 3, Trok 8 (Charoenkrung District)
- 🕐 16:00~24:00
- 📞 +66 877142343
- @ arte.de.box@gmail.com
- 🖥 www.facebook.com/Arte.de.Box

Hea 玩潮遊嘆世界 Easy Go!——曼谷

245

> Asiatique 穿上東南亞風情 **Lam-Ong-Thong** 地圖P.232

Lam-Ong-Thong 位於 Asiatique 的 3 號倉，是一間售賣東南亞風情服飾的店舖，服飾款式多樣化，價格不貴。店內亦售賣一些具泰國特色的工藝品、手信、擺設等。

想在泰國玩泰國 Look，不妨來這兒選購衣服，感受當地文化。泰絲短袖 ฿ 1,290 (HKD 307) 起。

店內服飾款式多樣化。

▲Lam-Ong-Thong。

info 🏠 Warehouse 3, Trok 8, No.3163 (Charoenkrung District)
🕐 17:00~24:00

> Asiatique **手工皮革潮物 By Myself** 地圖P.232

By Myself 是 Asiatique 中較具個性的店舖，以售賣皮製品為主，由本地年輕設計師 Ouu 經營。店主自小已對手工藝非常有興趣，自學皮革製作，在求學時期不斷製作小飾物、鎖匙扣等等，送給朋友作生日禮物。大學畢業後，自立門戶，開設皮具店，先後在 Suan Lum Night Bazaar 及 JJ Market 擺過檔。這裏除了是商店，也是工場，閒時店主 Ouu 便在這裏製作各式皮具用品。出自他手的產品種類繁多：銀包、鎖匙扣、皮帶、手袋、手機套等，設計以簡約實用為主。價錢由數百銖的匙扣到數千銖的皮包都有。

By Myself主要售賣皮製品。

info 🏠 Warehouse 5 (Town Square District)
🕐 17:00~23:00　📞 +66 898178582
💬 www.facebook.com/ByMyselfHandcrafted

> Asiatique **手工編織葫蘆袋 By Prapanit** 地圖P.232

By Prapanit 主要售賣手工編織的葫蘆袋，葫蘆袋不同於其他傳統的手工編織袋，因為這些袋加入了時尚元素。葫蘆袋種類繁多，如側揹的手工編織郵差包、年輕女生喜歡的大號手工編織手袋，設計簡約又不失時尚。這兒各式各樣的手工編織袋，保留了傳統的手工作活，總有一個合你心意。

◀時尚手工編織的葫蘆袋。

info 🏠 Warehouse 4, Trok5-6, No.4012 (Charoenkrung District)
🕐 周一至周四 16:00~24:00，周五至周日 17:00~24:00
📞 +66 850755030/+66 884446162

> Asiatique **飛越舞台第三性 Calypso** 地圖P.232

▶Calypso已進駐了Asiatique夜市。

Calypso 即人妖歌舞表演，場內可容納 500 人，每位入場費 ฿ 1,200 (HKD 286)，包括飲料和酒水，留意官方網站，不時提供優惠價 (可低至 ฿ 900、HKD 198)。表演場地放滿了小桌子，每張桌有數個座位，桌上還放了一盞小燈，環境尚算優雅，尤其是開場之前，全場亮起了紅色的燈，感覺相當震撼。

◀一張張的表演場地放滿了小桌子。

每晚有兩場歌舞表演，每場約 1 小時 15 分鐘，有 70 位表演者表演，他們有些是第三性，有些還沒變性，載歌載舞，有美麗的道具、服裝、布景等。其實這兒的表演老少咸宜，沒有三級成分。另外，表演場地現已開設了餐廳，觀眾可在表演前進餐，無需餓着肚子看表演了。

▲跟演員拍照留念吧。

◀表演十分精彩！

i Tips!

在觀眾座位安排上，表演團會將觀眾分門別類，中國內地的旅行團通常會安排坐在左邊，右邊則預留給自由行、西方或日本旅行團。此外，表演結束後，可跟表演者合照，建議每人最少打賞 ฿ 20 (HKD 4) 左右。

info
🏠 Warehouse 3 (Charoenkrung District)
◎ 表演分 19:30 及 21:00，每場 1 小時 15 分鐘
📞 +66 26881415-7
💻 www.calypsocabaret.com　📝 可透過官方網站訂票

> Asiatique **海鮮迷必吃 Chic Grill** 地圖P.232

Chic Grill 主打海鮮美食，包括魚、蟹、蝦和蛤蜊，位於 Asiatique 的美食區，與 Crostini 相鄰。Chic Grill 的裝潢簡約，又能讓人在用餐時感受到海洋氣息，招牌菜有咖喱蟹、鮮蝦炒河粉、炸全魚搭配混合香草、海鮮酸辣味清湯、酸辣咖喱全魚搭配雜菜等。此店的炒河粉香氣濃郁、口感黏滑、酸甜可口，搭配上份量充足且口感軟嫩的鮮蝦，充分表現了食材的鮮美，使人回味無窮。人均消費 ฿ 400 (HKD 88)。

▶店內人氣極旺。

info
🏠 Warehouse 6 (Town Square District)
◎ 17:00~22:00
📞 +66 909838711
💻 www.facebook.com/chicgrillseafood

> Asiatique 貓奴必逛 **Corcher** 　地圖P.232

▲貓貓專門店Corcher。

Corcher 在 Asiatique 裏可説是獨一無二的貓貓專門店，店主是貓痴，愛貓及鳥，在這兒賣有關貓的擺設和精品。無論是衣服、手袋，還是她親自設計的貓貓圖案，應有盡有，而且是獨一無二的泰式出品。同場還有漁夫褲發售，與 Khao San 賣的款式一模一樣，但多了穿皮帶的位置和褲袋，感覺更潮更特別，不過這不是自家設計，而是店主讓朋友在這兒寄賣。如果你是貓痴，不妨來這兒看看。T shirt 每件約 ฿ 150 (HKD 33)。

▲各式各樣的貓貓精品。

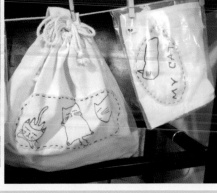

info
🏠 Warehouse 8, No.8123 & 8102 (Factory District)
🕐 周一至周四 17:00~23:00，周五至周日 16:00~24:00
📞 +66 814580508

> Asiatique 個性拖鞋 **Juanna** 　地圖P.232

店舖裝潢簡單樸實，裏面琳琅滿目的拖鞋，讓你眼花繚亂，愛不釋手。此店主要售賣各式各樣的毛巾拖鞋，不但款式可愛，而且各個年齡層的尺碼都齊備，同時可挑選喜歡的顏色和拖鞋裝飾品，由店主親自製作。這些富有個性的拖鞋，加上獨一無二的設計，可説是泰國市集中的小驚喜。產品價錢約 ฿ 69~120 起 (HKD 15~26)。

▶眾裏尋拖鞋。

info
🏠 Warehouse 3, Trok 8 (Charoenkrung District)
🕐 17:00~24:00
📞 +66 812073704

National Stadium

Ratchadamri

Sala Daeng, Chong Nonsi

Surasak, Saphan Taksin

>Asiatique 絲巾中的亞洲風情 Kashimir 地圖P.232

　　Kashimir 的裝潢又簡單又實際，美麗的絲巾，就像藝術品一樣，展現在我們的眼前。此店主要售賣富有東南亞風情的圍巾與披肩，既有傳統泰式圍巾，又有光彩照人的各式披肩，直教人應接不暇，而且價錢適中，店舖還不時有促銷活動。

▲Kashimir。　　　　▲各式圍巾、絲巾、披肩使人眼花繚亂。

info
🏠 Warehouse 3, Trok 8, No.3052-3042 (Charoenkrung District)
🕐 15:00~24:00　　📞 +66 891403834

>Asiatique 泰拳發燒友必逛 Knock Out 地圖P.232

　　除了在 Lumphini 拳場旁邊的 Boxing Studio 買到泰拳用品外，還可以到 Asiatique 夜市的 Knock Out 看看。此店主要售賣新品牌 Knock Out 的打拳用品，有衣服、褲子、牙箍、紮布、靴子、拳套，甚至袋子、T恤等都有。這個品牌其實是 Twins 旗下的新系列、新品種，暫時不是很多地方有售。想找貨品種類繁多的泰拳用品店，不妨到此看看。

▶此店貨品種類齊全。

info
🏠 Asiatique 內

Hea 玩潮遊嘆世界 Easy Go!──曼谷

Asiatique ฿300女裝專門店 Seree　地圖P.232

▼Seree的衫服一律฿300 (HKD 79)。

近來有遊客批評 Asiatique 夜市裏所賣的物品偏貴，雖然如此，Seree 所賣的衣服真的很便宜，標榜所有款式都是自己設計，一件只需 ฿300 (HKD 66)。這兒的衫全部都是女裝，衣服尺碼齊全，高矮肥瘦都合身，不到 HKD 100 就可以買到一件獨特的衣服，真划算！

info
- Warehouse 7, Asiatique (Town Square&Factory District)
- 17:00~24:00
- +66 830307800

Asiatique 抵食泰菜之選 Well Done　地圖P.232

Well Done 是 Asiatique 夜市內一家餐廳，價錢屬於中價位，供應泰菜和西餐，如泰式串燒、烤河蝦、菠蘿炒飯、澳洲西冷牛排、香煎龍脷魚柳等。除了環境較吵雜和較熱之外，味道絕不輸給夜市內其他裝潢較講究的餐廳，適合情侶和一班朋友光顧，坐下邊歡啤酒邊嚐美食。(目前停業中。)

▲Well Done。

▲泰式炒通菜(฿180，HKD 43)。

▲河蝦炒金邊粉(Pad Thai with River Prawns，小份฿200，HKD 48)。

info

- Warehouse 6
- +66 929269694
- www.facebook.com/Well-Done-at-Asiatique-8951047474150152

(圖文：嚴潔盈)

Asiatique 魚療按摩 Herbalove Massage & Spa　地圖P.234

Herbalove Massage & Spa 提供 fish spa 和 body massage。Fish spa 區有三至四個魚池，每個池可讓四位客人同時做魚療，魚療 15 分鐘 ฿150 (HKD 33)，30 分鐘 ฿250 (HKD 55)。

Body massage 可在室外和室內進行，如不想排隊等，又不介意沒冷氣的話，可試試在室外做 Spa。Body massage 30 分鐘 ฿150 (HKD 33)，一小時 ฿250 (HKD 55)；足部按摩 30 分鐘只需 ฿150 (HKD 33)，一小時 ฿250 (HKD 55)，價錢相宜。店內設免費 Wi-Fi。

▲你有興趣試試Fish Spa嗎？

▶Herbalove Massage & Spa。

info
- Warehouse 3, Trok 4-6, No.3191 (Charoenkrung District)
- 乘搭 BTS 在 Saphan Taksin 站下車，步行至碼頭，乘免費接駁船約 10 分鐘即達
- 12:00~24:00
- +66 818683489

Asiatique 假書專賣店 Storytelling 地圖P.232

不是 A 貨，不是山寨貨，而是名副其實的假貨。Storytelling 是一間假書專賣店，售賣的都是假扮書本的產品或道具。店裏的一個書櫃上，放滿了書，雖然是假書、道具書，但可使環境增添幾分書卷味。這些假書道具裏面是中空的，打開看看，原來是個盒子，可用來放小物件或飾物。有興趣的話，不妨到此店一逛。商品價錢 ฿ 250 (HKD 55) 起。

▲假亦真時，真亦假。

info 🏠 Warehouse 1 (Charoenkrung District)
📞 +66 819098780

▲以為走進書店？錯了！其實是一間售賣擺設用品的店，一本本的圖書全是盒子。

Asiatique 手工製瓷杯 P&S Ceramic 地圖P.232

P&S Ceramic 已有 24 年歷史，其產品均在泰國北部純手工製成，產品融入了從歐洲遠洋而來的特色設計，具有東西融合的風格，瓷質杯具還得到了外國消費者的青睞。商店滿布可愛的水杯、茶具，一些動物造型的杯，會利用動物的尾巴或頸作杯柄。除了動物的主題外，顧客還可以自己設計英文字母，印在杯上。杯子每隻約 ฿ 280 (HKD 62) 起。

▲▶店內杯子款式繁多。

info 🏠 Warehouse 2, Trok 3, No.2200-2201 (Charoenkrung District)
🕐 17:00~24:00
📞 +66 893019673

▲P&S Ceramic的產品均在泰國北部純手工製成。

二戰老倉庫藝文區 Warehouse 30 [地圖P.232]

　　位於昭披耶河沿岸的文化創意園區 Warehouse 30，佔地約 4,000 平方米，由曼谷知名創意團隊及前高級家居雜誌總編輯操刀。室內分 Warehouse 1-7，規劃了餐廳、藝廊、花店、黑膠唱片店、復古相機店等，型格的店鋪與保留了二戰時期面貌的老倉庫相當搭配。透過展覽、商品和建築本身，遊客可看到泰國蓬勃的創意產業。近年，泰國政府積極發展石龍軍路區域，因此除了 Warehouse 30，這一帶附近還有許多設計感十足的旅館、酒吧、藝廊等，有時間不妨安排一併參觀。

▲採訪當天有人正在拍攝畢業照。

▲Warehouse 30分成七個不同空間，各有不同用途。

▲Warehouse 1的公共工作空間(Co-working Space)保留了老倉庫最原始的風貌。

▲倉庫內有許多泰國的獨立品牌進駐。

▲空間敞大的The Fox and The Moon Café。

▲古着軍服店Horse Unit。

▲有機手工皂。

▲Warehouse 4的服飾店。

▲民族風飾品。

▲古董相機店。

▲這輛型格的Tuk Tuk其實是一家眼鏡店。

info
🏠 52-60 Captain Bush Lane, Bang Rak, Bangkok
🚇 乘搭BTS 在 Saphan Taksin站下車，徒步到 Central 碼頭(Sathorn)，在碼頭買票坐渡輪到 N3 碼頭 (Si Pha Ya)，再步行約 5 分鐘
🕐 11:00-20:30　📞 +66 022375087　🌐 warehouse30.com

（圖文：嚴潔盈）

墜進藍鯨天地 Blue Whale Café

地圖P.232

Blue Whale Café 位於河岸舊城區一條小巷之中，甫走進店，便會發現自己墜入一個只有藍色的空間。正如店名所稱，Café 以藍鯨為主題，鋪天蓋地都是如像深海世界的藍色——仿魚鱗圖案的瓷磚壁畫牆、牆上簡約的藍鯨畫作、陽光灑落的藍色用餐角落和階梯，都值得細味欣賞，所以近年成為泰國人的打卡熱點。除了裝潢，Café 的食物都盡力貫徹藍色主題，如蝶豆花咖啡、雪糕等，賣相出色，配合美得令人目眩的用餐環境，讓食客度過一段夢幻的藍色午後時光。

National Stadium
Ratchadamri
Sala Daeng, Chong Nonsi
Surasak Saphan Taksin

◀一樓的用餐處最為舒適，深淺不一的藍色牆身最適合拍照打卡！

▶點餐處畫得細緻的藍鯨，和以瓷磚砌成的仿魚鱗壁畫牆，都是值得欣賞的裝潢細節。

▲Blue Whale Café。

▲2樓樓底較低，座位亦較擠擁。

◀從一樓可望到點餐處。

info
🏠 392/37 Maha Rat Rd Khwaeng Phra Borom Maha Ratchawang, Khet Phra Nakhon, Bangkok
🚇 乘搭 BTS 在 Saphan Taksin 站下車，徒步到 Central 碼頭 (Sathorn)，在碼頭買票坐渡輪到 N8 碼頭 (Tha Tien)，再步行約 10 分鐘
🕐 09:00-18:00；星期一休息　📞 +66 969974962
💻 facebook.com/bluewhalebkk

（圖文：嚴潔盈）

▲ 左邊是藍鯨濃縮咖啡雪糕甜點 (Blue Whale Affogato，฿240，HKD 56)，右邊則是蝶豆花牛奶咖啡 (Iced Butterfly Pea Latte，฿140，HKD 33)，兩款都很配合藍鯨Café 的主色調。

黎明寺河畔餐廳 Eat Sight Story 地圖P.232

昭披耶河沿岸有許多河畔餐廳，但要數景觀最開揚的，Eat Sight Story 可謂數一數二。餐廳位於小巷內，有一個廣闊的露天平台，平台上所有座位都能清楚看到對岸的黎明寺，每逢傍晚時分，總會有食客在此等候在夕陽暮色下的黎明寺景色，再靜候入夜後點亮了燈的閃爍黎明寺，無論日景或夜景，都別有一番風味。如果你想歎住冷氣看河景，餐廳亦設小部分冷氣座位。

Eat Sight Story 供應泰式 Fusion 菜，價錢適中，不過味道一般，勝在有河畔美景和溫馨的裝潢佈置相伴，想光顧的話記得提早預約！

▲Eat Sight Story位於小巷內。

▲黎明寺就在昭披耶河對岸，景觀一流。

▲西柚梳打(Grapefruit Soda，฿120，HKD 27)，沒有西柚味。

▲話，不想坐室外座位的室內座位亦採光充足。

▲冬陰公湯(Tom Yam Koong，฿240，HKD 54)。

◀裝潢簡約溫馨。

info
47-49 Soi Tha Tien ,Maharaj Road, Phrabarommaharachawang ,Phra Nakorn, Bangkok
乘搭 BTS 在 Saphan Taksin 站下車，徒步到 Central 碼頭 (Sathorn)，在碼頭買票坐渡輪到 N8 碼頭 (Tha Tien)，再步行約 5 分鐘
11:00-22:00　+66 26222163
www.eatsightstorydeck.com

（圖文：嚴潔盈）

尋寶之城 River City 地圖P.232

位於 Chao Phraya River 昭拍耶河畔的 River City 商場，就在 Royal Orchid Sheraton Hotel 旁邊，跟 Siam 區的商場絕不一樣，這裏主打東南亞古董貨品，店舖規模大，任何種類的古董擺設，甚至家具都可以在這裏找到。商場經過翻新裝修後，設計更有特色，還增加了不少餐廳和食肆，以及腳底按摩店，令附近五星級酒店的住客多了一個好去處。

▲River City位於昭拍耶河畔。

◀有接駁船往返商場。

◀商場內有很多古董店。

沖哥 至醒話你知

留意接駁船服務的時間（詳見 P.38，如沒有船可以乘的士，需時 10 分鐘，車費約 ฿ 80 (HKD 18)。

info
23 Trok Rongnamkhaeng, Si Phaya Pier,Yota Road, Sampantawong, Bangkok
乘搭 BTS 在 Saphan Taksin 站下車，步行至 Central 碼頭 (Sathorn)，乘接駁船前往
10:00~20:00　+66 22370077
rivercitybangkok.com

National Stadium

Ratchadamri

Sala Daeng, Chong Nonsi

Surasak, Saphan Taksin

印象難忘 黎明寺(Wat Arun) 地圖P.232

黎明寺是皇家寺廟，也是曼谷的地標，由精緻的塔組成，為供奉第二任 Chakkri 王朝的統治而建，在 Chao Phraya River 的西岸。當阿育塔亞 (Ayutthaya，簡稱「大城」) 還是泰國的首都時，黎明寺已經存在。

▲黎明寺。
▲黎明寺中央的高塔有70米高，攀登上去的樓梯很陡峭，人們都要慢慢扶着扶手爬上去。

▲登上塔之後看到Chao Phraya River的風景。

▲黎明寺的外牆以細小的貝殼和幾種顏色的中國瓷製造而成。

▲乘坐Wat Pho-Wat Arun渡輪往黎明寺。

info
🏠 158 Wang Doem Road, Wat Arun, Bang Kok Yai, Bangkok
🚇 乘坐 BTS 到 Saphan Taksin 站，徒步到 Central 碼頭 (Sathorn)，在碼頭買船票坐渡輪到 N8 碼頭 (Tha Tien)，再轉乘 Wat Pho-Wat Arun 渡輪前往 Wat Arun Pier，可達黎明寺
🕙 09:00~18:00　　🎫 門票 B 50 (HKD 11)
📞 +66 28912185　　🌐 www.facebook.com/watarunofficial/
👕 穿着整齊有禮的衣服，不要隨地丟垃圾和煙頭

▲N8碼頭(Tha Tien)。

(圖文：次女)

側臥46米金佛像 臥佛寺(Wat Pho) 地圖P.232

臥佛寺最有名的是那尊側臥的金佛像，長 46 米，放在 Ordination Hall，吸引了很多人來參觀。臥佛寺現在還是做泰式治療和按摩教育的地方，遊客可以到臥佛寺內的學校享受傳統泰式按摩。

▲遊客可到臥佛寺內的學校享受傳統泰式按摩。

▶ 側臥的金佛像。

info
🏠 2 Sanamchai Road, Grand Palace Subdistrict, Pranakorn District, Bangkok
🚇 乘坐 BTS 到 Saphan Taksin 站，徒步到 Central 碼頭 (Sathorn)，在碼頭買船票坐渡輪到 N8 碼頭 (Tha Tien)，由出口右轉徒步 2 分鐘可達
🕙 08:00~17:00
🎫 門票 B 300 (HKD 129)，120cm 以下小童免費
📞 +66 22260335　　🌐 www.watpho.com
👕 進寺不可穿短褲和無袖衫

(圖文：次女)

金碧輝煌的歷史 大皇宮 地圖P.232

▶ 大皇宮唯一出入口「威悉猜悉門」。

大皇宮 (The Grand Palace) 由拉瑪一世建於1782年，自18世紀起成為暹羅王國的宮殿範圍，皇室成員都居住在此。1946年拉瑪八世駕崩後，承繼皇位的拉瑪九世將居住地搬遷至由拉瑪六世興建的遲塔拉達宮 (Chitralada Royal Villa)，並開放大皇宮予民眾參觀。

大皇宮內的建築群包括玉佛寺、摩天殿、節基殿、兜率殿，全都各有特色。金碧輝煌的建築在陽光下閃着奪目光芒，而在白色圍牆上，可看到以泰國神話故事創作的178幅壁畫。2016年10月泰王普密蓬病逝後，其悼念儀式就是在大皇宮內進行。

節基殿

▲大雄寶殿。

▲樂達納舍利塔(左)和藏經樓(右)

▲節基殿建於1882年，融合了歐洲及泰國建築風格。頂層存放了歷代國王及皇后的「靈骨」，中間層為接待各國使節的謁見廳，地面層是御林軍總部，但全部都不對外開放，只開放底層的兵器博物館。

! Tips! 嚴格呢遊規定！

大皇宮有嚴格的服裝規定，除了背心、透視裝、露臍裝、短褲、短裙不得進場外，連七分褲、破爛牛仔長褲、緊身長褲、露腳趾涼鞋也不能內進。建議遊客自行帶備薄披肩，進場前遮蓋露出的身體部分便可。若忘記攜帶，可在正門入口處右邊的建築物租借衣物，記得千萬不要光顧在正門外兜售衣物的可疑人士。

▲在入口處右邊可租借衣物。

▲碧隆天神殿。

▲香王觀音閣。

◀遊客與在武隆碧曼宮外看守的泰國侍衛合照。

(圖文：嚴潔盈)

◀兜率(律實)殿是皇室舉行登基紀念活動或喪禮的重要場地。

info
🏛 Na Phra Lan Road, Phra Borom Maha Ratchawang, Phra Nakhon, Bangkok
🚇 乘搭 BTS 在 Saphan Taksin 站下車，徒步至 Central 碼頭 (Sathorn)，在碼頭買船票坐渡輪到 N9 碼頭 (Tha Chang)，再步行約 10 分鐘
🕐 08:30~15:30(14:30 停止進場)
💰 一般 ฿ 500 (HKD 110)
📞 +66 26235500 (分機 :3100)
🌐 www.royalgrandpalace.th/th/home

National Stadium

Ratchadamri

Sala Daeng, Chong Nonsi

Surasak, Saphan Taksin

購物助泰北少數民族 Doi Tung Lifestyle

地圖P.232

Doi Tung 以前最出名賣泰北山區出品的咖啡，現在屬於一個皇家的計劃，幫助泰北少數民族生產商品，讓他們可以維持生計，收益全數回歸他們。別以為泰北少數民族生產的東西沒新意又土氣，這裏售賣的手織布袋款式新潮可愛。他們還將一些少數民族的人形卡通化，印在杯、碟、簿上。店內同時出售棉質、麻質時裝，100% 手工製作。在這裏既可購物，又可助人，一石二鳥，何樂而不為呢？

►手織布袋。(攝影：嚴潔盈)

▲羚羊擺設。(攝影：嚴潔盈)

►Doi Tung 售賣泰北少數民族生產的商品。

info
- 7 Na Phra Lan Rd, Phra Borom Maha Ratchawang, Phra Nakhon, Bangkok
- 乘搭地鐵在 Sanam Chai 站下車，步行約 18 分鐘
- 08:30~17:30
- +66 2 225 6492
- shop.doitung.com

免費藝廊 泰國藝術大學 地圖P.232

泰國藝術大學 (Silpakorn University) 的 Wang Tha Phra 分校，位於大皇宮附近的觀光區內，創辦人是已故的 Silpa Bhirasri，他被稱為泰國藝術之父，同時是當地著名雕刻家。Wang Tha Phra 分校的範圍不算大，但開放了數個 art gallery (藝術廊) 讓遊人免費參觀，包括展示 Silpa 雕刻作品及工作室的 Silpa Bhirasri Memorial National Museum，還有以學生作品作短期展覽的 PSG Art Gallery 等。除了藝術學院，大學另有 12 個學院，包括考古、建築、裝潢藝術、音樂等。

▲筆者到訪期間，PSG Art Gallery正舉行有關已故泰王普密蓬的短期展覽，參觀者需懷着尊敬的心欣賞畫作。

▲在大學內可找到關於創辦人Silpa Bhirasri的藝術品。

National Museum 展品

◄Silpa Bhirasri National Museum。留意，此博物館嚴禁拍照，筆者當天是得到教職員允許才可拍照的。

◄Silpa Bhirasri生前用過的打字機。

PSG Art Gallery 展品

▲在大學另一面的 PSG Art Gallery。

▲►已故泰王普密蓬的畫像。

info
- 31 Na Pralan Rd., Phra Borom Maha Ratchawang, Phra Nakhon, Bangkok
- 乘搭 BTS 在 Saphan Taksin 站下車，徒步至 Central 碼頭 (Sathorn)，在碼頭買船票坐渡輪到 N9 碼頭 (Tha Chang)，再步行約 5 分鐘
- Silpa Bhirasri National Museum 09:00~16:00 (逢周六、日及公眾假期休息)；PSG Art Gallery 10:00~16:30(逢周日及公眾假期休息)
- +66 26236115-21
- www.su.ac.th/th/index.php

(圖文：嚴潔盈)

觀看鮮花批發盛況！育披曼花市
Yodpiman Flower Market

地圖P.232

育披曼花市除了是一個鮮花批發市場，更是一個以遊客為主導的觀光花市。遊客在此可看到曼谷市內難得一見的鮮花批發過程，如零售花商在此選貨入貨、批發商繁忙運貨等熱鬧場面。此外，在花市外圍亦有許多零售花店，整條街道擺滿花卉，令人樂而忘返。

雖說是觀光花市，但場內環境不算明亮整潔，地上常有污水，建議遊客登上二樓觀看花市情況，而且因為花市是真正在運作中，到處都是當地工人走來走去搬貨送貨，造訪及拍攝時要小心不要防礙對方的日常工作。

▲ 育披曼花市在Chakkraphet Road那邊的入口。

▲ 花市內不算乾淨明亮，但走一圈看看花仍是值得。

▲ 按重量出售的小花。

▲ 泰國人拜神時常買的花圈。

▲ 街頭常見的白蘭花。

◄ 即使不知道全部名字，仍能好好觀賞鮮花和呼吸它們的香氣。

▲ 色彩繽紛的花卉擺滿街。

▲ 在Yodpiman碼頭下船後，走進商場再直走就能到達花市了。

info

Soi San Chao Ban Mo, Khwaeng Wang Burapha Phirom, Khet Phra Nakhon, Bangkok

乘搭 BTS 在 Saphan Taksin 站下車，徒步到 Central 碼頭 (Sathom)，在碼頭買票坐渡輪到 N1/6 碼頭 (Yodpiman)，再步行約 3 分鐘

12:00-24:00　+66 26236851

www.yodpimanmarket.com

▲ 漂亮的玫瑰。　　▲ 花市外圍的零售花店。

（圖文：嚴潔盈）

花團錦簇咖啡店 Floral Cafe 地圖P.232

Floral Cafe 位於曼谷舊城區的帕空花卉市場附近的 Napasorn 花店之上，比起曼谷其他以花為主題的文青咖啡店，這裏的裝潢更顯成熟穩重，以大量深沉色調的花卉佈置店內，帶點歐洲典雅情調。相較於店內的氣氛和裝潢，這裏的食物就略嫌遜色，只供應款色較為普通的蛋糕和咖啡，但味道不錯。由於環境別緻，所以許多當地年輕人都喜歡在店內坐上兩、三小時，慢慢拍照或打卡，所以建議遊客最好避免在週末到訪。

National Stadium

Ratchadamri

Sala Daeng, Chong Nonsi

Surasak, Saphan Taksin

▲甫上2樓的點餐處，便感受到鋪天蓋地的花意佈置。

▲Floral Café 在Napasorn花店的2樓。

▲用餐環境有落地玻璃，採光充足令室內裝潢更有氛圍。

▶用餐處的乾花裝潢更令人目瞪口呆！

info
🏠 67 Chakkraphet Rd, Wang Burapha Phirom, Phra Nakhon, Bangkok
🚇 乘 搭 BTS 在 Saphan Taksin 站下車，徒步到 Central 碼頭 (Sathorn)，在碼頭買票坐渡輪到 N1/6 碼頭 (Yodpiman)，再步行約 8 分鐘
🕐 9:00-19:00；星期二休息
📞 +66 0994684899
📷 instagram.com/floralcafe_napasorn/

▲朱古力咖啡核桃蛋糕(Mocha Walnut，฿160，HKD 36)，筆者覺得偏甜。

▲芒果乳酪沙冰(Mango Yogurt Smoothie，฿150，HKD 34)質地幼滑、味道濃郁。

（圖文：嚴潔盈）

Hea 玩潮遊嘆世界 Easy Go!——曼谷

259

方便遊客的用餐區 Tha Maharaj 地圖P.232

▲ Tha Maharaj。

近年開幕的 Tha Maharaj，解決了遊客在大皇宮一帶觀光區覓食的煩惱。十多間餐廳供應不同料理，有泰菜、西式料理、甜品 café、小食攤位等。地理位置相當方便，加上 Tha Maharaj 內設有碼頭，遊客參觀完大皇宮、臥佛寺等，可到此用餐，然後乘船前往其他地區。

info
- 📍 1/11 Trok Mahathat, Maharaj Road, Phranakorn District, Bangkok
  1/11 ตรอกมหาธาตุ ถนนมหาราช เขตพระนคร กรุงเทพมหานคร
- 🚇 乘搭 BTS 在 Saphan Taksin 站下車，徒步至 Central 碼頭 (Sathorn)，在碼頭買船票坐渡輪到 N10 碼頭 (Wang Lang)，再坐渡輪往對岸的 Maharaj 碼頭；或買船票坐渡輪到 N9 碼頭 (Tha Chang)，再步行約 10 分鐘
- ⏰ 約 10:00~22:00，各店營業時間不同
- 📞 +66 20241393
- 🌐 www.thamaharaj.com

(圖文：嚴潔盈)

▲ 這兒有許多餐廳、café 及美食攤位。

Tha Maharaj美食精選

> Tha Maharaj 舒適賞河景嘆泰菜 Savoey 地圖P.232

Savoey 是曼谷的連鎖泰菜餐廳，幾乎可在此找到大部分泰國菜式，如菠蘿炒飯、咖喱蟹、木瓜沙律、芒果糯米飯等。餐廳共有兩層，在二樓可坐在露天座位觀賞湄南河的景色。

◀Savoey在曼谷有數家分店，這是其中一家。

▲ 椰奶涼粉(฿ 80、HKD 18)，吃完濃味的冬蔭功，再吃一碗清涼甜品剛剛好！

▲ 青檸梳打(฿ 65、HKD 14)，有點漸變的綠色，很好看。

info
- 📍 G/F, Building G, Tha Maharaj
- ⏰ 11:00~21:00
- 📞 +66 20241317
- 🌐 www.savoey.co.th

▲ 鮮蝦冬蔭功(฿ 180、HKD 40)，湯頭非常濃郁，既酸且辣很滋味。

(圖文：嚴潔盈)

最大！National Museum, Bangkok 地圖P.232

National Stadium

Ratchadamri

Sala Daeng, Chong Nonsi

Surasak, Saphan Taksin

曼谷國家博物館於同類博物館中，屬東南亞地區最大的博物館，建於 1782 年。館內有多媒體展覽，以影像、聲音及古物展示泰國由 Sukhothai 至 Rattanakosin 時期的歷史，還有泰式手工藝與歷史和泰國的考古學等展館。這博物館原本是泰國皇帝 Rama IV 的私人收藏館，珍藏了古董、皇家禮物等。

▶一進入博物館就會看到這座很美麗的禮拜堂，名叫 Buddhaisawan Chapel。

▲博物館區內的泰國歷史展館 (Gallery of Thai History)。

info

🏠 4 Na Phrathat Road, Phra Borom Maha Ratchawang, Phranakhon, Bangkok

🚇 乘坐 BTS 到 Saphan Taksin 站，徒步到 Central 碼頭 (Sathorn)，在碼頭買賣船票坐渡輪到 N13 碼頭 (Phra Arthit)，由出口右轉徒步 15 鐘可達

🕐 周三至周日 09:00~16:00(逢周一、二、西曆新年及四月的 Songkran Festivals 潑水節休息)

💰 門票 ฿ 200 (HKD 44)，小童免費　📞 +66 22241333

🎧 導賞服務：周三及周四 09:30(有英語)

💻 www.virtualmuseum.finearts.go.th/bangkoknationalmuseums/index.php/en

▲曼谷國家博物館入口。

(圖文：次女)

悠遊欣賞歷史遺跡
Santi chai prakan Park、八角形堡壘 地圖P.232

Santi chai prakan Park 就在河邊，風景很好，很舒服，偶爾還會看到本地人賣藝。公園內有座歷史遺留下來的八角形堡壘「Phra Sumen Fort」，建於 1783 年，當年為了防禦海襲而建。當年總共建造了 14 座堡壘，但到了今天，只有兩座仍然存留，Phra Sumen Fort 是其中之一，另一座名叫 Mahakan Fort。

▶Santichaiprakan Park 環境很好。

八角形堡壘

◀Phra Sumen Fort 八角形堡壘，可以看到裝置在上面的大砲。

info

🏠 Khao San Road, Bangkok, Thailand

🚇 乘坐 BTS 到 Saphan Taksin 站，徒步到 Central 碼頭 (Sathorn)，在碼頭買票坐渡輪到 N13 碼頭 (Phra Arthit)，由出口左轉徒步 6 分鐘

🕐 24 小時

(圖文：次女)

Hea 玩潮遊嘆世界 Easy Go!──曼谷

PART 9

MRT站及曼谷近郊景點

除了 BTS 線，遊客在曼谷較常用到的還有 MRT 線 (地下鐵線)，前往例如唐人美食街及 The Street 等景點。另外，一些在曼谷市中心外的景點也值得前往，而且交通尚算方便，如大型商場 Mega Bangna 及水門寺等。(文字：嚴潔盈)

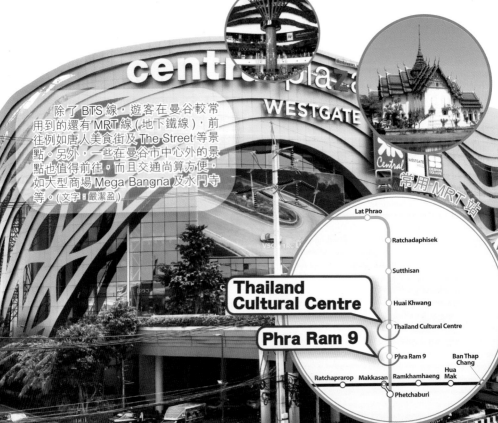

常用 MRT 站

- Lat Phrao
- Ratchadaphisek
- Sutthisan
- Huai Khwang
- **Thailand Cultural Centre**
- **Phra Ram 9**
- Ban Thap Chang
- Ratchaprarop
- Makkasan
- Ramkhamhaeng
- Hua Mak
- Phetchaburi

24小時營業 The Street (Ratchada) 地圖P.266

The Street (Ratchada) 自稱是曼谷首個 24 小時營業的商場，不過要留意，只有某部分餐廳及超市會開 24 小時，二至三樓的購物區維持 10:00~22:00，頂層有大型彈床中心 Bounce Free-Jumping Revolution。餐廳種類多，還有令香港人感到親切、位於地庫的 Little Hong Kong 區，添好運在此也有分店。

info
- 139 Ratchadaphisek Road, Din Daeng, Bangkok
- 乘搭 MRT 在 Thailand Cultural Centre 站下車，步行約 5 分鐘
- 24 小時，2/F~3/F 10:00~22:00
- +66 0922617111/+66 22321999
- www.thestreetratchada.com

▲The Street (Ratchada)。

The Street 美食攻略

> The Street | 品嚐東南亞國家美食 SO asean Café & Restaurant

SO asean Café & Restaurant，是一家供應東南亞國家協會成員國料理的餐廳，全部菜式分別來自泰國、寮國、緬甸、馬來西亞、菲律賓、新加坡等地，相當特別！如緬甸的 Lah Pet(茶葉沙律)、馬來西亞的藍色的蝶豆椰汁飯等。

▶SO asean Café & Restaurant。

▲菲律賓 Adobo(฿ 185、HKD 41)，雞腿肉和豬腩肉配以洋蔥醋汁，再加上酸酸的蘿蔔絲沙律，很開胃。

info
- 1/F, The Street Ratchada
- 餐廳 09:00~22:00，café 24 小時
- +66 21211909
- www.facebook.com/SOasean

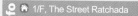

蝶豆椰汁飯

▶芒果三色糯米飯(฿ 125、HKD 28)，芒果肉厚多汁，非常好吃！至於藍色的蝶豆椰汁飯，味道與另外兩種差不多。

(圖文：嚴潔盈)

匯聚地道美食！The One Ratchada夜市

地圖P.266 The One Ratchada 鄰近 MRT 站，交通非常方便。The One Ratchada 的前身就是於 2021 年關閉的拉差達火車夜市，夜市之後於 2022 年 9 月在原址重開，是值得一去的美食街。

美食街共佔兩條通道，提供最地道、款式最多的泰國美食，包括海鮮炒麵、凍椰子水、烤魚、咖喱、脆鹹肉，還有燒水母、生醃海鮮等，重開後多了設有座位的餐廳。

至於服飾方面，勝在逛得較舒服，提供的種類款式亦夠多元，相信夠遊客逛足一小時。

▲周末晚上，整個夜市都人頭湧湧。

▲烤串燒攤檔。

雞蛋海鮮炒金邊粉(Egg and Seafood，฿80，HKD 18)，伴以辣椒粉、花生粉、魚露，味道不錯。

▲凍椰子水(Coconut Water，฿20，HKD 4.5)，雖然加了許多冰，但仍是消暑良品。

▲烤大頭蝦(Coconut Water，฿200，HKD 45)，足足有7大隻，相當抵食。

▲連韓式醬油蟹都有，不過吃的時候需注意衛生。

▲一些較大型的美食檔會提供座位，讓食客坐下慢慢品嚐。

▲想在餐廳舒舒服服用餐，夜市內亦有許多選擇。

◀昆蟲料理等着你來挑戰！

▶女裝服飾攤檔。

◀藤製手袋，簡約好看，襯衫一流。

▶泰國風的童裝連身裙。

◀女裝休閒鞋款。

▲可愛的小手袋，每個฿250(HKD 57)。

info **The One Ratchada 夜市**

🏠 55/10 Ratchadaphisek Road, Din Daeng Subdistrict, Din Daeng District, Bangkok

🚇 乘搭地鐵在 Thailand Cultural Centre 站 4 號出口步行 5 分鐘

🕐 16:00-00:00　📞 +66 88 682 6013

✉️ www.facebook.com/theoneratchada/

（圖文：嚴潔盈）

◀好看型格的Clutch Bag。

Hea 玩潮遊嘆世界 Easy Go!——曼谷

下雨不怕，繼續血拼！
Central Plaza Grand Rama 9

地圖P.266

每逢雨季，曼谷的天氣便變幻莫測，想逛街又不想撐傘，可到與 MRT 站連結的 Central Plaza Grand Rama 9。商場的地庫至七樓都是購物層，集齊衣飾店、超市、書店、餐廳，雖然不似 Silom 區的商場那麼具有規模，但仍足夠讓遊客逛半天，之後可到對面的數碼商場 Fortune Town 繼續購物。

◀地庫的Tops Market，筆者比較價格後發現，有些手信比Big C Supermarket還要便宜。

▲ Central Plaza Grand Rama 9。

▲一出MRT Phra Ram 9站便是商場，就算下雨都可以照樣血拼。

▲泰國便服品牌C&D。

🏠 9/9 Thanon Rama 9
🚇 乘搭 MRT 在 Phra Ram 9 站下車即達
🕐 周一至五 11:00~21:00，周六、日 10:00~22:00，各店營業時間不同
📞 +66 21035999
🌐 shoppingcenter.centralpattana.co.th/th/branch/central-rama-9

（圖文：嚴潔盈）

The Street 及 Centeral Plaza 位置地圖

Big C Extra

The Street (Ratchada) (P.263)

MRT Thailand Cultural Centre 站

Thiam Ruam Mit Rd

SO asean Café & Restaurant (P.263)

The One Ratchada 夜市 (P.264)

Ratchadaphisek Rd

Waithana Tham Rd

Soi Ratchadaphisek 3

圖例
🍴 食肆
🛍 購物
🚇 MRT 站
— MRT 線

Fortune Town

MRT Phra Ram 9 站

Central Plaza Grand Rama 9 (P.266)

200 米

©跨版生活圖書出版

曼谷最繁華Chinatown 唐人美食街 地圖P.234、267

　　繁榮的耀華力路 (Yaowarat Road) 是曼谷的唐人街，每逢晚上都有美食攤檔，成為一條美食街。大部分攤檔都是售賣充滿中國特色的食物，如碗仔翅、燒味、炒粉麵，在旁邊的餐廳更有魚翅、燕窩等，快點來體驗一下泰國版的唐人街吧！

崇聖牌樓

金佛寺

▲看見金佛寺和崇聖牌樓（又稱「中國門」）就知道已到達耀華力路路口了。

▶泰文發音為「碌速」的懷舊泰式甜品，以豆粉製作，並製成水果模樣。

▼各式各樣的炒米粉及炒麵。

▲筆者到訪時剛好是唐人街素食節，吸引大批遊客前來參與，十分熱鬧！

▲大大盒芒果糯米飯只是฿100（HKD 22），便宜又美味！

▲路上的天華醫院，內有觀音廟及慈善醫院。

唐人美食街位置地圖

Charoen Krung Rd

Maitri Chit Rd.

唐人美食街 (P.267)

Yaowarat Rd

MRT
Hua Lamphong 站

圖例
- 🍴 食肆
- ✚ 醫院
- ⬚ 唐人美食街
- ◈ MRT 站
- ━ MRT 線

天華醫院

250 米

◎跨版生活圖書出版

info
- 🏠 Yaowarat Road, Samphanthawong, Bangkok
- 🚇 乘搭 MRT 在 Hua Lamphong 站下車，步行約 8 分鐘
- ⏰ 約 18:00~24:00

(圖文：嚴潔盈)

無味精魚翅 銀都魚翅酒家 地圖P.232

　　來到泰國，不少人都想吃魚翅，最出名的當然要到唐人街一帶的魚翅海鮮老店。有別一般泰國魚翅酒家，銀都的食物不加味精，除了最正宗的紅燒魚翅 (฿ 300 、HKD 66) 之外，還有竹笙燉翅 (฿ 320 、HKD 70)、人參鮑翅等，最適合港人口味，而且可選 S 至 XL 大小，就算人少也不怕點了翅 就吃不到其他海鮮小菜。

▲足料魚翅。

info 483-5 Yaowarat Rd, Samphanthawong, Bangkok
乘搭地鐵在 Wat Mangkon 站下車，步行約 5 分鐘
10:00~01:00　　+66 2 623 1401
www.facebook.com/chinatownscala/

▲惹味的鮑魚。

專人速遞手信 合記林真香 地圖P.232

　　每次去曼谷都要買的脆脆豬肉乾和豬肉條，而在唐人街內有 3 家合記林真香分店。如果大量購買，還可以裝箱送到酒店，那樣就不用帶着大包小包逛街，可以繼續輕鬆 shopping。

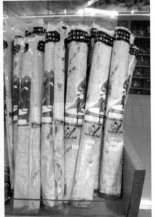

◀大片魷魚乾
(฿ 35 、HKD 8)。

▲泰國必買手信豬肉鬆、芒果乾、榴槤糕。

info 392 Yaowarat Rd, Chakkrawat, Samphanthawong, Bangkok
乘搭地鐵在 Wat Mangkon 站下車，步行約 4 分鐘
08:00~23:30　　www.facebook.com/ljholdshop/
+66 2 224 5239　　www.hakee.com

曼谷隱秘打卡點 Samyan Mitrtown 隧道

地圖P.232

Samyan Mitrtown 是 2019 年開幕的商場，是 24 小時營業、以年輕族群為主要對像的商場，食店也以平價為主，內有大量裝置藝術，是文青購物之選。不過，更引人注目的是商場連結 MRT 地鐵 Samyan 站的室內通道，看起來像太空艙，還有一小段是透明底的，其獨特設計吸引了打卡人流。

info
- 🏠 944 Thanon Rama IV, Wang Mai, Pathum Wan, Bangkok
- 🚇 乘搭地鐵 MRT 藍線 Samyan 站 2 號出口
- ◎ 24 小時
- ☎ +66 20338900
- 🖥 samyan-mitrtown.com

（撰文：蘇飛）

▲通道全長120米，據說以巨資建造。

曼谷最高大佛 水門寺

地圖：大地圖背面(市中心景點)

水門寺在昭拍耶河邊，本來在遊客間的知名度不高，但在 2021 年 6 月建成 20 層樓高的金色大佛銅像後，成為了曼谷的新熱點。這是曼谷最高的大佛，高度為 69 米，建造費超過 6 億泰銖，在河道上也可欣賞大佛的全貌。水門寺後方的白色佛塔也是遊客必到之處，主要是看五樓的綠色琉璃佛塔和天花板的美麗彩繪。

▶水門寺金色大佛。

info
- 🏠 300 Ratchamongkhon Prasat Alley, Pak Khlong Phasi Charoen, Phasi Charoen, Bangkok
- 🚇 搭乘 MRT 地鐵到 Bang Phai 站，1 號出口步行 12 分鐘
- ◎ 08:00-18:00 ☎ +66 24670811 📧 facebook.com/watpaknam.bkk

（撰文：蘇飛）

全東南亞最大購物城
Central Plaza WestGate

地圖：大地圖背面
(近郊景點)

Central Plaza WestGate坐落在曼谷西北部，是目前全東南亞最大的購物中心！雖然離曼谷市中心有點距離，但自從MRT紫線在2016年開通後，前往商場便變得方便。四層高的商場有多達過百家商店，當中包括當地小店，無論想逛大型時裝店或獨立小店都沒問題！商場有近百家餐廳進駐，泰式、韓式、中式、西式都可找到，覓食無難度。商場還有親子設施，如動物電動車、小火車等，適合一家大小前來消磨時間。

▲商場與MRT紫線Talad Bang Yai站有天橋接駁。

▲正門有大型噴水池以及綠色植物。

▲商場一至三樓為購物區，每層範圍都很大。

▲大人和小朋友可租借電動動物車，坐著它暢遊廣闊的商場。

▲WestGate Cineplex有IMAX影院。

▶商場太大不想走路的話，可乘搭小火車。

◀曼谷的Tops屬大型超市，那這間Tops Super Store就是巨型超市了，不妨進去搜尋手信！

◀在商場一樓這個區域內，有不少非連鎖的店，價錢較便宜，服裝款式也較特別。

info

📍 199, 199/1, 199/2 Moo 6, Sao Thonghin, Bang Yai, Nonthaburi, Thailand

🚇 乘搭 MRT 在 Bang Sue 站下車，轉乘紫線的接駁巴士後，由紫線 Tao Poon 站乘 MRT 至 Talad Bang Yai 站下車，步行約 5 分鐘

🕐 周一至周五 10:00~21:00，周六至周日及假期 10:00~22:00，各店營業時間不同

📞 +66 20219999

🌐 www.centralplaza.co.th/westgate

▲商場不時舉辦活動吸引人流，筆者到訪當天有龍珠、美少女戰士當嘉賓。

(圖文：嚴潔盈)

亞洲最佳博物館之一 MOCA Bangkok

地圖：大地圖背面(近郊景點)

MOCA(Museum Of Contemporary Art、曼谷當代藝術館)是全東南亞唯一一家MOCA，曾被票選為亞洲最佳博物館之一。展館展出當地及海外藝術家的作品，有畫作、攝影、雕塑、藝術設置等，當中不少是以泰國宗教及神話為主題的作品。館內大部分展廳都允許拍照，除了The Richard Green特別展館。

◀到送一支水。的贈券，參觀者可憑隨入場券附在館內café換

◀館內大堂，由陽光折射的圖案映在白色牆身上，像教堂一樣靜謐美麗。

▲MOCA Bangkok。

▲長出蘑菇的椅子也是藝術品一部分。

▲館內少不了以大象為主題的畫作。

info
🏠 499 Kamphaengphet 6 Road, Ladyao, Chatuchak, Bangkok
🚇 乘搭 BTS 在 Mo Chit 站下車，轉乘的士，車程約 15 分鐘；或乘搭 MRT 在 Phahon Yothin 站下車，轉乘的士，車程約 10 分鐘
🕙 10:00~18:00，逢周一休息
💰 成人฿ 280(HKD 65)、學生฿ 120(HKD 28)，13歲以下小童及60歲以上長者免費
📞 +66 20165666-7 🌐 www.mocabangkok.com

(圖文：嚴潔盈)

泰國野生動物遊樂園 Safari World

地圖：大地圖背面(近郊景點)

Safari World 適合一家大小前往，既可參觀動物，還可看到精彩表演。樂園分兩個園區：Safari 園區 (Safari Park) 和 Marine 園區 (Marine Park)。在 Safari Park 重點推介野生動物的餵飼表演 (Wildlife Feeding Show)；在 Marine Park 則可觀賞刺激表演，包括白老虎表演、荷里活牛仔的驚人表演。Marine Park 還有 "Jungle Cruise River Ride" (森林遊船) 帶遊客進入非洲熱帶森林，感受森林的溫度與聲音。

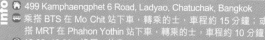

▲獅子！大家要小心了！(攝影：蘇飛)

▲睡相可愛的黑熊。(攝影：蘇飛)

▲Marine園區，即海洋樂園。

▲海洋樂園內的海豚表演。

▲樂園內的動物。

info
🏠 99 Panyaintra Road, Samwatawantok, Klongsamwa, Bangkok
🚇 乘坐 BTS 到 Mo Chit 站，轉乘的士前往，的士車程約 30~40 分鐘，車費約 ฿ 200~230 (HKD 44~51)；或在 BTS Wat Phra Sri Mahathat 站轉 MRT 粉紅線至 Outer Ring Road 站轉的士 23 分鐘到

入園票種類	成人票價	小童票價
Marine Park	฿ 850.27 (HKD 198)	฿ 789.68 (HKD 184)
Safari Park + Marine Park	฿ 946.95 (HKD 220)	฿ 823.94 (HKD 192)
Safari Park	฿ 804.53 (HKD 187)	฿ 730 (HKD 168)

*門票費或會有所調整，資料僅供參考，以官方公布為準。

🕙 Safari Park：09:00~16:30・Marine Park：09:00~17:00
📞 +66 29144100-19
@ info@safariworld.com 🌐 www.safariworld.com

(圖文：次女)

又可購物又可玩娛樂設施 Mega Bangna

地圖：大地圖背面(近郊景點)

Mega Bangna 在 2012 年開幕時，曾是東南亞最大

型的 shopping mall。過百家店鋪聚集於此，包括 Loft、Uniqlo、GAP、超市，又有 food court、戲院、保齡球場及溜冰場，逛起來舒適寬敞，又可滿足到想體驗娛樂設施的旅客，絕對適合一家大小或情侶在此消磨一整天。另外，Mega Bangna 旁還有間與商場連接、全泰國唯一一家、亦是東南亞最大型的 IKEA，進去逛逛開眼界也不錯！

◀Mega Bangna有多個出入口，此為正門。

◀也敞不，商場逛擠攘場來內空一點寬間

▲港台旅客都愛逛的日本百貨Loft。

▲有Big C Extra超市，可在此買手信。

▼Robinson百貨。

▲保齡球場及溜冰場的入口。

▲全東南亞最大的IKEA與商場連結。

▲在BTS Udom Suk站外可乘搭這輛車身寫上Mega Bangna的免費穿梭巴士，前往商場。

info
🏠 39 Moo 6 Bangna-Trad Road Bangplee Samut Prakan, Bangkok
🚌 乘搭 BTS 在 Udom Suk 站下車，在 5 號出口的 7-11 前乘搭免費穿梭巴士 (10:00~23:00，約 15 分鐘一班)，或乘搭的士，車程約 20 分鐘
🕙 約 10:00~22:00，各店營業時間不同
📞 +66 21051000   💻 www.mega-bangna.com

(圖文：嚴潔盈)

Mega Bangna美食購物攻略

> Mega Bangna　**人氣泰菜餐廳 BaanYing Cafe & Meal**

地圖：大地圖背面
（近郊景點）

Baan Ying Cafe & Meal 在 Terminal 21 Asok (P.138) 的分店經常大排長龍，但在 Mega Bangna 的分店則可以較快入座，舒適用餐。Baan-Ying 供應傳統泰菜及創意新派料理，如鹹蛋黃炒花枝、涼拌海鮮、泰式炸魚、芒果椰奶冰等。不過菜式份量較少，數個人前來用餐的話或要多點幾道菜式才足夠。

▶ 位於 IKEA 對面的 BaanYing。

▶ 忌廉芝士焗新西蘭青口(฿ 195、HKD 43)，有點過熟。

info
🏠 Mega Bangna 內
🕙 10:00~20:00
📞 +66 21051851

（圖文：嚴潔盈）

天台上的水上樂園 Pororo Aqua Park

地圖：大地圖背面
（近郊景點）

如果入住的酒店沒泳池，又不會過去華欣或芭堤雅玩水，不妨去 Central Bangna 商場的天台水上樂園 Pororo Aqua Park 暢玩水上活動！這個蓋在商場天台的水上樂園，有刺激的滑水梯、漂流河、嬉水池，園內還販售熟食，玩水途中可醫肚再繼續玩樂！

info
🏠 6/F, Central Plaza Bangna, 585 Bangna-trad Road, Bangna Bangna, Bangkok
🚌 在 BTS Udom Suk 站乘 Central Bangna 商場免費穿梭巴士
🕙 周一至周五 11:00~19:00，周六、日及公眾假期 10:00~19:00，17:00 後停止售票
🎫 成人 ฿ 400 (HKD 88)，小童 (90~120cm)฿ 280 (HKD 62)，60 歲或以上 ฿ 280 (HKD 62)
📞 +66 27457377
💻 www.pororoaquapark.com
👟 進場後需穿上公共膠拖鞋走動

集美食和購物於一身 Jodd Fairs夜市

地圖：大地圖背面
(市中心景點)

拉差達火車夜市於 2021 年熄燈後，原班人馬於同年底在隔一個地鐵站的地方開設了全新的 Jodd Fairs 夜市，其後拉差達火車夜市改名為 The One Ratchada 恢復營業 (P.264)，變成短距離內有兩個夜市。

Jodd Fairs 夜市靠近地鐵 Phra Ram 9 站，比 The One Ratchada 人氣更旺，夜市以白色作為主色調，分為乾貨和濕貨兩大區域，並有一大片的露天用餐空間。夜市以小吃為主，有大量海鮮攤販，當然更少不了著名的火山排骨。

▲Jodd Fairs夜市人氣極旺。

◀乾貨區的精品店逛得開心。

◀海鮮攤檔有很多。

▲Maeklong Noodles & Leng Zabb火山排骨，XXL份量฿999(HKD 233)，一個人是吃不完的。

info
🏠 Rama IX Rd, Huai Khwang, Bangkok
🚇 搭乘 MRT 地鐵到 Phra Ram 9 站，2 號出口步行 4 分鐘
🕐 16:00-00:00
📞 +66 927135599
🌐 facebook.com/JoddFairs

(撰文：蘇飛)

PART 10 華欣 (HUA HIN)

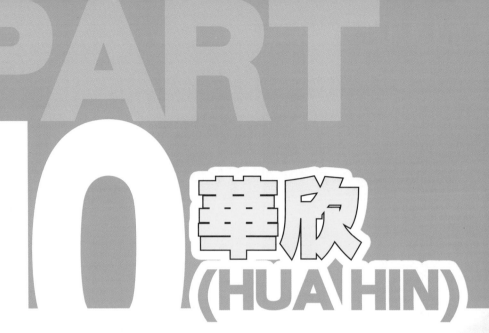

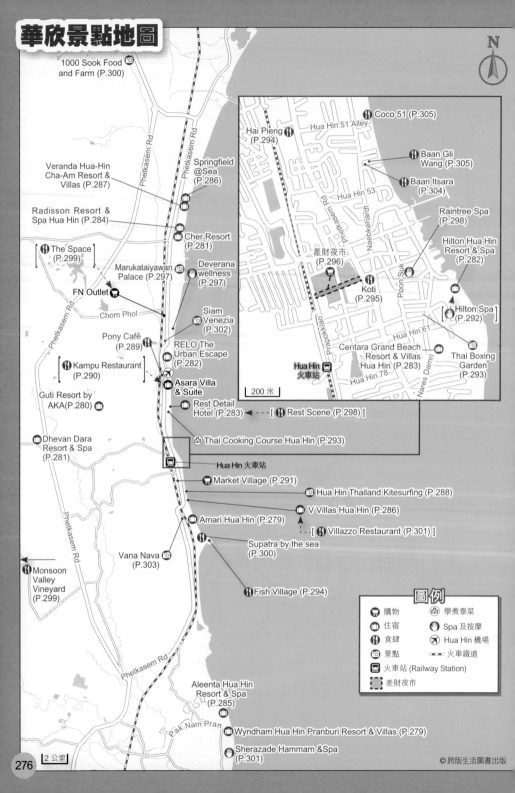

華欣景點地圖

N

1000 Sook Food and Farm (P.300)

Veranda Hua-Hin Cha-Am Resort & Villas (P.287)

Radisson Resort & Spa Hua Hin (P.284)

The Space (P.299)

Marukataiyawan Palace (P.297)

FN Outlet

Chom Phol

Pony Café (P.289)

Kampu Restaurant (P.290)

Guti Resort by AKA (P.280)

Dhevan Dara Resort & Spa (P.281)

Monsoon Valley Vineyard (P.299)

Phetkasem Rd

Springfield @Sea (P.286)

Cher Resort (P.281)

Deverana wellness (P.297)

Siam Venezia (P.302)

RELO The Urban Escape (P.282)

Asara Villa & Suite

Rest Detail Hotel (P.283)

[Rest Scene (P.298)]

Thai Cooking Course Hua Hin (P.293)

Hua Hin 火車站

Market Village (P.291)

Hua Hin Thailand Kitesurfing (P.288)

V Villas Hua Hin (P.286)

[Villazzo Restaurant (P.301)]

Amari Hua Hin (P.279)

Vana Nava (P.303)

Supatra by the sea (P.300)

Fish Village (P.294)

Aleenta Hua Hin Resort & Spa (P.285)

Pak Nam Pran

Wyndham Hua Hin Pranburi Resort & Villas (P.279)

Sherazade Hammam & Spa (P.301)

放大圖

Coco 51 (P.305)

Hai Pieng (P.294)

Hua Hin 51 Alley

Baan Gli Wang (P.305)

Baan Itsara (P.304)

Hua Hin 53

Raintree Spa (P.298)

Hilton Hua Hin Resort & Spa (P.282)

差財夜市 (P.296)

Koti (P.295)

Hilton Spa (P.292)

Hua Hin 61

Centara Grand Beach Resort & Villas Hua Hin (P.283)

Thai Boxing Garden (P.293)

Hua Hin 火車站

Hua Hin 78

200 米

圖例

- 🛒 購物
- 🏨 住宿
- 🍴 食肆
- 📷 景點
- 🚉 火車站 (Railway Station)
- 🍳 學煮泰菜
- 🖐 Spa 及按摩
- ✈ Hua Hin 機場
- ┅┅ 火車鐵道
- ⬚ 差財夜市

Phetkasem Rd

2 公里

276

© 跨版生活圖書出版

走進華欣

長長的沙灘

華欣 (Hua Hin) 位於泰國灣 (Gulf of Thailand) 的西岸偏北，曼谷的西南面，離曼谷大約三小時的車程。華欣是一個度假小鎮，泰王的夏宮 Klai Kang Won(意思是「遠離憂慮」) 也在這裏；除了漁港，華欣還有一個約八公里長的沙灘，可算是這裏的地標之一。

來華欣度假的不僅是外國遊客，泰國本地人也喜愛前來，因為華欣比芭堤雅或布吉更寧靜和舒適。無論是外地或本地遊客，來到華欣，多數的消閒活動是曬太陽、游泳、浮潛、打高爾夫球等等，加上可享受陽光與海灘的悠閒美景。至於夜生活，華欣的市中心有夜市、酒吧、按摩店、水療中心和海鮮食店，可謂集寧靜悠閒與五光十色於一身。

▲ 華欣被稱為泰國皇室後花園。

天氣

華欣比鄰近地區相對較乾燥及大部分時間有陽光。11 月至 2 月較涼、乾燥，晚上清涼，最好帶備薄外套，平均溫度攝氏 26 度；3 月至 6 月是熱天，白天溫度超過攝氏 30 度；7 月至 10 月是雨季，平均溫度約攝氏 28 度。全年的溫度大約攝氏 21~34 度。

Tips! 住宿小提示

留意每到周五至周日，全泰國最難訂到酒店房間的地方就是華欣！除了各國遊客外，不少泰國人也會自駕遊去華欣度假，所以華欣的酒店通常周末有超過六成本地人入住，建議出發前提早預訂房間。

前往交通

由曼谷素旺紉普(Suvarnabhumi)機場出發

1. 大巴

乘坐Roong Reuang的大巴(VIP coach)，可於一樓八號閘(Level 1 Gate 8)的櫃位購票(建議先在官網購票)，每位 ฿ 325 (HKD 76)，班次為07:30、08:30、10:30、11:30、12:00、14:30、16:00、17:00、18:30(班次以官網公布為準)，車程約三至四小時。

 airporthuahinbus.com

2. 的士 (Taxi) 或轎車 (Limousine)

由機場直接乘的士 (Taxi) 或轎車 (Limousine) 前往，車費約 ฿ 2,200 (HKD 524) 以上，轎車會更貴，車程約三小時。

上橙色櫃位。▶ 位於機場一樓八號閘Roong Reuang 大巴的櫃位。（現換

由曼谷市中心出發

1. 火車

由 MRT Hua Lamphong 站前往 Hua Lamphong 火車站 (又稱 Bangkok 站)，或由 MRT Bang Sue 站前往 Bang Sue 火車站，在華欣火車站 (Hua Hin) 下車，車程視乎不同開出班次由 3 小時 20 分鐘至 4 小時，每天有 10 多班班次，票價約 ฿ 144~577 (HKD 33~124)，車程約 4 小時 15 分鐘。(泰國火車網址：www.railway.co.th/main/index_en.html)

▲ 南巴士站。

2. 巴士

乘搭 BTS 空鐵到 Victory Monumet 站，轉乘的士或 515 號巴士到「Sai Tai Taling Chan」(即 Southern Bus Terminal(Sai Tai Mai)，南巴士站 (見曼谷近郊景點地圖)，再轉乘巴士到華欣 (30~40 分鐘一班車，不同公司的巴士服務時間會不同，大約由 05:00~22:00)。車費約 ฿ 200~300 (HKD 47~70)，車程為三小時，比火車快。巴士分空調 (例如 Pran Tour 營運的) 及非空調，有空調的較貴。

3. Mini Van

由南巴士站 (Sai Tai Mai) 乘 Mini Van，班次為 05:00~20:00 每天有 21 班，車程約 2.5 小時。車費約每人 ฿ 200 (HKD 47)。

4. 的士 (Taxi) 或轎車 (Limousine)

乘坐的士 (Taxi) 或轎車 (Limousine)，車費約 ฿ 2,500 (HKD 58) 以上，轎車會更貴，車程約 2.5 小時。

沖哥 至醒話你知

無論由市區或機場前往華欣，如多人同遊的話，最方便的方法是包車！前往華欣途中會經過不少景點，可先遊覽景點，再往酒店。

華欣市內的交通

1. 電單車的士或租電單車

可選擇由司機載或自己租電單車，乘坐前要先議價，而租電單車自駕遊約 ฿ 200~250 (HKD 47~58) 一天。

2. 單車

華欣到處都有單車出租，一天約 ฿ 150 (HKD 33)，一小時約 ฿ 30 (HKD 7)。

3. 篤篤 (Tuk Tuk)

篤篤是泰國的地道交通公具，它是一輛開放式機動三輪車，每輛可坐兩至三人，乘坐前要先議價，每個司機開價都不同，約 ฿ 50~100 (HKD 11~22)，較遠的景點或超過 ฿ 100 (HKD 22)。

4. 公共載人小小卡車 (Songthaew / Sawngthaews)

小卡車的後車廂有兩張長凳給乘客坐，所以叫「Songthaew」(意思是兩行)。小卡車每天行走指定路線，約 ฿ 10 (HKD 2) 一程，遊客只需招手，司機便會停車。

5. 三輪車 (Richshaw)

三輪車是以司機人工踏車來拉動，每輛可坐一至二人，車費約 ฿ 50~150 (HKD 11~33)。

Tips!
不建議在當地自行坐篤篤往景點，除非是包車來回接送。第二天行程可在酒店內及附近遊玩。

舒適超讚住宿

潮得起 Amari Hua Hin ☑房內免費Wi-Fi ☑Spa ☑私人海灘 地圖P.276

Amari酒店是一個有點歷史性的舊品牌，但原來這間Amari酒店是集團開始轉型走潮路線的頭炮。Lobby採用古舊的中式木，但用上了藍色與黃色燈光，形成了鮮明的對比；Lounge的佈置潮氣十足，電梯用的是藍色古舊木門。每個房間都有向海的露台，電視偽裝成一幅油畫，用畫架框着LCD電視。酒店設有免費接駁車往華欣市內。

▲Amari Hua Hin。

▲房間寬敞，外有露台。

▲酒店泳池環境不錯。

▲由大堂至lounge都是復古藍色設計。

info
🏠 117/74 Takiab Road, Nongkae, Hua Hin
💲 由 ฿ 4,293 (HKD 998) 起
📞 +66 3261 6600
💻 www.amari.com/huahin

ℹ Tips!
前往各酒店的方式只有坐的士，而華欣的士不計咪錶，價錢需要面議，上車前可以先打電話到酒店，查詢車費等資料。

隱世的舒泰 Wyndham Hua Hin Pranburi Resort & Villas

☑房內免費Wi-Fi ☑Spa ☑室外游泳池 地圖P.276

酒店位於華欣與Pranburi之間，那裏和平而寧靜，很有隱世的感覺。酒店提供六種類型的房間，最吸引人的應該是擁有私人泳池的套房，景觀一流。部分房型還分上下兩層，設有偌大的客廳以及舒適的睡房，寬敞的空間令人真正感受到度假的悠閒。

另外，值得一提的是，酒店有荷花池，而餐廳KIENG SAH坐落在荷花池內，可欣賞着荷花美景吃飯，相當寫意

▲Pool villa內的客廳和睡房。

▶室外私人泳池。

▲每間villa門口設有單車。

info
🏠 9 Moo 5 Paknampran Beach, Pranburi, Prachuap Khirikhan
9 หมู่ 5 ปากน้ำปราณ, ปราณบุรี, หัวหิน / ชะอำ, ไทย
💲 由 ฿ 3,000 (HKD 698) 起 📞 +66 32632111
@ reservations@wyndhamhuahin.com
💻 www.wyndhamhuahin.com

兩大舒適住宿 Guti Resort by AKA 、AKA Resort & Spa

☑房內免費Wi-Fi　☑Spa　地圖P.276

AKA Resort很受遊客歡迎，AKA旗下有另一較新的Resort——Guti，意思是吸納天地靈氣。Guti的Pool villa都在山坡之上，分為一間及兩間睡房。Villa之間相距頗遠，周圍都是山林，可看到日落美景。Villa內有小廳和小泳池，在resort中也有一個較大的infinitive pool，是觀看日落的好地方。AKA Resort & Spa與Guti Resort by AKA相隔五分鐘車程，坐落海邊，兩者相比，前者偏向較奢華貴氣的風格。

▲ Guti Resort的小泳池。

AKA提供spa，服務人員熱情體貼，環境一流，提供超豪華的水療以及各種按摩療程。技師受過專業培訓，手勢一級棒。Thai Massage使用泰式草藥，佐以古法製成的配料，絕對正宗。在進行療理前，服務人員會提供溫馨提示，十分體貼窩心。二人同行150分鐘的spa，價錢為฿ 7,900 (HKD 1,881)起。

▲AKA Resort & Spa的房間及環境。(攝影：AKA Resort & Spa)

▲隱藏於山林之中的Guti Resort。

▲Villa環境清幽。

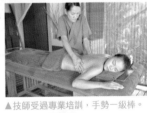
▲技師受過專業培訓，手勢一級棒。

▲Spa的草藥以古法製成。

▲Guti Resort房間具空間感，設備齊全。

info
🏠 Moo 7, Baan Nhong Hiang, Hin Lek Fai, Hua Hin
🚌 可聯絡住宿由曼谷機場接送
💲 由 ฿ 2,792 (HKD 665) 起
📞 +66 32618900
@ rsvn@akaresorts.com

簡介

交通

住宿

華欣精華遊

牛氣沖天潮酒店 Cher Resort

☑房內免費Wi-Fi　☑私人海灘　地圖P.276

酒店所在地名是公牛的意思，隨處可見大大小小的牛形擺設，就連門口也擺着兩隻白色的公牛，供客人簽名留念。酒店內無論是大堂頂上的鏤空雕花，還是房內的樹形掛鈎，都以黑白灰三色作主打，神秘感十足。房間分為五類，最受歡迎的是情侶客房，擁有私人花園和露天浴池，住客還可以躺在戶外的沙發上享受陽光。此外，最top的房間除了有私家花園，還有超大屏幕投影器，外有1米高的白色柵欄，保護住客私隱。

▲酒店隨處可見大大小小的牛形擺設。

▲房間寬敞，住客可以躺在戶外享受陽光。

▲酒店大堂以黑白灰三色為主調，神秘感十足。

info
🏠 924 Bureerom Road, Petchburi, Cha Am Beachfront, Hua Hin/Cha-am
924 ถนนบุรีรมย์, ชายหาดชะอำ, หัวหิน / ชะอำ, ไทย
💲 由 ฿ 2,699 (HKD 628) 起　　📞 +66 32508508
@ rsvn@cherresort.com　　📠 www.cherresort.com

一屋一泳池 Dhevan Dara Resort & Spa

地圖P.276

☑房內免費Wi-Fi　☑Spa　☑單車

Dhevan Dara Resort & Spa具度假村的感覺，住客check-in後可借用酒店的單車周圍去！所有房子都是獨立屋，一至三房都有，而且全部有私家泳池。自駕遊的旅客還可把車泊在屋前。雖然每間屋都有泳池，但酒店同時有一個位於竹林荷花池上的泳池，也有餐廳和spa設施。Spa是一間間的草屋，全天候冷氣開放，環境不錯。

▲Dhevan Dara Resort & Spa環境優美。

▲所有房子都是獨立屋，而且全部有私家泳池！

info
🏠 451 Hua Hin－Huay Mongkol Road, Hin Lek Fai, Hua Hin, Prachuap Kiri Khan
451 หมู่ 3 ถ.หัวหิน-ห้วยมงคล ต.หินเหล็กไฟ, เขาหินเหล็กไฟ, หัวหิน / ชะอำ, ไทย
💲 由 ฿ 3,500 (HKD 814)
📞 +66 (0)32-909-264 to 5, +66(0) 64-364-6196, +66(0) 64-364-6916
@ reservation@dhevan-dara.com
📠 www.dhevan-dara.com/huahin

快樂彼岸 Relo The Urban Escape ☑房內免費Wi-Fi ☑Spa ☑私人海灘

地圖P.276

酒店面朝大海，遠離鬧市，營造快樂的彼岸。酒店有46間客房和7間獨立別墅，獨立別墅是情侶二人世界或honeymoon的不俗選擇，浴缸由一塊石頭切割而成，體積都比一般浴缸大；樓上有小天台，不必到沙灘也可在自家屋頂上曬太陽；專屬的泳池，使住客足不出戶也可以享受到綠樹椰影、水清沙幼之境，十分寫意。Spa設在頂層，置身其中仿如在天堂。另外，酒店的餐廳雖小，但食物味道正宗。

▲酒店大堂空間十足。

▲私家泳池。

◀房間有免費Wi-Fi。

▶酒店內綠樹椰影，水清沙幼，仿如置身天堂。

info
🏠 1449 Chala Samut Rd., Petchaburi, Hua Hin Beachfront, Hua Hin / Cha-am
💲 由 ฿ 3,200 (HKD 744) 起　📞 +66 32653154-8
@ reservation@relohotel.com
🌐 www.relohotel.com

最方便 Hilton Hua Hin Resort & Spa ☑Wi-Fi ☑Spa

地圖P.276

◀酒店樓高17層，設有泳池。

到華欣不想住到山長水遠的地方，只想住近海灘、內有超大泳池，且在市中心地帶，Hilton可謂適合不過。酒店樓高17層，客房是全海景的，每房都有大露台；泳池可謂同區最大，spa也是同區最大的。天台設有擁有向海靚景的餐廳。

◀酒店有多種客房供選擇，每個房間都可看到海景。

◀無敵海景。

info
🏠 33 Naresdamri Road, Hua Hin Beachfront, Hua Hin / Cha-am
33 ถ.นเรศดำริห์,ชายหาดหัวหิน, หัวหิน / ชะอำ, ไทย
💲 由 ฿ 5,096 (HKD 1,185) 起
📞 +66 32538999
🌐 www.hilton.com/en/hotels/hhqhihi-hilton-hua-hin-resort-and-spa/

寧靜樂土 Resort Rest Detail Hotel ☑房內免費Wi-Fi

地圖P.276

酒店有三個不聞不問的猴子標誌，表示酒店是華欣這片樂土上份外寧靜的一角。酒店為小梯形結構，共有56個房間，分為五類，房內的木質純白擺設呈現地中海風設計，還有無敵大海景加陽台露天水力按摩池，所有良辰美景都呈現眼前。Pool village設有泳池和沙灘，適合一家大小，酒店內的池畔餐廳提供分子料理泰菜，傳統與現代的結合，給人非一般的味覺衝擊。

▶酒店有三個不聞不問的猴子標誌。

▲Pool Village 的泳池。

▲房間富有地中海味道。

info
🏠 19/119 Hua Hin Soi, Hua Hin 19
💲 由 ฿ 5,523 (HKD 1,284) 起
📞 +66 32522488
@ rest@restdetailhotel.com
🖥 www.restdetailhotel.com

古老行宮 Centara Grand Beach Resort & Villas Hua Hin ☑Spa

Centara Grand在華欣這個度假村相當迷人、典雅，建於1923年，建築內外有氣勢之餘又新簇整淨。度假村坐落在華欣海灘(Hua Hin beach)，附近是華欣的市集，前往購物相當方便。

地圖P.276

房間方面，空間感足，部分還擁有私人泳灘，獨享私密空間。設施方面，有網球場、spa、羽毛球，即使足不出戶，仍可享受假期的動與靜。房價 ฿ 6,503 (約HKD 1,512)起。

▲泳池環境不俗。

▲▶房間內外處處展現了五世皇的白色風格與法式殖民地的精髓。

info
🏠 1 Damnernkasem Rd, Hua Hin
เลขที่ 1 ถนนดำเนินเกษม, ชายหาดหัวหิน
📞 +66 32512021-38
@ chbr@chr.co.th
🖥 www.centarahotelsresorts.com/centaragrand/chbr

▲度假村內。

親子酒店 Radisson Resort & Spa Hua Hin

☑部分房內免費Wi-Fi　☑Spa　**地圖P.276**

酒店位於Cha Am，樓高20多層，有超過200個房間，每個房間都有無敵靚海景和露台。同時，它是一間親子酒店，泳池設有滑梯等設施，適合小朋友，酒店內還有Kids World，有波波池、積木、玩具、太空吊椅，還可上網打機等。酒店內有海邊餐廳和spa。從酒店乘車往華欣市中心約需15分鐘。

◀房間設有大型露台，可看到海景。

▲▶兒童遊樂設施頗具規模。

▲▶大小朋友在酒店泳池可玩上半天。

▲如斯美景，你願意每天都待在這裏嗎？

info
🏠 854/2 Burirom Road, Cha Am, Beachfront Petchaburi, Hua Hin
💰 由 ฿ 2,330 (HKD 542) 起
📞 +66 32708300
🖥 www.radissonhotels.com/en-us/hotels/radisson-resort-spa-hua-hin

希臘小白屋 Aleenta Hua Hin Resort & Spa

☑房內免費Wi-Fi ☑Spa **地圖P.276**

當大家看到向海的小白屋，一定會眼前一亮！Resort甚有希臘風情，共有20個房間，每個房間的設計都不同，但全都擁有無敵靚海景，而且一出去就是海灘。部分房間有私家小泳池或小花園，美中不足是房內沒有電視。

▶Aleenta Hua Hin Resort & Spa。

▲踏出屋外就是海灘。

▲部分房間有私家小泳池。

▲房間甚有希臘風情。

▲Resort環境不錯。

info
🏠 183 Moo 4, Paknampran, Pranburi , Hua Hin
183 หมู่ 4, ปากน้ำปราณ, ปราณบุรี, หัวหิน / ชะอำ, ไทย
💲 由 ฿3,079 (HKD 716) 起   📞 +66 622452856
@ reservation@akaryn.com   🖥 www.aleenta.com/huahin

春田樂園酒店 Springfield@Sea Resort & Spa

☑部分房內免費Wi-Fi ☑Spa 地圖P.276

◀最大賣點。家庭樂是Springfield酒店的

家庭樂是Springfield酒店的最大賣點，酒店共有105個房間，家庭套房空間大，後院有鞦韆和遊樂區，榻榻米的床舖設計，衣櫃外的仿藤編織和休息區的擺設，被子上的花紋和小掛燈等，都體現了東瀛風。

酒店有兩個大泳池，其中一個專為小朋友而設，有大型水上滑梯。緊貼着泳池的是意大利餐廳，每到周日晚有BBQ buffet和live band表演。

◀房間體現了東瀛風。

▲房間內還有私家小泳池。

info
🏠 858 Jumnong Poomivej Rd., Cha Am Beachfront, Hua Hin/Cha-am
858 ถ.จำนงภูมิเวท, ชายหาดชะอำ, หัวหิน / ชะอำ, ไทย
💰 由 ฿ 3,024 (HKD 703) 起　　📞 +66 32709300
@ reservationbkk@springfieldresort.com
🖥 www.springfieldresort.com/atsea

住家感覺 V Villas Hua Hin ☑房內免費Wi-Fi ☑Spa 地圖P.276

V Villas只有十多間屋，每屋都是2 bedrooms，並有私家泳池。主人房內的浴室有水力按摩缸及rain shower，外面有一個頗長的泳池。客廳很大，有環迴立體聲音響，半露天的小廳後面有小廚房，感覺尤如自己的家。酒店還有小型圖書館、spa及一間設計得有如在水中央的餐廳，十分有氣氛。度假村位於路邊，比起其他度假村方便，過馬路可到Market Village。

▲▶不俗。房間環境有私家泳池，

▲V Villas內有Infinitive Pool，泳池後面是海灘。

info
🏠 63/39 Petchkasem Road Prachuab Kirikhan, Hua Hin
63-39 ถ.เพชรเกษม, ชายหาดหัวหิน, หัวหิน
💰 由 ฿ 22,780 (HKD 5,298) 起　📞 +66 32616039
@ reservation@vvillashuahin.com
🖥 www.v-villashuahin.com
🖥 www.facebook.com/vvillashuahin/

摩登明亮 Veranda Hua-Hin Cha-Am Resort & Villas

☑房內免費Wi-Fi ☑Spa ☑私人海灘 **地圖P.276**

Veranda酒店走現代摩登風格，位於Cha Am與華欣之間，混合亞洲現代化的建築特色和風水原理，設計明亮。度假村內的別墅Beachfront Pool Villa離海邊十分近，當沙灘上的人群散去，躺在沙灘椅上看黃昏，悠閒極了，也可以在酒店泳池邊曬太陽。

酒店部分餐廳擁有海景，入夜後來個燭光晚餐，份外浪漫，而spa提供足底反射治療，據說有助睡眠。

◀▼ Veranda設計明亮，混合了亞洲現代化的建築特色和風水原理。

◀▼房間舒適，外面有個小露台。

info
🏠 737/12 Mung Talay Road, Cha Am, Petchburi
💲 ฿ 6,590 (HKD 1,533) 起
📞 +66 32709000
@ rsvn@verandaresort.com
🖥 www.verandaresort.com/huahin-chaam/

Hea 玩潮遊嘆世界 Easy Go!──曼谷

287

華欣精華遊

另類沙灘活動 華欣海灘

華欣有很多海灘,基本上所有著名的 resort 都沿着海灘而建。但由於皇室貴族經常到訪,為免打擾他們,故華欣不像布吉與芭堤雅般,有大量水上活動,但一些另類的沙灘活動還是有的。

▶在華欣海灘可以玩水上活動。

> **i Tips!**
> 景點大多位於酒店內,或由曼谷包車往華欣時先前往。

活動推薦 必到

風箏滑水 (Kite Surfing)

風箏滑水近年掀起熱潮,華欣更是個風箏滑水的好地方,亞洲巡迴賽最終回合曾在華欣舉行。作為極限運動的一種,有一定的風險。華欣有很多機構都提供風箏滑水課程,例如 Hua Hin Thailand Kitesurfing,以 1 日體驗為例,可選擇每人各 3 小時 (兩名學生一同上課),或私人教授 2~2.5 小時,而體驗前的預備時間通常要一整日。收費為 ฿ 4,000 (HKD 952)。如有膽色,不妨一試。

▶風箏滑水。

> **info**
> **Hua Hin Thailand Kitesurfing**
> 🏠 Soi 71/1, Hua Hin(見地圖 P.276)
> 📞 0993763093　@ kbasoi71@kiteboardingasia.com
> 💻 www.huahinkitesurfing.com

騎馬

騎馬是華欣另一種常見的沙灘活動,無論你走在哪個海灘,都會有人前來詢問是否騎馬,這項活動通常一小時 ฿ 600 (HKD 143)。在沙灘上以馬代步,既浪漫又寫意,沙灘上人不多時還可以快馬馳騁呢!不過,由於每個騎馬點都由私人經營,旅客要小心選擇,以免店家使詐。

> **info**
> 🏠 每個海灘都會提供騎馬活動
> 🕐 由 09:00~19:00

愛馬如癡 Pony Café 地圖P.276

Pony Café 的店主是一位愛馬之人，單看門口，你不會覺得這是一間餐廳，反倒像精品店。室外是園林式餐廳，供應泰菜及西餐，如 All Day Breakfast 及 pizza。一樓是陳列室，有很多與馬相關的書籍、玩偶、飾物等，另一間小房則收藏了和馬術有關的物件，像是馬匹證明書、皮鞭、馬蹄鐵等；二樓是店主的古董收藏室。

▼▶ 店主各式收藏品。

▲Pony Café的店主是愛馬之人。

▲園林式餐廳裝潢別緻。

▶ 室內放滿小馬擺設。

info
🏠 66/118 Phetkasem Road, Hua Hin, Prachuap Khiri Khan
🚗 建議由曼谷包車往華欣時前往，或在華欣住處包車來回接送
🕙 09:00~20:00　📞 +66 806585353
💻 www.facebook.com/ponycafe.huahin

▲餐廳供應泰菜及西餐。

海天一色 Kampu Restaurant 地圖P.276

Kampu 位於 Movenpick Asara Resort & Spa Hua Hin，以泰式料理為主，臨近沙灘和泳池，佔盡天時地利的優勢，游完水即可來這兒用餐。一樓稱為 Kampu by Design，二樓是 Kampu by Thai Choice，餐廳外圍以香茅作點綴，既美化環境，又可防蚊驅蟲。

海鮮是這兒的重頭戲，蝦很大，醬汁味道適中，且能將蝦的鮮味完全襯托出來；肉扒鮮嫩多汁，配菜不多，但搭配得剛好。炎炎夏日，不妨點個冰水菜消暑，將蔬菜沾上特別炮製的醬汁，豈能只用好字來表達！最後來個 Five Tasting of Dessert，五款甜品各有風格，而且價錢適中，值得一試。人均消費 ฿ 1,020 (HKD 243)。

▲Kampu餐廳臨近沙灘和Asara酒店泳池。

▲Five Tasting of Dessert。

▲冰水菜。

info
🏠 53 Hua Hin Soi 5 Prachuab, Kirikhan
(Movenpick Asara Resort & Spa Hua Hin 內)
53 หัวหินซอย 5, ชายหาดหัวหิน, หัวหิน / ชะอำ, ไทย
🚗 建議由曼谷包車往華欣時前往，或在華欣住處包車來回接送
🕐 06:30~22:30 📞 +66 32520777
🖥 www.movenpick.com/en/asia/thailand/hua-hin/asara-resort-spa-hua-hin/restaurants/kampu

輕鬆購物 **Market Village** 地圖P.276

地圖P.276

　　華欣不像曼谷般有大大小小的商場，想逛街的話，可到 Market Village。這兒有兩個泊車處，分別是大門入口和 Tesco Lotus 賣場出口處附近，可免費停泊。Market Village 外形摩登，門外有一些遊樂設施，供小朋友玩耍。商場有三層，環境寬敞，長廊乾乾淨淨，店舖也算齊全，扶手電梯旁有賣零食的小花車，也有戲院、保齡球場、玩具反斗城、傢俱城等。二樓有很多餐廳，也有一些泰菜小店。想買手信？可到 Lotus，價格比 Big C 便宜一點。

▲▼Market Village是到華欣必逛的商場。

▲當然少不了Food court。

▲可觀看電影。

info

🏠 234/1, Petchkasem Rd. HuaHin 234/1, ถนนเพชรเกษม., หัวหิน

🚗 建議由曼谷包車往華欣時前往，或在華欣住處包車來回接送

🕐 10:30~21:00(周五及周六至 22:00)　　📞 +66 32618888

💻 www.marketvillagehuahin.co.th

最cool spa Hilton Spa 地圖P.276

Hilton 酒店的 spa 設在室內，沒有習習涼風和綠樹環繞，但勝在有空調，而且此 spa 是同區最大，怕熱的人不妨考慮這兒。Spa 的裝潢延續了泰國特色，還添加了印度和菲律賓的風格，木地板、絲質帳簾、泰式花瓶，有如大家閨秀，保守中滲透着莊重大方。Spa 設有木桶浸浴，利用水的自然壓力做全身按摩，保溫極佳。輕柔的音樂，伴着精油的芳香，疲勞盡驅，身心得到放鬆。另外，也有推拿、精油按摩、護膚 treatment 等系列。按摩價錢 ฿1,200 (HKD 286) 起。

▲店內使用的spa用品。

在木桶內浸浴。

▲Treatment房具泰國、印度和菲律賓風格。

info
🏠 33 Naresdamri Road, Hua Hin Beachfront, Hua Hin/Cha-am(Hilton Hua Hin 酒店內，P.282)
33ถ.แรศด์ำริห์, ชายหาดหัวหิน, หัวหิน / ชะอ่า, ไทย
🚌 建議由曼谷包車往華欣時前往，或在華欣住處包車來回接送
🕙 10:00~20:00   📞 +66 32538999
🌐 www.hilton.com/en/hotels/hhqhihi-hilton-hua-hin-resort-and-spa/spa/

地圖P.276

簡介
交通
住宿
華欣精華遊

泰好煮 Thai Cooking Course Hua Hin

　　喜歡泰菜的人，如想自行炮製正宗泰菜，可參加酒店開設的泰菜烹飪課程，其中 Ratthreeya Buchabun 的泰菜烹飪課程，以家庭泰菜為主。課程通常從 09:00 開始，師傅先帶學生到當地市場選購材料，然後教授咖喱醬的製作方法。師傅會示範一次製作流程，然後指導學生實習。菜式包括 Homok、Tom Yam Khung、Khanom Lot Chon，由湯到餐後甜品都有，最後大家一起品嚐勞動成果。課程每日最多接受 15 個學生 (通常平均 8 個)，提供專車往返酒店。一人課程成人學費為 ฿ 1,500 (HKD 330)，12 歲以下 ฿ 750 (HKD 165)，學費會隨着淡旺季而略有變動。

▶ 泰菜烹飪課程以家庭泰菜為主。

info
🏠 19/95 Phetkasem Road, Hua Hin
🚌 建議由曼谷包車往華欣時前往，或在華欣住處包車來回接送
🕐 一人課程約 09:00~13:30/14:00
📞 +66 971350468
@ thaicookinghuahin@gmail.com
💻 thai-cookingcourse.com

鏗鏘有力泰好打 Thai Boxing Garden

地圖P.276

　　泰拳是泰國的國粹之一，所有府都設有泰拳館，由於實用性較強，有塑造身體線條的功效。Thai Boxing Garden 是華欣一間很出名的泰拳館，裝潢具傳統泰式風格。拳館逢周二和周六都有五回合的賽事，從晚上 21:00 開始，有兩種票價，分別是包飲品的套票，每位 ฿ 500 (HKD 110)，以及無飲品的普通票，每位 ฿ 400 (HKD 88)，價錢相宜。此外，館內設有商店，可在這兒購買泰拳衫褲、手套作紀念。

▶ 比賽啦！

 Tips!
　　拳館還開設 Training Center，讓有興趣了解泰拳的遊客學習泰拳，上課時間為每日 07:00~22:00，每個學生都獲發打拳所需的物品。

info
🏠 20/23 Poonsuk Road, Hua Hin
　　ถนนพูลสุข 9, หัวหิน
🚌 建議由曼谷包車往華欣時前往，或在華欣住處包車來回接送
🕐 周二及周六 21:00 開始
📞 +66 96-285-1928
💻 www.thaiboxinghuahin.com

▲ 場內座無虛席。

▲ Thai Boxing Garden就在這兒。

Hea 玩潮遊嘆世界 Easy Go! — 曼谷

293

生猛海鮮漁村 Fish Village

地圖P.276

▶香噴噴的即烤鮮帶子。

在華欣吃海鮮，除了去餐廳，還可以去 Fish Village。這條村是自然生成的，離筷子山 (Khao Krailat) 沙灘不遠，村內每間店舖在天微微亮之前就開門做生意，那兒有很多海鮮店，在店舖前販賣海鮮，漁夫打漁回來立即出售，即買即加工，保證新鮮生猛。無需添加調味料及醬汁，只需原條炭燒，味道一流，而且價廉物美。

▶這個攤檔的烤蝦很美味！

除了堂食，還可以外帶，有海鮮串燒、蟹鉗等，店家還貼心地剝開蟹鉗再出售。雖然沒有公共交通直達此處，但由於本地居民是主要的消費群體，而且即捕即售，價格較低，值得一遊。

▶售賣蟹鉗的攤檔，蟹鉗很大袋啊！

ℹ️ **Tips!**
留意店舖在晚上 20:00 後陸續關門，所以宜早點出發。

ℹ️ **info**
🏠 華欣筷子山 (Khao Krailat) 沙灘附近
ร้านพร-หยกปูเป็นอยู่ทางขึ้นเขาตะเกียบมองหาป้ายร้านทางซ้ายมือ
🚗 建議由曼谷包車往華欣時前往，或在華欣住處車來回接送
🕐 05:00~20:00

▲Fish Village有很多海鮮攤檔，即買即烤。

豬手X饅頭 Hai Pieng

地圖P.276

▲豬手是此店的招牌菜，搭配獨家製作的饅頭一起吃(฿ 370、HKD 81)。

在華欣想吃中國菜，但預算有限，除 Hilton 的 Lotus 餐廳外，你還可以考慮 Hai Pieng，離華欣鬧市不遠，約 5 分鐘車程可達。餐廳沒有空調，設有露天和室內座位，卻吸引本地泰國人慕名而來，自有其過人之處。豬手是此店的招牌菜，可以點一隻豬手，或一碟，廚師推介豬手搭配獨家製作的饅頭一起吃，饅頭的甜味遇上豬手濃稠的醬香味，口感很奇特。此外，蔬菜海鮮煲做法甚具中國味，蔬菜份量不多，卻將海鮮的鮮味襯托得恰到好處，用炭爐邊煮邊吃，是難得的享受。

▶蔬菜海鮮煲(฿ 180、HKD 40)。

▶在華欣想吃中國菜，可以考慮Hai Pieng。

ℹ️ **info**
🏠 Soi 64, 16/7 Petchkasem Rd. Hua Hin Prachuab
🚗 建議由曼谷包車往華欣時前往，或在華欣住處包車來回接送
🕐 09:30~21:30
📞 +66 891114628

泰好味飯堂 Koti 地圖P.276

華欣夜市已成為遊客必到之地，而這間位於夜市對面的 Koti 頗受歡迎。店裏沒有華麗的裝飾，只有一個開放式的大廚房和幾張桌椅。雖然中午才做生意，但一定座無虛席，要排隊排上好一陣子才有座位。餐廳主打傳統泰菜，菜單上列出來的都是餐廳首本名菜，煎、炒、燉、蒸、煮等樣樣了得！

不要以為路邊檔舖的食物難登大雅之堂，Koti 的菜式從色澤、味道來看，都讓人垂涎三尺，而且價錢相宜，魚蝦齊備，฿ 1,000 (HKD 233) 有找。

▲餐廳內外都坐滿了人。

▲椰奶酸辣湯(฿ 150、HKD 35)。　▲豆角炒蝦(฿ 200、HKD 47)。

▼椒鹽蝦(฿ 350、HKD81)。

info
🏠 61/1 Phetchakasem Road Soi 57, Hua Hin
🚌 建議由曼谷包車往華欣時前往，或在華欣住處包車來回接送
🕐 12:00~16:00，18:00~24:00
📞 +66 958605364

Hea 玩潮遊嘆世界 Easy Go!──曼谷

吃風味小吃兼shopping 差財夜市 地圖P.276

差財夜市(Chatchai Night Market)地處市中心，長長一條街，沒有體面靚麗的店舖，當夜幕降臨，小販隨地搭起攤檔，或者推着小車來做生意，售賣的商品與其他夜市差不多，有騎呢古怪的 Tee、風景小書籤、明信片等，還有最受遊客歡迎的夜市小吃——煎餅、炭燒海鮮、沙爹肉串等。

▲這兒有好多美食啊！

▲夜市內不同的攤檔。

info
🏠 Dechanuchit Road, Hua Hin
🚗 建議由曼谷包車往華欣時前往，或在華欣住處包車來回接送
🕐 17:00~01:00

296

愛與希望之宮 Marukataiyawan Palace

地圖P.276

Marukataiyawan Palace(又名 "Maruekhathaiyawan Palace" 或「愛與希望之宮」) 為泰皇六世為愛妃打造的夏宮，建於 1923 年，分上、下層，採用上等建材，典雅大方，帶有濃濃殖民風格。相傳泰皇六世希望愛妃能為他添個小王子，所以特別在這景色如畫的地方打造這座美麗的避暑夏宮，雖然最後沒有一索得男，但這片美麗的行宮成為泰皇與愛妃的愛情印記。參觀上層必須脫鞋子，保護建築物。(景點暫時關閉中。)

▲夏宮景色如畫。

▲Marukataiyawan Palace。

▲夏宮內有關拉瑪六世的展覽。

info
- 🏠 1281 Phetchakasem Road, inside Rama 6 Camp, Cha-Am, Phetchaburi
- 🚗 建議由曼谷包車往華欣時前往，或在華欣住處包車來回接送
- ◎ 約 08:30~16:00(逢周三休息)
- 💲 成人 ฿ 30 (HKD 8)；10~15 歲學生 ฿ 15 (HKD 4)；9 歲及以下兒童免費
- 🌐 www.facebook.com/mrigadayavanofficial/

天堂上的按摩 Devarana Wellness

地圖P.276

Devarana Wellness 連續獲得泰國雜誌讀者評選為曼谷最愛的 Spa，裝潢充滿皇族氣派，入口大堂亮得耀眼，有如步入天堂般舒適。其按摩療程是市內數一數二，由頭到腳都細心照顧，最近更創新推出用 cupcake 做磨砂的「Scrub Cake 療程」，所用的 cupcake 是把植物精華混合磨砂泥而成，進行磨砂時再加入牛奶來洗淨肌膚，令皮膚有充足時間吸收養分，磨完後全身又香又滑。經典的 The Heavenly Nantha Garden Experience(天堂般南塔花園體驗)2.5 小時，價錢為 ฿ 3,900 (HKD 907)。

▲▶店內環境如天堂般舒適。

info
- 🏠 1349 Petchkasem Road, Cha-Am, Petchburi
- 🚗 建議由曼谷包車往華欣時前往，或在華欣住處包車來回接送
- ◎ 09:00~22:00　📞 +66 32520003
- 🌐 www.dusit.com/dusitthani-huahin/devarana-wellness/

▲浸浴有助消除勞累。

百年 spa Raintree Spa 地圖P.276

Raintree Spa 是一間超過 100 年歷史的 spa，由 Baan Satukarn 家族創立於 1889 年，位於古華欣的中心地帶，現時的三層柚木樓是 1937 年設計的，室內散發着溫暖

的淡黃調，富有泰國獨特的懷舊色彩，spa 在曼谷和布吉也有分店。Spa 提供六類 treatment，包括泰式按摩、草藥按摩、香薰按摩、Jacuzzi 等等，還有四手按摩，價錢都算適中，泰式按摩每小時 ฿ 400 (HKD 88)，90 分鐘的泰式推油按摩為 ฿ 800 (HKD 190)，另外還有六種 package 供顧客選擇，฿ 1,900 (HKD 452) 起。

▲Raintree Spa有過百年歷史。　▲室內外都富有泰國懷舊色彩。

info
🏠 48 Salakham Road, Hua Hin
　　Prachuapkinkhan
　　48, หัวหิน, ประจวบคีรีขันธ์, ไทย
🚌 建議由曼谷包車往華欣時前往，
　　或在華欣住處包車來回接送
🕐 12:00~22:00
📞 +66 32530124
@ info_huahin@raintreespa.net

池畔分子料理 Rest Scene 地圖P.276

Rest Scene 位於酒店 Rest Detail Hotel，是一間提供午餐和晚餐的露天餐廳，以大自然色彩為底色，融合多彩桌椅為點綴，構成了好一幅寫意景象。餐廳主打分子料理，魚漢堡混合四種不同種類的深海魚和糯米飯，配上番茄醬和西班牙蔬菜醬，吃起來讓人仿似在海中暢遊；紅酒牛肉肉質泛紅，酒與肉的比例剛剛好；海鮮炒飯醬汁混合麻辣炒飯，絕味搭配！周末晚上這兒更有 live band show 助興。

▲魚漢堡(฿ 190、HKD 42)。

▲海鮮炒飯(฿ 280、HKD 62)。

info
🏠 19/119 Soi Hua Hin 19 (Rest Detail Hotel 內，P.283)
🚌 建議由曼谷包車往華欣時前往，或在華欣住處包車來回接送
🕐 11:00~23:00
📞 +66 32522488
🌐 www.restdetailhotel.com/dinings/rest-scene

▲Rest Scene露天餐廳。

在山上歎紅酒 Monsoon Valley Vineyard

地圖P.276

在泰國本地出產的葡萄酒中，Monsoon Valley Wine 最為出名，出自 Hin Hills Vineyard 酒莊。酒莊藏匿在休閒小鎮，由大象園改建而成，距市中心約 1 小時車程，佔地廣闊，並因要培植葡萄，所以位於海拔較高的位置。每到 2 月中至 3 月葡萄成熟時，可走到葡萄架下品嚐各種葡萄。若未到豐收期，可以 ฿ 290 (HKD 64) 試飲三款名酒。酒莊設有餐廳，食物及服務水準有保證，可眺望莊園風景。

▲遊客可騎大象或租自行車欣賞景色。

▲由大象園改成。

▲餐廳景觀開揚，適合hea足一天。

info
- 🏠 1 Moo 9, Baan Khork Chang Patana, Nong Pulp, Hua Hin, Prachuap Khiri Khan
- 🚐 由華欣市中心 Market Villa(集合地點在 2 樓的 Hua Hin Hills Bistro & Wine Cellar)(見地圖 P.276)，乘搭來回車 (4 歲以上一律 ฿ 300、HKD 66) 往酒莊，發車時間為 10:30(14:00 回程) 或 15:00(18:00 回程)，或在華欣住處包車來回接送 (約45 分鐘)
- 🕙 09:00~19:00(11 月至 3 月 20:00 休息)
- 📞 +66 817010222/+66 817010444　　www.monsoonvalley.com

和超人歎咖啡 The Space 地圖P.276

位於華欣和 Cha Am 之間的 FN Outlet 共有兩層。在一樓的 café The Space 有多個一比一的電影角色模型，包括超人迪加和星球大戰的尤達等，靠牆的是店主歷年的古董收藏。進入地庫層，就是後二戰時代的展品，包括單車、畫作、雕塑、電子產品等，最特別是數輛古董車，喜歡車的你不要錯過合照機會了！

▲見到恐龍就知來到The Space。

▲裏面除了有超人和尤達，還有美國隊長。

▲The Space是博物館及café。

info
- 🏠 1999/99 Phetkasem Road, Cha-am, Hua Hin
- 🚐 建議由曼谷包車往華欣時前往，或在華欣住處包車來回接送
- 🕙 09:00~20:00
- 📞 FN Outlet：+66 23004959

▲印度古董木門也值得欣賞。

▲收藏品中包括古董車。

闖進小歐洲 1000 Sook Food and Farm

地圖P.276

1000 Sook 是一個以歐洲為主題的遊樂園和牧場，遊客可親親綿羊和各種小動物。此外，園區有很多道具佈景，讓人感覺置身歐洲，對攝影發燒友來説，這裏很適合自拍及拍攝人像。園內有大型超級市場，專賣一些泰式食品及產品。來到華欣，除了在 resort 嘆世界，也可到樂園玩。

▲牧場具歐洲農莊風格。

▲►內有不少適合一家大小拍照的地點。

▲除了牧場設施，園內還有大型超級市場。

info
🏠 150 Moo 2, Petchakasem Road, Amphoe Cha-Am, Phetchaburi, Hua Hin
🚌 建議由曼谷包車往華欣時前往，或在華欣住處包車來回接送
🕐 牧場 09:30~18:30，餐廳 10:00~20:30，手信店 08:00~21:00
💰 牧場：成人每位 ฿ 50 (HKD 11)，小童免費 ฿ 30 (HKD 7)
📞 +66 95-3942322

濤聲依舊 Supatra by the sea

地圖P.276

▲Supatra 餐廳甚有熱帶雨林feel，這兒可看到筷子山的大佛金像。

Supatra 餐廳在滔滔浪聲之中顯得平靜，海風、綠樹、典型泰式圓尖頂小涼亭，露天區放滿木架、木桌、木燈柱，照明小黃燈以椰子殼作燈罩，透出熱帶雨林的風格，大堂還有石雕小象作花瓶。

餐廳以泰菜為主，沙爹串、咖喱蟹、炸蝦餅、泰式酸辣湯等大受好評，菜單有英文及圖片，簡單易懂。用餐後，沿著餐廳向前走，可看到筷子山的大佛金像。住在筷子山附近的遊客，不妨到此一試。食物價錢約 ฿ 750 (HKD 165) 起。

◄炸蝦球(฿ 230、HKD 51)。

►串燒(฿ 180、HKD 40)。

info
🏠 122/63 Takiab Road, Nong-gae, HuaHin, PrachuabKhiri Khan
122/63 ถนนเขาตะเกียบ ต. หนองแก อ. หัวหิน จ. ประจวบคีรีขันธ์
🚌 建議由曼谷包車往華欣時前往，或在華欣住處包車來回接送
🕐 11:00~22:00
📞 +66 32536561-2

Part 10 華欣(Hua Hin)

300

簡介
交通
住宿
華欣精華遊

摩洛哥 spa Sherazade Hammam & Spa

地圖P.276

Sherazade Hammam & Spa 是全泰唯一摩洛哥澡堂式設計，色澤鮮艷的彩花拼磚、神秘感十足的圖騰、土黃色的泥屋，中央石台正對着圓頂，頂上鑿有孔洞，白天時，日光從孔洞射入，營造出神秘的氣氛，滲透着誘人的中東風情。Spa 引進了改良版的土耳其浴 Hammam，顧客先在高溫蒸氣室將毒素蒸出，讓毛孔打開，及使角質軟化，再由專人戴着手套塗抹特殊的用料做按摩及 body scrub，然後冷熱水交替沖刷身體，使疲勞盡消！在夏天，洗土耳其浴還可以防暑降溫，值得一試。泰式按摩一小時約 ฿ 1,200 (HKD 286) 起。

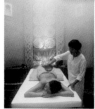

▲ 改良版的土耳其浴 Hammam。

▲ Spa 採用摩洛哥澡堂式設計。

info
🏠 165/3 Moo 3 Paknampran, Pranburi Prachuap Khirikhan
165/3 หมู่ 3 ต.ปากน้ำปราณ อ.ปราณบุรี จ.ประจวบคีรีขันธ์,
ปราณบุรี, หัวหิน/ชะอำ, ไทย
🚌 建議由曼谷包車往華欣時前往，或在華欣住處包車來回接送
🕙 10:00~19:00　　📞 +66 32630771
@ rsvn@villamarocresort.com
🌐 www.villamarocresort.com/sherazade-hammam-and-spa.html

即燒海鮮 Villazzo Restaurant

地圖P.276

V Villas 內有一間在水中央的餐廳 Villazzo Restaurant，早餐雖然不是 buffet，但有泰式、西式等多種選擇；黃昏時，在這兒看着夕陽美景，手中一杯美酒，在這兒進餐仿如在海中一邊暢遊一邊吃海鮮。餐廳提供即點即做明火炭燒海鮮。魚、蝦、蟹經旺火一燒，頓時變得外焦內嫩，還保持了食物的鮮味，叫人拍案叫絕！此外，還有 fusion 菜和各式西餐供應。

▲ Villazzo Restaurant 無論日與夜都一樣迷人。

▲ 明火炭燒蝦蟹。

◀ 蕃茄與蝦的配搭。

info
🏠 63-39 Petchkasem Road Prachuab Kirikhan, Hua
Hin (V Villas 內，P.286)
63-39 ถ.เพชรเกษม, ชายหาดหัวหิน, หัวหิน
🚌 建議由曼谷包車往華欣時前往，或在華欣住處包車來回接送
🕙 07:00~23:00　　📞 +66 32616039
🌐 www.vvillashuahin.com/restaurant-bars/villazzo-restaurant/

華欣有個威尼斯 Siam Venezia 地圖P.276

意大利威尼斯水城聞名全球，原來華欣亦有個參照威尼斯建成的大型商場 Siam Venezia。遊客在這裏可乘坐貢多拉遊覽，也可坐皇室馬車或小火車。裏面除了有本地及國際品牌的店舖，還有動物牧場、兒童遊樂園及古典劇院。此外，遊客可在商場最前方的瞭望塔飽覽整個商城。

◀Siam Venezia 仿照威尼斯水城而建。

▲晚上會有燈光水柱表演。

▲小朋友可親親小綿羊。

▲搭小火車也可遊覽這裏。

▲乘搭貢多拉一程฿480 (HKD 106)。

info
🏠 1899 Petch Kasem Rd. (Sai Tai), Cha Am, Petchburi
🚐 建議由曼谷包車往華欣時前往，或在華欣住處包車來回接送
🕙 10:00~19:00
📞 +66 952535375
💻 www.facebook.com/siamvenezia

亞洲首個叢林水上樂園 Vana Nava

地圖P.276

Vana Nava 是亞洲第一個叢林主題的水上樂園！環境仿照熱帶雨林，驚險刺激的 20 條滑梯藏在樹林間，猶如在叢林間飛越。多條「世界之最」的滑道也在這裏，如最刺激滑梯 Abyss、最大滑梯 Aqualoop、首個循環滑梯 Aqua Course，以及全球最高的人造瀑布。喜歡戶外活動的朋友亦可在歷奇冒險區試試攀石和衝浪。

▶Vana Nava適合一家大小玩樂。

▲在這兒玩水好消暑！

▲▶攀石場難度頗高，要做好準備才攀爬。

▶雲集多條「世界之最」滑道。

info
🏠 129/99 Soi Moo Baan Nong Kae, Nong Kae, Hua Hin, Prachuap Khiri Khan
🚌 建議由曼谷包車往華欣時前往，或在華欣住處包車來回接送
🕙 10:00~18:00　📞 +66 32909606
💰 一般入場票成人 (122cm 或以上)B 1,199 (HKD 279)、小童 (91cm~122cm 以下)B 990 (HKD 230) 及 60 歲或以上長者 B 850 (HKD 198)；一日券成人 B 1,250 (HKD 291)，網上購票可享折扣；一日券包含儲物櫃、食物、優惠券、打印照片等
🌐 www.vananavahuahin.com

▲除了刺激滑道，也有很多適合小童玩樂的設施。

自由之家 Baan Itsara 地圖P.276

這間名為自由之家的餐廳以吃新鮮海鮮為主，綠色小木屋餐廳外面，有一個拍照靚景位，數十年老舖，口碑不錯。食物價錢 ฿ 1,250 (HKD 298) 起。

▲Baan Itsara。

▶黑朦朦板撈海鮮(฿ 280、HKD 52)。

▲鐵板海鮮粉絲(฿ 259、HKD 62)。

▼▶餐廳可看到美麗的海景。

info
🏠 7 Naebkehardt Road, Hua Hin, Naeb-Kehat Road, Hua Hin, Prachuap Khirikhan
🚗 建議由曼谷包車往華欣時前往，或在華欣住處包車來回接送
🕐 11:00~21:00 📞 +66 818879229
💻 www.facebook.com/itsarahuahin/

坐擁無敵海景 Coco 51 　地圖P.276

Coco 51 提供各式意粉，每晚都有 jazz live 表演。價錢雖然不便宜，但勝在食物質素高，以及坐擁無敵海景，每一個角落都是拍照的亮點。人均消費 ฿ 290 (HKD 64) 起。

▼Coco 51。

info
🏠 51 Petchkasem Road, Hua Hin
🚌 建議由曼谷包車往華欣時前往，或在華欣住宿處包車來回接送
⊙ 11:00~22:00　📞 +66 32515597
🖥 www.facebook.com/Coco51bythesea

▲餐廳坐擁無敵海景，難怪座無虛席。

向海甜品屋 Baan Gli Wang 　地圖P.276

Baan Gli Wang 是一間住宅式的餐廳，有室內及室外座位，主打甜品，可看到海景，不少泰國人慕名而至。

▲餐廳Baan Gli Wang。

▲Soft centre pudding (฿ 80、HKD 18)。

info
🏠 11/1 Naebkehardt Road, Hua Hin, Prachuap Khiri Khan, Hua Hin
🚌 建議由曼谷包車往華欣時前往，或在華欣住宿處包車來回接送
⊙ 10:00~19:00
📞 +66 32531260

▲餐廳有室內及室外座位。

Hea 玩潮遊嘆世界 Easy Go!——曼谷

PART
11
芭堤雅
(P.attaya)

芭堤雅位於泰國灣 (Gulf of Thailand) 的東岸、曼谷的東南面，離曼谷大概兩小時的車程。芭堤雅是一個熱帶度假聖地，每年都吸引成千上萬的遊客前往。太陽還未落山時，可曬太陽、滑水、玩滑浪風帆、浮潛、坐遊艇出海、跳傘、玩小型賽車等等；吃過晚飯後，可看人妖歌舞表演、看泰拳或去酒吧消磨一晚。

芭堤雅的酒吧、旅館及餐廳可在四公里長的濱海道上找到，那裏有很多海鮮食肆和多國菜，例如正宗法國、意大利、日本菜，還有夜市、商場。

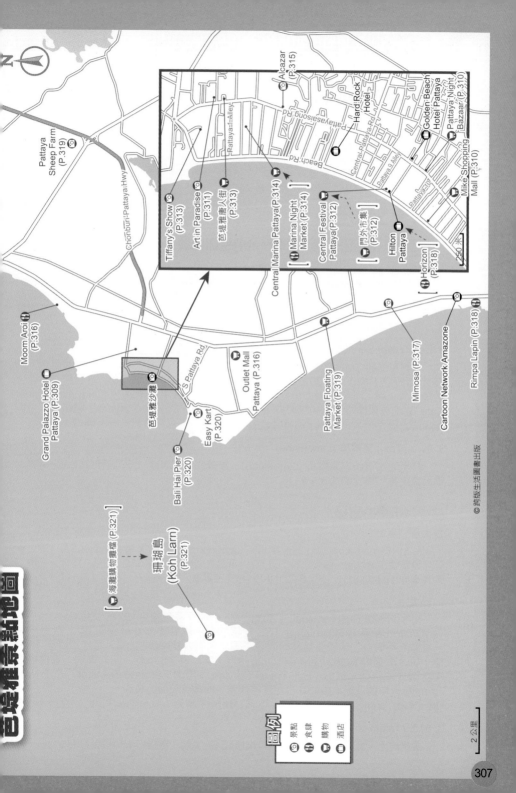

芭堤雅景點地圖

N

Pattaya Sheep Farm (P.319) 🐑

Alcazar (P.315) 🎭

Hard Rock Hotel 🏨

Golden Beach Hotel Pattaya (P.310) 🏨

Pattaya Night Bazaar (P.310) 🛍

Mike Shopping Mall (P.310) 🛍

Pattayasaisong Rd

Central Pattaya Rd

Beach Rd

Pattaya 9 Alley

Pattaya 12

Tiffany's Show (P.313) 🎭

Art in Paradise (P.311) 🎭

芭堤雅唐人街 (P.313) 🛍

Central Marina Pattaya(P.314) 🛍

Pattaya-t Alley

Marina Night Market (P.314) 🛍

Central Festival Pattaya(P.312) 🛍

門外市集 (P.312) 🛍

Hilton Pattaya 🏨

Horizon (P.318) 🍴

250 米

Moom Aroi (P.316) 🍴

Grand Palazzo Hotel Pattaya (P.309) 🏨

芭堤雅海沙灘 🏖

S Pattaya Rd

Chonburi-Pattaya Hwy

Easy Kart (P.320) 🎭

Bali Hai Pier (P.320) 🚢

Outlet Mall Pattaya (P.316) 🛍

Pattaya Floating Market (P.319) 🛍

Mimosa (P.317) 🎭

Cartoon Network Amazone 🎭

Rimpa Lapin (P.318) 🍴

© 跨版生活圖書出版

[海灘購物攤檔 (P.321)]

珊瑚島 (Koh Larn) (P.321) 🏖

圖例

🏖 景點
🍴 食肆
🛍 購物
🏨 酒店

2 公里

307

走進芭堤雅

天氣

　　芭堤雅每個月的溫度差異不大，全年都是夏天，平均溫度大約是攝氏 25~31 度，12 月至 2 月熱和乾燥；3 月至 5 月熱和潮濕；6 月至 11 月熱和較多雨。往芭堤雅不用準備冬季衫，但最好預備一件外套，於晚上清涼時可穿着。

前往交通

由曼谷素旺納普(Suvarnabhumi)機場出發：

1. 389 大巴　　🚌 airportpattayabus.com/V2

　　乘坐 Roong Reuang Coach 公司的巴士，可於機場一樓八號閘(Level 1 Gate 8)的 "Pattaya" 櫃位購票，每位 ฿ 143 (HKD 33)，每小時有一班車開出，服務時間 07:00~21:00，留意部分班次只抵達芭堤雅北面(North Pattaya Bus Station)，乘客到達後需再轉乘其他交通工具前往市中心。車程約 2 小時。

2. Bell Travel Service 的大巴　　🚌 www.belltravelservice.com(可網上預約)

　　可利用 Bell Travel 的 "Shared Transfer" 服務，由機場前往芭堤雅的酒店。班次為 08:30、10:30、14:30、16:30、18:00，每人 ฿ 300 (HKD 70)，車程約 2 小時。購票方面，除了可事先網上預約外，還可以即場在機場一樓近八號閘 (Level 1 near Gate 8) 的售票處購票。如想時間更彈性，可利用 "Private Transfer" 服務，不用與他人共乘巴士，又可於你想的時間出發，同樣可在機場購票或先網上預約。

3. 的士 (Taxi) 或轎車 (Limousine)

　　乘坐的士 (Taxi) 或轎車 (Limousine)，車費約 ฿ 1,300~1,600 (HKD 302~372)，轎車會更貴，車程 1.5 小時。

由曼谷市中心出發：

1. 火車

　　由 MRT Hua Lamphong 站前往 Hua Lamphong 火車站 (又稱 Bangkok 站)，乘火車至芭堤雅站(Pattaya)，每天只有一班車 (火車編號：283 號)，在 06:55 開車。票價分三種：頭等 ฿ 140 (HKD 31)，二等 ฿ 72 (HKD 16)，三等 ฿ 31 (HKD 7)，車程 3.5 小時。

2. 巴士

　　從 Northern Bus Terminal(北客運站 Mo Chit*，見地圖 P.192)，或由 Eastern Bus Terminal(東客運站 Ekkamai)(由 BTS 空鐵 Ekkamai 站徒步 2 分鐘可達)，乘大巴往芭堤雅。不同公司的巴士服務時間會不同，大約由 05:00~22:00，每半小時至 40 分鐘一班，車費約 ฿ 163~200 (HKD 38~47)，車程為 2.5 小時，比火車快，車種可選擇空調或非空調。另外，Bell Travel Service 大巴的 "Shared Transfer" 及 Private Transfer" 均提供班車由曼谷市內往芭堤雅，同樣可於網上預約。

* 前往北客運站：由 BTS Mo Chit 站或 MRT Chatuchak Park 站轉乘的士 (約 ฿ 50、HKD 12) 或徒步 (約需 15 分鐘) 前往。

3. 的士 (Taxi)

　　乘坐的士，車費約 ฿ 1,500~2,000 (HKD 349~465)，車程 1.5 小時。

(本頁文字：次女)

芭堤雅市內的交通

1. 電單車的士、租電單車或單車

可選擇由司機接載或自己租電單車，乘坐前要先議價，而租電單車自駕遊約 ฿ 200~250 (HKD 47~58) 一天。

芭堤雅到處都有單車出租，一天約 ฿ 150 (HKD 33)，一小時約 ฿ 30 (HKD 7)。

2. 公共載人小卡車 (Songthaew/Sawngthaews)

小卡車的後車廂有兩張長凳給乘客坐，每天行走指定路線，約 ฿ 10 (HKD 2) 一程，遊客只需招手，司機便會停車。

3. 的士 (Taxi)、租車

芭堤雅的的士不常以咪錶計算，如果司機不用咪錶，乘坐前要先議價。

沿海有租車公司，收費視乎車種，每次約 ฿ 500 (HKD 110) 起。

4. 芭堤雅大象雙層巴士之旅

分別有兩條路線，購買巴士券可無限次搭乘巴士前往芭堤雅的旅遊景點，班次約每小時一班，車費 ฿ 1,000(HKD233)，可在 kkday 網站購買。

路線	途經	班次
RED LINE	橡膠樂園、21號航站樓/格蘭德中心點、硬石酒店、中央節日購物中心/希爾頓酒店、Sam Sian宮和Khao Phra Yai寺、皇家克里夫酒店、南芭堤雅碼頭、易卡丁車、鬥獸場表演	09:00、10:00、11:00、12:00、13:00、14:00、15:00、16:00、17:00
BLUE LINE	橡膠樂園、芭堤雅水上市場、雷斯提爾乳膠廠、Wat Yansangwara-ram寺、維哈恩、西恩、羅摩衍那水上樂園、佛山Khao Chi Chan、暹羅傳奇酒店、NongNooch 熱帶花園和文化村、哥倫比亞影業 Aquaverse、仲天大使城酒店、海底世界、奧特萊斯購物中心	09:00、10:30、12:00、13:30、15:00

info 🖥 www.kkday.com/zh-tw/product/151173-elephant-bus-tours-pattaya-hop-on-hop-off-ticket-thailand

舒適超讚住宿

超讚日落美景 Grand Palazzo Hotel Pattaya

☑房內免費Wi-Fi　☑Spa　☑室外游泳池　地圖P.307

酒店位於芭堤雅大型購物中心Central Marina Pattaya (P.314)附近，十分方便喜愛購物的遊客，而且商場內有美食廣場、Pad Thai大排檔、露天茶座等，就算晚上在酒店肚餓也可到此醫肚。此外，酒店內有Spa、健身室等設施，想到芭堤雅悠閒渡假的人十分適合。酒店客房整潔明亮，空間寬敞，最特別的是房間內的小陽台，在黃昏時分，可將日落下的芭堤雅一覽無遺。

▲房間寬敞，還有個小陽台。

▶在陽台可欣賞到日落美景。

info 📍 292 Moo 6 Petchtrakul Road, Naklua, Pattaya
💰房價由 ฿ 5,400 (HKD 1,256) 起
📞 +66 38416630
🖥 www.grandpalazzohotel.com

(文字：IKiC、攝影：蘇飛)

▲Grand Palazzo Hotel Pattaya。

芭堤雅精華遊

最緊要劈價! Mike Shopping Mall 地圖P.307

Mike 集團不但經營度假酒店,還經營了一間購物市集商場 Mike Shopping Mall。商場像百貨公司,可找到牛仔褲、游泳衣褲及用品,購物時記得要議價啊!商場五樓是美食廣場,在天台還有個公眾泳池,Mike Shopping Mall 可說是一個體驗傳統百貨公司的好去處。

◀Mike Shopping Mall。

商場外賣芒果糯米飯的攤檔。

◀好吃。

▲商品超多。

> 🏠 262 Moo 10 Pattaya 2nd Road, Banglamung, Pattaya
> 🚌 由芭堤雅海灘 (Pattaya Beach) 前往,可徒步、坐載客小卡車 (songthaew) 或電單車的士
> 🕐 11:00~23:00
> 📞 +66 38412000-9
> 🌐 www.mikeshoppingmall.com

(文字:次女、攝影:蘇飛)

日夜笙歌 Pattaya Night Bazaar 地圖P.307

只看其名「Night Bazaar」(「夜市場」),以為是個只在晚上營業的市集,其實裏面很多店舖早晚都營業。在夜市場內可找到一些本地製造的服飾、地道裝飾品,雖然大部分店舖所賣的商品都很類似,但正因如此,遊客才有議價的機會。這裏也有很多 A 貨產品,例如服裝和電器。在這裏細心逛逛,或會尋到好東西,不過記得要「講價」呀!

> 🏠 Pattaya Saisong Road (Second Road)(近 Soi 10)
> 🚌 可乘坐載客小卡車 (songthaew) 由海灘或酒店出發,沿著 Beach Road 前往 (在 Central Festival 南面)
> 🕐 11:00~23:00
> 🌐 www.pattayanightbazaar.com

◀▲在市集內購物記得劈價。

(文字:次女、攝影:蘇飛)

3D美術館 Art in Paradise 地圖P.307

　　近年大熱的 3D 畫作來到芭堤雅也看得到。Art in Paradise 裏面展出的 3D 畫作，不用戴 3D 眼鏡也可體驗到立體感。館內照片多達 80 幅，還可任意拍照。抓住象鼻、替蒙娜麗莎畫眉、走在獨木橋上，盡情發揮你的創意吧！

► 有趣的構圖。(攝影：蘇飛)

► 三五知己拍照已消磨了整個下午。

▲ 一睹神奇的錯視藝術！(攝影：蘇飛)

► 館內有大型的錯視藝術外，也有小型的。(攝影：蘇飛)

► 以大型遺跡為主題的錯視藝術。(攝影：蘇飛)

▲ 大象要衝過來啦！

▲ 角度取得剛剛好！

info
🏠 78/34 Moo 9, 2nd Pattaya Road, Nongprue Bang Lamung, Chonburi
🚐 坐載客小卡車 (songthaew) 或電單車的士
🕐 09:00~22:30　📞 +66 38424500
🎫 成人 ฿ 400 (HKD 93)，130cm 以下小童 ฿ 200 (HKD 47)
💻 www.tourismthailand.org/Attraction/art-in-paradise

► Art in Paradise 的錯視藝術與其他地方的相比，更具規模及更大型。(攝影：蘇飛)

亞洲最大時尚海濱購物中心
Central Festival Pattaya 地圖P.307

本地人稱 Central Festival Pattaya 為「Centron」,這購物中心有六層,除了購物,更可用眼一「掃」全泰國灣的景色。「Centron」是海景大型購物中心,在同類型的購物中心中屬亞洲最大,進駐裏面的品牌和食店無論是大眾化、走高檔路線或時尚的都齊全,而且位置就在海灘,前往方便。

▲購物中心內有Foodpark,食物種類不少。(攝影:蘇飛)

info
🏠 Pattaya Beach 333/99 M.9 Banglamung, Chonburi
🚌 由芭堤雅海灘 (Pattaya Beach) 前往,可徒步、坐載客小卡車 (Songthaew) 或電單車的士前往
📞 +66 33003999
🖥 shoppingcenter.centralp attana.co.th/branch/central-pattaya

▲Central Festival。

(文字:次女、攝影:蘇飛)

Central Festival購物攻略

> Central Festival **購物逛街之選 Central Festival門外市集** 地圖P.307

Central Festival 的門外有一個小型的市集,一個個小攤檔聚集,售賣物品應有盡有,如 T 恤、擺飾、鞋襪等等,有些更十分別緻,如以魚為外形的拖鞋,穿上後會從魚嘴中伸出趾頭,非常搞怪。

▲魚形拖鞋,你能夠想像自己的腳從「魚嘴」中伸出來嗎?

info 🏠 Pattaya Beach 333/99 M.9 Banglamung, Chonburi

▲地方很小卻人頭湧湧呢!　　▲多款T恤價錢都十分便宜。　(文字:IKiC、攝影:蘇飛)

全球排名第四表演 Tiffany's Show 地圖P.307

Tiffany's Show 是芭堤雅有名的人妖 Show，由第一次表演到現在已經有四十年歷史，是間老牌的人妖表演場地。Tiffany's Show 在世界各地具有一定知名度，更被投選為全球排名第四的表演。每場表演之後，各表演人員都會來到劇場門前與觀眾見面及拍照，可以看到不少表演人員都十分美艷，若不是知道劇場是以變性人作招徠，真的會傻傻分不清呢！請注意，與表演人員拍照需付 ฿ 100 (HKD 24)。

▲與「美女」合照，遊客需付฿ 100 (HKD 24)。

▲在門外，聚集了多個打扮艷麗的「美女」。

info
- 🏠 464 Moo 9, Pattaya 2nd Road, Nongprue, Banglamung, Chonburi
- 🚌 坐載客小卡車 (Songthaew) 或電單車的士前往
- 🕐 18:00、19:30、21:00，個別日子加開 16:30、22:30
- 📞 +66 38421700-5　💻 tiffany-show.co.th

(文字：IKiC、攝影：蘇飛)

▲Tiffany's Show表演場地。

夜晚限定 芭堤雅唐人街 地圖P.307

就在 Tiffany's Show 附近、Art in Paradise 對面的芭堤雅唐人街，以朱紅色的牌坊作標誌。白天的時間，遊人不多，街道較為冷清，但在傍晚時分漸漸地熱鬧起來了！唐人街愈夜愈多人，五光十色，遊人多如過江之鯽，美食攤檔亦會開始營業，如想在芭堤雅試試夜生活的滋味，這裏是個不錯的選擇！

▶中式牌坊。

info
- 🏠 78/14 Pattayasaisong Rd, Muang Pattaya, Amphoe Bang Lamung, Chang Wat Chon Buri
- 🚌 坐載客小卡車 (Songthaew) 或電單車的士前往
- 🕐 傍晚至凌晨

(文字：IKiC、攝影：蘇飛)

盡情吃喝買吧！ Central Marina Pattaya

Central Marina 是 Central 集團旗下的購物中心，位於芭堤雅的市中心，交通相當方便。Marina 佔地頗大，內裏商店各適其適，高中低檔都一應俱全，喜愛購物的話逛上一日也嫌不夠！而且附近有各式食肆，不怕一天下來逛得肚子餓也找不到吃。值得一提的是，購物中心內有 Big C，面積不小，十分方便想大手買入手信的朋友。

地圖P.307

▲▼ 中心其中一個賣點就是 Big C，偌大的空間可以讓你盡情地逛！

info
- 🏠 78/54, Moo 9, Pattaya 2nd Road, Nong Prue, Pattaya
- 🚗 坐載客小卡車 (Songthaew) 或電單車的士前往
- 📞 +66 033003888
- 🌐 shoppingcenter.centralpattana.co.th/th/branch/central-marina

(文字：IKiC、攝影：蘇飛)

▲Central Marina。

Central Marina美食攻略

> Central Marina 街頭泰式滋味 Marina Night Market　地圖P.307

每到黃昏，在 Central Marina 外的空地就會聚集大大小小不同的車仔檔，有售賣手信的，也有售賣泰式美食的，遊客坐於露天的座位上，邊吃美食邊看表演，十分有風味。這間只有一塊黑板寫着 Pad Thai 的車仔檔，是專賣金邊粉的，金邊粉十分惹味，而且價錢便宜，值得一試。

▲沒有店名，只有一塊黑板寫着Pad Thai的車仔檔。

▲大蝦金邊粉(Shrimp Pad Thai)，฿ 120 (HKD 28)。

◀雞肉金邊粉(Chicken Pad Thai)，顏色鮮艷，用料十足很飽肚，฿ 100 (HKD 24)。

info
- 🏠 在 Central Marina Pattaya 門外廣場
- 🚗 坐載客小卡車 (Songthaew) 或電單車的士前往

(文字：IKiC、攝影：蘇飛)

人妖歌舞表演 Alcazar 地圖P.307

明知他們是男人，但穿着艷麗舞衣、盛裝上陣時，其樣貌、身材真的跟女性無異，似是而非，而一場表演必定有些樣貌漂亮或者身材窈窕的男(女?)士，撲朔迷離。他們被稱為「人妖」，又可説是藝術表演工作者，唱歌跳舞，以專業的演出娛樂觀眾，令觀眾大為欣賞，他們的舞技和歌聲都有專業程度，絕非「玩玩下」。

簡介
交通
住宿
芭堤雅精華遊

▲表演場地門外。

◀售票處。

▲美女(男?)如雲。

▲▶服裝和舞台效果都很出色。

info
- 🏠 78/14 Moo 9 Pattaya Road 2, North Pattaya City, Naklua, Banglamung, Chonburi Thailand
- 🚌 由芭堤雅海灘 (Pattaya Beach) 前往，可徒步、坐載客小卡車 (songthaew) 或電單車的士前往
- ⏱ 每天 17:00、18:30、20:00、21:30，一場約 1 小時 10 分鐘
- ฿ 1,800 (HKD 419) 起
- 📞 +66 38410224-7　　🌐 www.alcazarthailand.com

(文字：次女、攝影：蘇飛)

Hea 玩潮遊嘆世界 Easy Go!—曼谷

名牌特賣場 Outlet Mall Pattaya 地圖P.307

芭堤雅 Outlet Mall 可説歷史悠久，但並非一成不變。近年，在原本的芭堤雅 Outlet Mall 旁便新開了一個特賣場 Premium Outlet Pattaya Avenue，佔地 5,000 平方米，店舖多為國際品牌，適合女士的有 Wacoal，適合男士的則有 Nike、Adidas 等。既然是特賣場，出售的貨品自然是一些比較過時的款式，追求新款的朋友未必適合，但要找平貨的朋友就不妨「到此一 shop」。

◀Outlet仿歐洲小村的建築風格。

▲折扣多是三至七折。

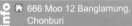

info
🏠 666 Moo 12 Banglamung, Chonburi
🚌 坐載客小卡車 (songthaew) 或電單車的士前往
🕙 10:00~20:00/21:00(周五至日)
📞 +66 38427764-5
💻 www.outletmallthailand.com/our_branch/1
💻 www.facebook.com/OutletMallPattaya/

千人海鮮餐廳 Moom Aroi 地圖P.307

餐廳 Moom Aroi 歷史悠久，極具名氣，在三間分店中，環境較新較好的要數 Naklua。這間分店可説是芭堤雅最大的海鮮餐廳，單是室外座位就有近一千個，室內有包廂座位。餐廳對着沙灘，海上有兩艘擱淺的破船，景色優美。雖然地點較不方便，但勝在環境好，且價錢合理，因此食客絡繹不絕，不少本地人也會來光顧。

▲店內共有千多個座位。

▲白色桌椅靠着沙灘，浪漫非常。

▲客人也可在泳池旁享受飲料。

▲鐵板蠔仔。

info
🏠 83/4 Village No. 2 Na Kluea 4 Alley, Muang Pattaya, Bang Lamung District, Chon Buri
🚌 坐載客小卡車 (songthaew) 或電單車的士前往
🕙 10:30~21:30   📞 +66 38223252

歐陸式樂園看人妖show Mimosa 地圖P.307

地圖P.307

Mimosa 樂園無論是園區的道路、色彩繽紛的店舖，都滲透着歐式風情。每天傍晚 17:00 及 19:00 會有歌舞表演 (旅客 ฿ 150、HKD 33)，舞台就在音樂噴泉上，穿着華麗服飾的人妖載歌載舞，娛樂性十足。除了看表演、購物和玩機動遊戲，遊客也可在此用餐，這裏的 food court 環境相當優雅。

人妖騷

▲這裏的人妖騷適合一家大小觀看。

▲▶猶如置身歐洲。

▲手抱大蛙合照。
◀樂園有綿羊。

▶可以餵魚。

info
🏠 28/19-20 M.2 Na Jomtien, Sattaheap district, Chonburi
🚐 坐載客小卡車 (songthaew) 或電單車的士前往
🕐 09:00~21:00　　📞 +66 38237318
🌐 zh-hk.facebook.com/mimosapattaya

別有「洞」天 Horizon 地圖P.307

Horizon 是現時芭堤雅最新最漂亮的天台餐廳酒吧,位於芭堤雅最高酒店 Hilton Pattaya 的 34 樓。室外位置有一高高的天花,中間有一散發藍光的大洞,洞旁有許多小閃燈,可透過它看到一片星空。最好 6 至 7 時到達,可看到 Magic Hour(黃昏時段)

▲ 飽覽芭堤雅海景。

下芭堤雅的海景,太晚的話海洋就只剩一片漆黑。餐廳主打西餐,但以東方調味料理,嫌價錢較貴,可選擇單點飲料。

▶炸軟殼蟹沙律。

▲室內位置亦有落地玻璃,景色不輸給室外。

info
🏠 333/101 Moo 9, Nong Prue, Banglamung, Pattaya Chonburi
🚌 坐載客小卡車 (songthaew) 或電單車的士前往
🕐 16:00~01:00   📞 +66 38253000
🌐 www.hilton.com/en/hotels/bkkphi-hilton-pattaya/dining/
📧 www.facebook.com/Horizonrooftoprestaurantandbar/
🚫 身穿背心、短褲、拖鞋及 18 歲以下人士不可進場

▲透過天花上的洞能欣賞星空。

海景才是主菜 Rimpa Lapin 地圖P.307

建於懸崖旁的餐廳 Rimpa Lapin,吸引了泰國各區的本地人及遊客慕名前往,全因它的醉人海景。每天傍晚 6 時,食客便會提早到達與黃昏海景拍照,等天色全黑後才開始用餐。因着這招牌海景,餐廳晚晚爆滿,若沒有提前訂位,恐怕會摸門釘。

▲室內環境也相當不錯。

▲Rimpa Lapin。

◀因本地人較多,菜式價格相宜,一道菜約 B 200 (HKD47)起。

▲6時多的醉人黃昏海景。

info
🏠 152,2 Na Jomtien 36, KM.160 Baan Amphoe, Sattahip (Pattaya)
🚌 坐載客小卡車 (songthaew) 或電單車的士前往
🕐 周一至周五 17:00~24:00,周六及周日 15:00~24:00
📞 +66 38235515
🌐 www.rimpa-lapin.com
📧 www.facebook.com/rimpalapinpattaya

簡介
交通
住宿

芭堤雅
精華遊

悠閒的動物地帶 Pattaya Sheep Farm 地圖P.307

Pattaya Sheep Farm 是個牧場，有綿羊、馬、草泥馬、兔子和龜等動物，遊客不僅可近親牠們，更可餵牠們和拍照。這裏的主角還有七彩小鸚鵡，據工作人員所説，這些小鸚鵡自幼人工飼養，所以不怕人，遊客進入籠內時，多隻小鸚鵡會主動飛到你身上，非常刺激。園內有很多佈置適合遊客拍照，逛累了可到扒房餐廳填肚。

▲園區適合作為親子遊。

▲不同家禽。

▲綿羊在草地舒適休息。

▲紅色小屋是拍照熱點。

info
- 🏠 73/8 M.3 Nongplalai, Banglamung, Chonburi
- 🚐 坐載客小卡車 (songthaew) 或電單車的士前往
- ⏰ 牧場 09:00~19:00
- 📞 +66 923216718
- 💰 門票 ฿ 60 (HKD 13)，110cm 以下小童免費
- 🌐 www.pattayasheepfarm.com
- 🌐 www.facebook.com/PattayaSheepFarm/

環遊全泰國 Pattaya Floating Market 地圖P.307

Pattaya Floating Market(芭堤雅水上市場) 建於人工湖上，河道及兩旁有泰國傳統水上市場的影子，而場內則分成四區：中部、東北部、北部、南部，集泰國各省文化特色於一身。市場佔地甚廣，有過百個檔口發售不同地方的產品，種類比其他水上市場多好幾倍，遊客可租小艇圍繞市場一周。這裏也有泰國傳統農村生活的實景展覽，讓遊客了解本土當地農民生活，是個有趣的旅遊點。

◀挑戰空中繩索。膽量夠的話可

▲市場有不少海鮮及熟食攤檔。

在水上。

▲遊客可租小艇遊市場。

市場建

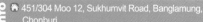

▲席地而坐吃飯，充滿風味。

info
- 🏠 451/304 Moo 12, Sukhumvit Road, Banglamung, Chonburi
- 🚐 坐載客小卡車 (songthaew) 或電單車的士前往
- ⏰ 09:00~20:00
- 📞 +66 88 444 7777
- 💰 或需收取 ฿ 200(HKD 44) 入場費
- 🌐 www.pattayafloatingmarket.com

齊來颷車 Easy Kart　地圖P.307

　　室外高卡車場 Easy Kart，與曼谷的 RCA 室內高卡車場屬同一個集團。客人可穿上賽車手裝「鬥車」，場內有頭盔及保護衣租借，無論環境、氣氛和設備都猶如真正的比賽場。車輛分四種：供 7 至 13 歲小童的 100cc、成人駕駛的 160cc、比賽專用的 270cc 和可供親子一同駕駛的 200cc，價格按車種而定。

◀高卡車分四種類型。

▲輕輕鬆鬆賽車。

▲▶車手可租借保護衣和頭盔。

▲場內有兩條賽道，適合初學者及高手。

info
- 🏠 361/83 M.10, Nongprue, Banglamung, chonburi(距離 Walking Street 約 200 米）
- 🚌 坐載客小卡車 (songthaew) 或電單車的士前往
- 🕙 10:00~01:00　📞 +66 38711404
- 🖥 www.easykart.net
- 🖥 www.facebook.com/EasykartPattaya/

乘船往珊瑚島 Bali Hai Pier　地圖P.307

　　Bali Hai Pier 是乘船往珊瑚島的必經之地，不少遊客會選擇在這裏乘搭渡輪或者快艇前往珊瑚島。這個碼頭配套完善，最特別的是面向海的山脊上設有「Pattaya City」字樣，與荷里活山上的荷里活標誌相似，不少遊人都會駐足拍照啊！

▲▶碼頭附近的Pattaya City標誌，猶如荷里活的Hollywood標誌，是拍照熱點。

▲▶乘船出發往珊瑚島了！

info
- 🏠 Bali Hai Pier, Pattaya
- 🚌 坐載客小卡車 (Songthaew) 或電單車的士前往
- 🕙 約 06:00~21:00
- 💰 單程 ฿ 30 (HKD 7)

（文字：IKiC、攝影：蘇飛）

天碧藍水碧綠 Koh Larn(珊瑚島) 地圖P.307

Koh Larn(珊瑚島)，離芭堤雅海岸不遠，約七公里，泰國達人胡慧沖說過到芭堤雅就要去珊瑚島，而往珊瑚島的最佳月份是 11 月底至 4 月中，這段時間珊瑚島的水最潔淨，沙也是最美的。珊瑚島有各式各樣的水上活動，例如浮潛、水上電單車、香蕉船等等，如想看珊瑚，島上有代理可安排行程，讓遊客乘「玻璃底船」在珊瑚島周圍海域觀賞珊瑚。

▶暢玩水上活動。

▲▶悠閒寫意的珊瑚島。

info
- Koh Larn (Coral Island), Pattaya City, Chonburi, Thailand
- 在芭堤雅 Beach Road 乘坐兩層木船 (Koh Larn ferry) 或快艇 (speed boat)（較適合一大班人同遊）前往。木船船費每位 ฿ 30 (HKD 13)，需時約 40~45 分鐘；租快艇每次 ฿ 1,500~3,500 (HKD 645~1,505)，只需約 15 分鐘；或者在酒店櫃台報名參加往珊瑚潭島的本地旅行團，包括來回接送及午餐
- kohlarn.com

Tips!
島上的沙灘椅和救生圈都要租借，一天約 ฿ 30 (HKD 7)，可向島上的餐廳租借。

(文字：次女、攝影：蘇飛)

平價購物首選 海灘購物攤檔 地圖P.307

在沙灘附近有不少攤販，售賣各式小物、水果、衣物，甚至連海鮮也有，而且價錢全都十分便宜。推介水果攤檔售賣的甜心小菠蘿，外表小巧，但十分清甜。吃罷正餐後，最適合用來消食，價錢便宜，一袋有數個，超值！

▲海灘附近有很多小攤，售賣的物品都很便宜。

▲這些甜心小菠蘿非常清甜，而且價錢不貴！一袋6個฿ 200 (HKD 47)。

info
Koh Larn(Coral Island), Pattaya City, Chonburi

(文字：IKiC、攝影：蘇飛)

▲這些大象裝飾的小包很適合用來做手信。

▲有新鮮的海鮮售賣！

PART 12 大城府 (Ayutthaya)

位於泰國中部的大城府是一個充滿歷史感的古都,曾經是阿瑜陀耶皇朝 (大城王國) 的首府,故又稱為阿瑜陀耶府。大城府位於曼谷的北面,車程約 1.5 小時。這裏的旅遊景點不少,大多都與歷史、建築有關,最著名的有邦芭茵夏宮、瑪哈泰寺等等,吸引不少喜愛歷史建築的遊客慕名而至。

大城府景點地圖

Queen Suriyothai Monument 入口 ★

The King Naresuan the Great Monument

Chantharakasem National Museum

大城府主要景點集中地地圖 (P.323)

Ayutthaya 站

Ayutthaya City Park

圖例
- 景點
- 購物
- ★ 入口
- 火車站
- 火車鐵道

柴瓦塔那蘭寺

Japanese Village Museum

Ban Pho 站

Corner House

Hor Hem Montian Thewarach

Bang Pa-in 站

邦芭茵夏宮 (P.326)

Premium Outlet

2公里

© 跨版生活圖書出版

大城府主要景點集中地地圖

Chao Phraya River (昭拍耶河)

百萬玩具博物館

帕蒙空博碧寺

羅卡雅蘇塔寺

拉嘉布拉那寺 (P.327)

瑪哈泰寺 (P.325)

Ho Rattanachai Road

Bang Ian Road

Ayutthaya Elephant Palace (P.328)

趙衫帕雅國立博物館

Pa Thon Road

Rochana Road

Uthong Road

De Riva 大城泰國蝦海鮮餐廳

Wiwa House Café

Chao Phraya River (昭拍耶河)

Uthong Road

Blue River Wine & Restaurant (P.328)

圖例
- 景點
- 食肆

400公尺

© 跨版生活圖書出版

323

走進大城府

天氣

位於泰國中部平原的大城府每月平均溫度都差不多，大致在攝氏 17~35 度，按溫度及雨量可分成三個季節：3~5 月為熱季，氣溫約攝氏 22~36 度；6~10 月為雨季，氣溫約攝氏 24~32 度，每月大概有 15 日的雨天；11~2 月為涼季，氣溫約攝氏 17~30 度。大城府容易受到水災的侵擾，出發前記緊查詢當地的天氣狀況。

前往交通

由曼谷市中心出發

1. 火車

由MRT Hua Lamphong站前往Hua Lamphong火車站，乘火車至Ayutthaya站(大城站)。車程視乎選擇的車種而定，約30分鐘至1小時不等，每天約有10多班班次，每小時都有火車前往大城府。票價按等級而定，฿20~200 (HKD 5~47)不等。

2. Mini Van

由 BTS Mo Chit 站乘的士至北巴士站 (Chatuchak Bus Terminal)，轉乘 Mini Van，車費約 ฿ 70 (HKD 16)，車程約 1.5 小時。

3. 包車或參加當地旅行團

若不想花腦筋煩惱交通的話，也可參加當地的旅行團。

大城府當地的交通

1. 租電單車或單車

大城府內可租借電單車或單車。租電單車有可能需要以護照作按。不放心的話，一般租借店會接受影印本。租借電單車 24 小內歸還約 ฿ 200~300 (HKD 47~71)，單車則約 ฿ 100 (HKD 24)。

2. 篤篤 (Tuk Tuk)

在大城府內當然有泰國傳統交通工具篤篤！篤篤需在乘搭前與司機議價，因開價不同而會有所區別。一般都不超過 ฿ 300 (HKD 71)。

大城府精華遊
樹中佛首 瑪哈泰寺 (Wat Phra Mahathat)

地圖P.323

簡介
交通
大城府精華遊

瑪哈泰寺位於素可泰歷史遺跡公園內，是素可泰王朝 (1238~1438年) 時期的遺跡，據考察是當時的行政及信仰中心。瑪哈泰寺建於 14 世紀，是泰國最早的高棉佛塔。佛像雖受到當時錫蘭及高棉文化的佛教藝術影響，但仍有自己的風格和特色。全寺共有 198 座佛塔，大部份建築在 18 世紀因緬甸軍入侵而被毀壞，大部分佛像更被砍下頭部，其中一個佛首滾到老樹附近，慢慢被纏繞到樹中，形成了寺內最著名的樹中佛像。現時主佛塔已被列入世界文化遺產。

▲只剩頹垣敗瓦。

▲瑪哈泰寺位於素可泰歷史遺跡公園內。

▲可以想像當年建成時，這些建築是多麼的宏偉。

▲寺內的佛像大多都被砍了頭。

▲受到錫蘭及高棉文化的佛教藝術影響，寺內的佛像也帶有高棉佛像的特徵。

▲瑪哈泰寺內最著名的就是樹中佛像。

info
- 🏠 The Wat Mahathat, Mueang Kao, Mueang Sukhothai District, Amphoe Mueang, Sukhothai
- 🚌 在 Ayutthaya 站坐篤篤 (Tuk Tuk) 前往
- ⊙ 06:00~21:00
- 💲 ฿ 150 (HKD 36)
- 🌐 www.tourismthailand.org/Attraction/wat-phra-mahathat

(文字：IKiC、攝影：蘇飛)

最美的泰王行宮 邦芭茵夏宮 地圖P.323

　　邦芭茵夏宮始建於 17 世紀，因緬甸入侵而遭焚毀，及後由現時卻克里王朝的拉瑪四世及五世重建，到現在已有 150 多年的歷史。在重建當時，兩任泰王着力西化，使宮內的建築也帶有泰國與西方風格的結合，間中亦可見到中式元素。在宮內無處不是多元化所展現出來的美，不少人都稱夏宮是泰國五大行宮中最美的一座。邦芭茵夏宮現時是泰國王室的夏日行宮，宮內仍有屬於現任王室人員的房間，平時開放予市民及遊客，若遇上王室人員在此度假或用以接待外賓則另有管制。

▲宮內的水上皇亭是泰國的地標之一。

▲另一個角度的水上皇亭。

▲行宮中的高塔。

▲重建於 19 世紀的邦芭茵夏宮，處處見到泰式與中西結合的痕跡。

▲登上高塔俯瞰行宮。

Tips! 參觀服裝限制

　　由於行宮屬皇家建築，參觀時有嚴格的服裝限制，不可穿無袖上衣、短褲、短裙等等。如服裝不符合規定，除了可在接待處租借紗麗裙外，更可到紀念品購買泰式褲換穿，方便之外，更比外面購買的來得便宜呢！

▲泰國式褲每條只需 B 100 (HKD 24)！

▲更有涼鞋可供購買，B 390 (HKD 92)。

▲由於夏宮佔地很廣，建議租高爾夫球車遊覽。每車可坐4人，需由持駕駛執照者駕駛。首1小時B 400 (HKD 95)，之後每小時B100 (HKD 24)。

info
🏠 Bang Pa-In Palace, 13160 Tambon Ban Len, Amphoe Bang Pa-in, Chang Wat Phra Nakhon Si Ayutthaya
🚗 坐篤篤 (Tuk Tuk) 前往　　⏰ 08:00~17:00
💰 B 100 (HKD 24)　　📞 +66 3526 1548
💻 www.tourismthailand.org/Attraction/bang-pa-in-palace

（文字：IKiC、攝影：蘇飛）

見證王座下兄弟相殘
拉嘉布拉那寺 (Wat Ratchaburana) 地圖P.323

　　與瑪哈泰寺相隔一條馬路的拉嘉布拉那寺建於 1424 年，是一座高棉風格的佛塔，現時寺廟是一幢不完整的建築，只剩牆身，頂部已經受到破壞，但從外在的建築及內部精美的壁畫，仍可看到當時佛塔恢宏的氣勢。寺廟內實並不是用以供奉佛陀，而是一座埋葬了三位擁有尊貴地位的王室人員。

　　當年大城王朝的國王因陀羅闍 (King Intharacha) 死後，其兩位年長的王子因繼承權問題而兵戎相見，並同樣死在戰場。王位最後由三子、即日後的波隆摩羅闍二世 (Borommarachathirat II) 繼承。他於繼位後建成此廟，並在此為父兄三人火化及埋葬。

於 1957 年，受到盜墓者的挖掘而發現塔內大量的文物與珠寶，寺廟因此而聲名大噪。

►近看佛塔，帶有一點點高棉風格的痕跡。

info
🏠 309, Tambon Tha Wa Su Kri, Amphoe Phra Nakhon Si Ayutthaya, Chang Wat Phra Nakhon Si Ayutthaya
🚗 坐篤篤 (Tuk Tuk) 前往
🕗 08:00~18:00　💰 B 50 (HKD 12)
🌐 www.tourismthailand.org/Attraction/wat-ratchaburana

(文字：IKiC、攝影：蘇飛)

▲這裏不是供奉佛陀的佛寺，而是一座陵墓。

▲拉嘉布拉那寺。

大城特色 糖絲卷餅

　　糖絲卷餅 (Rodee Sai Mai) 是大城府的特色小食，街邊隨處可見一檔檔售賣糖絲卷餅的攤檔。糖絲是用糖拉成幼絲，並以斑蘭葉或蝶豆花染色而成，所以有綠色及紫色兩種顏色。在糖絲檔可以看到一袋袋預先製好的糖絲；而餅皮則即叫即整。餅皮有點像是春卷皮，本身味道較寡淡，卷起糖絲則成了十分有特色又便宜的大城街頭小食。

▲糖絲有兩種顏色，綠色的是斑蘭葉，最上一行為紫色的蝶豆花。

▲糖絲卷餅是大城府的特色食物。

►糖絲卷餅成品。

info
💰 約 B 100 (HKD 24) 一袋

(文字：IKiC、攝影：蘇飛)

►卷着糖絲的餅皮有點像春卷皮。

船上品嚐家常泰菜
Blue River Wine & Restaurant

地圖P.323

Blue River Wine & Restaurant 又名大城公主號，是一家船上餐廳，主要提供家常泰菜。全艘船包括船身及甲板都是木造，甲板上有數張圓桌作為座位。餐廳提供取名為「泰上皇風味餐」的九菜一湯的料理，味道以酸、辣為主，是地道的泰式風味。吃飽後，可在餐廳泊岸後到附近逛一逛，有少量手工製的手信可供購買。

◀ Blue River Wine & Restaurant。

菜。▶菜式偏向家常

◀▲ 有蝦有蟹，十分豐富，而且是味道十分正宗的泰菜。

▲ 岸上有手工製手信售賣，動物鎖匙扣B 100 (HKD 24) 3個。

(文字：IKiC、攝影：蘇飛)

info
🏠 6/4 3 Mou 6 Tanon Paton Pratuchai, Phra Nakhon Si Ayutthaya District
🚌 坐篤篤 (Tuk Tuk) 前往　⊙ 10:00~21:00
📞 +66 869999858　📧 hoykha.com

騎大象遊古城 Ayutthaya Elephant Palace

地圖P.323

騎大象絕對是來泰國旅行「必做」名單上的頭幾名！這個大城府大象園飼養了多隻大象，遊客不僅可以餵飼大象，更可與大象親密合照，甚至坐上大象的頂蓬遊城，感受當年王室貴冑的待遇！如對大象十分喜愛，更可到紀念品商店購買大象相關的紀念品，如印有大象圖樣的 T 恤就是不錯的選擇。

▲ 騎上大象遊古城雖然有些顛簸，但也是有趣的經驗。

想餵大象的話，可花B 50 (HKD 12)購買飼料。

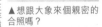

◀ 騎大象可到紀念品店購買紀念品啊！

◀ 大象都在排隊呢！

▲ 想跟大象來個親密的合照嗎？

info
🏠 Pa Thon Road, 在 Khunpaen, Ayutthaya Historical Park 旁邊
🚌 坐篤篤 (Tuk Tuk) 前往　⊙ 09:00~17:00
🚕 15 分鐘 B 400 (HKD 95)　📞 +66 869013981
🌐 www.facebook.com/elephantpalaceth

(文字：IKiC、攝影：蘇飛)

日本

經典新玩幸福嘆名物
Easy GO!——大阪

作者：Him
頁數：352頁全彩
書價：HK$108、NT$450

溫泉探秘賞楓景
Easy GO!——福岡長崎北九州

作者：Li
頁數：408頁全彩
書價：HK$108、NT$450

藍天碧海琉球風情
Easy GO!——沖繩

作者：Li
頁數：416頁全彩
書價：HK$108、NT$450

香飄雪飛趣玩尋食
Easy GO!——北海道青森

作者：Li
頁數：368頁全彩
書價：HK$108、NT$450

暖暖樂土清爽醉遊
Easy GO!——日本東北

作者：Li
頁數：352頁全彩
書價：HK$108、NT$450

秘境神遊新鮮嘗
Easy GO!——鳥取廣島

作者：Li
頁數：456頁全彩
書價：HK$108、NT$450

環抱晴朗慢走島國
Easy GO!——四國瀨戶內海

作者：黃穎宜、Gigi
頁數：352頁全彩
書價：HK$108、NT$450

紅楓粉櫻古意漫遊
Easy GO!——京阪神關西

作者：Him
頁數：488頁全彩
書價：HK$118、NT$480

北陸古韻峻美山城
Easy GO!——名古屋日本中部

作者：Li
頁數：496頁全彩
書價：HK$128、NT$490

頂尖流行掃貨嘗鮮
Easy GO!——東京

作者：Him
頁數：496頁全彩
書價：HK$118、NT$480

海島秘境深度遊
Easy GO!——石垣宮古

作者：跨版生活編輯部
頁數：200頁全彩
書價：HK$98、NT$390

歐美、澳洲

沉醉夢幻國度
Easy GO!——法國瑞士

作者：Chole
頁數：288頁全彩
書價：HK$98、NT$350

豪情闊藹自然探奇
Easy GO!——澳洲

作者：黃穎宜
頁數：248頁全彩
書價：HK$98、NT$350

Classic貴氣典雅迷人
Easy GO!——英國

作者：沙發衝浪客
頁數：272頁全彩
書價：HK$118、NT$480

出走近關五湖北關西
Easy GO!——東京周邊

作者：沙發衝浪客
頁數：368頁全彩
書價：HK$118、NT$480

熱情都會壯麗紹景
Easy GO!——美國西岸

作者：嚴潔盈
頁數：248頁全彩
書價：HK$128、NT$490

遨遊11國省錢品味遊
Easy GO!——歐洲
作者：黃穎宜
頁數：304頁全彩
書價：HK$118、NT$480

殿堂都會華麗濱岸
Easy GO!——美國東岸

作者：Lammay
頁數：328頁全彩
書價：HK$88、NT$350

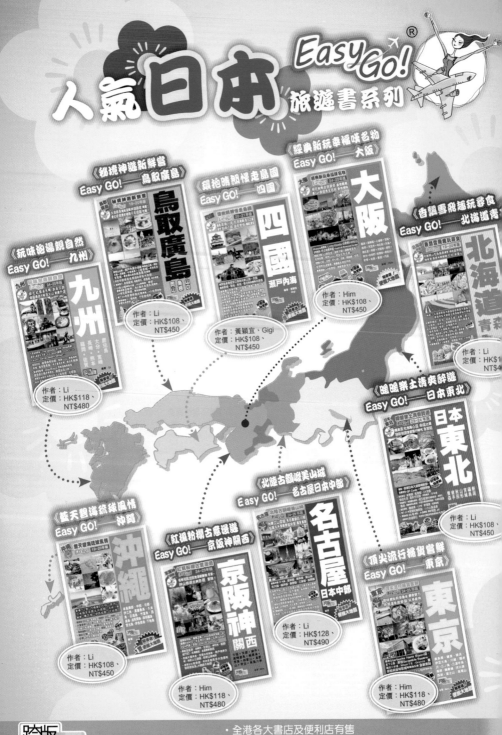

《Hea玩潮遊嘆世界Easy GO! ——曼谷》

編著：Tom Mark
撰稿：次女、嚴潔盈、Ikic
責任編輯：李雪熒、陳奕琪、高家華、劉希穎
版面設計：梁婉和、蔡嘉昕、吳碧琪、麥碧心
協力：李慧雯、Wing Leung
攝影：嚴潔盈、蘇飛、次女、©iStock.com/primeimages, KuKoi, gionnixxx, funfunphoto,
　　　Koonsiri Boonnak, PRImageFactory

出版：跨版生活圖書出版
地址：新界荃灣沙咀道11-19號達貿中心910室
電話：3153 5574　傳真： 3162 7223
網址：http://crossborder.com.hk/（Facebook專頁）
網誌：http://www.crossborderbook.net
電郵：crossborderbook@yahoo.com.hk

發行：泛華發行代理有限公司
地址：香港將軍澳工業邨駿昌街7號星島新聞集團大廈
電話：2798 2220　傳真： 2796 5471
網址：http://www.gccd.com.hk
電郵：gccd@singtaonewscorp.com

台灣總經銷：永盈出版行銷有限公司
地址：231新北市新店區中正路499號4樓
電話：(02)2218 0701　　傳真：(02)2218 0704

印刷：鴻基印刷有限公司

出版日期：2024年4月總第7次印刷
定價：HK$108　NT$450
ISBN：978-988-75022-1-0
出版社法律顧問：勞潔儀律師行